Crimes Eleitorais
conhecê-los para não cometê-los

COMENTÁRIOS DESCOMPLICADOS

B885c   Brozoza, Edson

Crimes eleitorais: conhecê-los para não cometê-los: comentários descomplicados / Edson Brozoza. – Porto Alegre: Livraria do Advogado Editora, 2010.

160 p.; 23 cm.

ISBN 978-85-7348-719-0

1. Crime eleitoral. 2. Direito eleitoral. I. Título.

CDU – 342.841

Índices para catálogo sistemático:

Direito eleitoral   342.8
Crime eleitoral   342.841

(Bibliotecária responsável: Marta Roberto, CRB-10/652)

EDSON BROZOZA

Crimes Eleitorais
conhecê-los para não cometê-los
COMENTÁRIOS DESCOMPLICADOS

INCLUI
RESOLUÇÃO 23.191/2009 (Propaganda eleitoral e as condutas vedadas em campanha eleitoral – Eleições de 2010)
LEI COMPLEMENTAR 64/1990, atualizada
pela **LEI COMPLEMENTAR 135/2010**
(Lei da Ficha Limpa)

livraria
DO ADVOGADO
editora

Porto Alegre, 2010

© Edson Brozoza, 2010

Projeto gráfico e diagramação
Livraria do Advogado Editora

Revisão
Rosane Marques Borba

Direitos desta edição reservados por
Livraria do Advogado Editora Ltda.
Rua Riachuelo, 1338
90010-273 Porto Alegre RS
Fone/fax: 0800-51-7522
editora@livrariadoadvogado.com.br
www.doadvogado.com.br

Impresso no Brasil / Printed in Brazil

Ao Alexandre Andrades Brozoza,
minha gratidão pela valiosa colaboração.

Sumário

1. LEI Nº 4.737, DE 15 DE JULHO DE 1965 11
   1.1. Quanto aos agentes 11
   1.2. Quanto ao elemento subjetivo dos tipos 12
   1.3. Quanto às penas 13
   1.4. Quanto à aplicação subsidiária do Código Penal 14
   1.5. Quanto ao tipo de ação penal 15
   1.6. Quanto à aplicação da lei dos Juizados Especiais 16

2. DOS CRIMES CONTRA O ALISTAMENTO ELEITORAL 17
   2.1. Inscrição fraudulenta de eleitor (art. 289) 17
   2.2. Induzir à inscrição indevida de eleitor (art. 290) 20
   2.3. Efetuar, fraudulentamente, a inscrição de alistando (art. 291) 22
   2.4. Negar ou retardar indevidamente inscrição de alistando (art. 292) 23
   2.5. Perturbar ou impedir alistamento (arts. 293) 24
   2.6. Exercer o preparador atribuições fora da sede da localidade (art. 294 – revogado) 24
   2.7. Reter título eleitoral (art. 295) 24
   2.8. Assinar mais de uma ficha de registro de partido (art. 319) 26
   2.9. Inscrever-se simultaneamente em mais de um partido (art. 320) 27
   2.10. Colher assinatura em mais de uma ficha de registro de partido (art. 321) 28
   2.11. Fazer propaganda eleitoral por meio de alto-falantes (art. 322 – revogado) 29

3. DOS CRIMES CONTRA A PROPAGANDA E A CAMPANHA ELEITORAL 31
   3.1. Divulgar fatos inverídicos na propaganda eleitoral (art. 323) 31
   3.2. Caluniar alguém na propaganda eleitoral (art. 324) 33
   3.3. Difamar alguém na propaganda eleitoral (art. 325) 35
   3.4. Injuriar alguém na propaganda eleitoral (art. 326) 37
   3.5. Disposições comuns – Causas especiais de aumento de pena:
       calúnia, difamação e injúria (art. 327) 39
   3.6. Cartazes e Pinturas em locais públicos e privados (arts. 328, 329 – revogados – e 330) . 39
   3.7. Inutilizar, alterar ou perturbar a propaganda eleitoral (art. 331) 40
   3.8. Impedir o exercício da propaganda eleitoral (art. 332) 42
   3.9. Faixas em logradouros (art. 333 – revogado) 43
   3.10. Utilizar organização comercial para propaganda ou aliciamento de eleitores (art. 334) . 43
   3.11. Fazer propaganda em língua estrangeira (art. 335) 45
   3.12. Sentença (art. 336) 46
   3.13. Participar, sem direitos políticos, de atividades partidárias (art. 337) 46

4. DOS CRIMES CONTRA O SUFRÁGIO UNIVERSAL E A VOTAÇÃO 49
4.1. Promover desordens (art. 296) 49
4.2. Impedir ou embaraçar o exercício do voto (art. 297) 50
4.3. Prender ilegalmente (art. 298) 51
4.4. Corrupção eleitoral (art. 299) 53
4.5. Coagir alguém a votar ou não votar, valendo-se de sua autoridade de servidor
público (art. 300) 56
4.6. Usar de violência ou grave ameaça para coagir alguém a votar ou não votar (art. 301) . 58
4.7. Promover a concentração de eleitores (art. 302) 59
4.8. Majorar preços de utilidades e serviços necessários à realização das eleições (art. 303). 62
4.9. Ocultar, sonegar, açambarcar ou recusar o fornecimento de utilidades, alimentação e
meios de transporte no dia das eleições (art. 304) 63
4.10. Intervir indevidamente na mesa receptora de votos (art. 305) 65
4.11. Desrespeitar a ordem de chamada dos eleitores para votar (art. 306) 66
4.12. Fornecer ao eleitor cédula já assinalada ou marcada (art. 307) 66
4.13. Fornecer ao eleitor célula oficial rubricada fora do momento apropriado (art. 308) . . . 68
4.14. Votar ou tentar votar mais de uma vez ou em lugar de outro eleitor (art. 309) 69
4.15. Praticar ou permitir que seja praticado irregularidade que cause a anulação
da votação (art. 310) 70
4.16. Votar em seção eleitoral em que não está inscrito ou autorizado a votar (art. 311) 73
4.17. Violar ou tentar violar o sigilo do voto (art. 312) 74

5. DOS CRIMES CONTRA A APURAÇÃO E A CONTAGEM DE VOTOS 79
5.1. Deixar de expedir boletim de apuração no momento determinado (art. 313) 79
5.2. Deixar de recolher as cédulas apuradas no fechamento e lacração da urna (art. 314) . . . 80
5.3. Alterar o resultado das eleições nos mapas ou boletins de apuração (art. 315) 82
5.4. Omitir nas atas, não receber ou deixar de remeter à instância superior registros de
protestos formulados (art. 316) 84
5.5. Violar ou tentar violar o sigilo dos votos (art. 317) 85
5.6. Efetuar a contagem dos votos da urna quando qualquer eleitor houver votado sob
impugnação (art. 318) 86

6. DOS CRIMES CONTRA A ADMINISTRAÇÃO DA JUSTIÇA ELEITORAL 89
6.1. Deixar, o funcionário postal, de dar prioridade postal aos partidos políticos (art. 338) . . 89
6.2. Destruir, suprimir ou ocultar urna (art. 339) 90
6.3. Produzir ou utilizar, indevidamente, materiais de uso exclusivo da Justiça
Eleitoral (art. 340) 92
6.4. Retardar ou não publicar atos da Justiça Eleitoral (art. 341) 94
6.5. Deixar de apresentar denúncia ou de promover a execução de sentença (art. 342) 95
6.6. Descumprir o juiz o disposto no § 3º do Art. 357 desta lei (art. 343) 96
6.7. Recusar ou abandonar o serviço eleitoral (art. 344) 97
6.8. Descumprir, juiz ou qualquer funcionário da Justiça Eleitoral, deveres impostos pelo
Código Eleitoral (art. 345) 99
6.9. Utilizar, direta ou indiretamente, serviços de repartições públicas ou similares,
para beneficiar partido ou organização política (art. 346) 100
6.10. Recusar cumprimento ou obediência a diligências ou opor embaraços à execução
de atos da Justiça Eleitoral (art. 347) 102
6.11. Falsificação ou alteração de documento público para fins eleitorais (art. 348) 104
6.12. Falsificação ou alteração de documento particular para fins eleitorais (art. 349) 106

6.13. Falsidade ideológica para fins eleitorais (art. 350) 109
6.14. Figuras equiparadas (art. 351) 110
6.15. Reconhecer indevidamente firma ou letra para fins eleitorais (art. 352) 111
6.16. Fazer uso de documentos falsificados ou alterados (art. 353) 112
6.17. Obter documento falso para fins eleitorais (art. 354) 113

7. LEI Nº 6.091, DE 15 DE AGOSTO DE 1974 (art. 11) 115

8. LEI COMPLEMENTAR Nº 64, DE 18 DE MAIO DE 1990 (art. 25) 119

BIBLIOGRAFIA 123

ANEXO – Legislação 125
Tribunal Superior Eleitoral – Resolução nº 23.222 125
Tribunal Superior Eleitoral – Resolução nº 23.191 127
Lei Complementar nº 64, de 18 de maio de 1990 150

1. Lei nº 4.737, de 15 de julho de 1965

TÍTULO IV – DISPOSIÇÕES PENAIS
CAPÍTULO I – DISPOSIÇÕES PRELIMINARES

Na seara eleitoral, impõe-se a realização de breves digressões introdutórias, antes do estudo individualizado dos agires criminosos elencados nos diversos diplomas eleitorais.

1.1. Quanto aos agentes

Como é sabido, dentre os órgãos que compõem o Poder Judiciário, encontra-se a Justiça Eleitoral. Segundo dispõe o art. 12 do diploma eleitoral (Lei nº 4.737/65), seus órgãos estão estruturados da seguinte forma: I – O Tribunal Superior Eleitoral, com sede na Capital da República e jurisdição em todo o País; II – um Tribunal Regional, na Capital de cada Estado, no Distrito Federal e, mediante proposta do Tribunal Superior, na Capital de Território; III – juntas eleitorais; e IV – juízes eleitorais.

Conforme anota a doutrina de Adriano Soares da Costa, "tais órgãos da Justiça Eleitoral se submetem ao *princípio da periodicidade da investidura das funções eleitorais,* segundo o qual não há magistrados permanentemente investifos nas atribuições de juiz eleitoral, sendo elas exercidas temporariamente. De fato, o juiz eleitoral é o juiz de direito que exerce, por empréstimo, as funções eleitorais naquelas comarcas em que funciona a sede da zona eleitoral – pois há comarcas que são eleitoralmente *termos* de outras comarcas, vale dizer, fazem parte do território da zona eleitoral, que tem por sede a comarca mais importante. Logo, o juiz exerce a função eleitoral enquanto responder pela titularidade daquela comarca a que corresponde à sede da zona eleitoral, se desvestindo dessas atribuições tão logo ingresse em férias, ou licença, ou mesmo seja promovido para uma outra comarca na qual não haja sede de zona eleitoral".[1]

Observa-se das normas eleitorais, bem assim do próprio ordenamento jurídico constitucional, que à Justiça Eleitoral não foi conferido um quadro próprio

---

[1] COSTA, Adriano Soares da. *Instituições de Direito Eleitoral.* 8. ed. Rio de Janeiro: Lumen Juris, 2009, p. 253.

de membros para atender as atribuições que lhe foram acometidas por lei. Nada obstante isso, certo é que exerce permanentemente suas funções, dispondo, para tanto, de servidores concursados para atender às atividades administrativas do próprio órgão, podendo, outrossim, requisitar funcionários de outras repartições a fim de auxiliar em casos de necessidade.

Deste caráter transitório que reveste parte das funções da Justiça Eleitoral, bem assim da hesitação que permeia a tarefa de delinear seus integrantes, deflui a necessidade de a Lei n° 4.737/65 elencar no artigo 283 aqueles que são considerados membros e funcionários da Justiça Eleitoral para os efeitos penais, a saber: a) os magistrados que, mesmo não exercendo funções eleitorais, estejam presidindo Juntas Apuradoras ou se encontrem no exercício de outra função por designação de Tribunal Eleitoral; b) os cidadãos que temporariamente integram órgãos da Justiça Eleitoral; c) os cidadãos que hajam sido nomeados para as mesas receptoras ou Juntas Apuradoras; e d) os funcionários requisitados pela Justiça Eleitoral.

Sem embargo disso, é possível vislumbrar que o legislador intentou não restringir o rol constante do artigo 12 da Lei n° 4.737/65, de vez que estendeu o conceito de funcionário público, para os efeitos penais, além dos indicados acima, todo aquele que *"embora transitoriamente ou sem remuneração, exerce cargo, emprego ou função pública"* (art. 12, §1°, do Código Eleitoral). Não somente isso. Tratou de equiparar a funcionário público quem exerce cargo, emprego ou função em entidade paraestatal ou em sociedade de economia mista.

1.2. Quanto ao elemento subjetivo dos tipos

O Código Eleitoral não abrigou sanção penal a título de culpa, resumindo-se a prever tão somente tipos delitivos puníveis na modalidade dolosa.

Neste sentido, Marcus Vinicius Furtado Coêlho destaca que "é da jurisprudência exigir, para a configuração do crime, a presença do elemento subjetivo, qual seja a demonstração da conduta direcionada a lesar a legitimidade das eleições, o denominado dolo ou má fé".[2]

Com efeito, como noção do que vem a ser o elemento subjetivo "dolo", elucidativo é o conceito de Hans Welzel: "toda ação consciente é levada pela decisão de ação, ou seja, pela consciência do que se quer – o elemento intelectual –, e a decisão de querer realiza-lo – o elemento volitivo. Ambos elementos juntos, como fatores criadores de uma ação real, constituem o dolo. A ação objetiva é a execução finalista do dolo. Esta execução pode ficar detida em seu estado inicial: na tentativa; aqui o dolo vai mais além do alcançado. Quando a decisão do fato é executada de maneira completa, até seu final, estamos diante do fato consumado.

---

[2] COÊLHO, Marcus Vinicius Furtado. *Direito eleitoral e processo eleitoral – Direito penal eleitoral e direito político*. Rio de Janeiro: Renovar, 2008, p. 432.

Aqui, todo o fato não é somente desejado com dolo, mas também realizado com dolo. O dolo é, em toda sua extensão, um elemento finalista da ação".[3]

Conclui o jurista alemão, "dolo é o conhecimento e querer a concretização do tipo".[4]

Noutras palavras, o crime doloso, segundo o conceito apresentado pelo artigo 18, inciso I, do Código Penal Pátrio, é aquele em que "o agente quis o resultado ou assumiu o risco de produzi-lo".

1.3. Quanto às penas

Na maioria das vezes, o Código Eleitoral não indica o grau mínimo para as penas privativas de liberdade. Sempre que ocorrer, por força do artigo 284, entende-se que será ele de quinze dias para a pena de detenção e de um ano para a de reclusão.

Semelhante omissão ocorre no trato das causas agravantes e atenuantes porventuras entabuladas no diploma eleitoral.

Diante dessa realidade, o art. 285 prescreve que quando a lei determina a agravação ou atenuação da pena sem mencionar o *quantum*, deve o juiz fixá-lo entre um quinto e um terço, guardados os limites da pena cominada ao crime. Consiste em dispositivo que terá aplicabilidade na ocasião da 2ª fase da dosimetria da pena, à luz do sistema trifásico preconizado por Nelson Hungria.

O legislador pátrio, nos moldes do que fizera com o Código Penal de 1940, balizou a aplicação da pena de multa à luz de determinados critérios. Segundo dispõe o art. 286 do Código Eleitoral, a pena de multa consiste no pagamento ao Tesouro Nacional, de uma soma de dinheiro, que é fixada em dias-multa. O montante desta pena poderá variar entre o mínimo de 1 (um) dia-multa e o máximo de 300 (trezentos) dias-multa, o qual deve ser fixado segundo o prudente arbítrio do juiz, devendo este ter em conta as condições pessoais e econômicas do condenado, mas não pode ser inferior ao salário mínimo diário da região, nem superior ao valor de um salário mínimo mensal.

Com o advento da Lei nº 9.268/96, norma que deu nova redação ao *caput* do art. 51 do Código Penal brasileiro, assim como revogou os §§ 1º e 2º do mesmo dispositivo, a pena de multa estabelecida por força de condenação criminal e não paga pelo apenado passou a revestir a natureza de dívida de valor (Dívida Ativa da Fazenda Pública), de caráter extrapenal, não sendo mais permitida sua conversão em pena privativa de liberdade. Portanto, acaso o condenado a esta espécie punitiva não venha a efetuar o devido pagamento, somente poderá ser cobrado mediante execução pela Fazenda Pública.

---

[3] WELZEL, Hans. *Direito Penal*. Tradução de Afonso Celso Rezende. Campinas: Romana, 2003, p. 119.

[4] Idem, p. 120.

Neste passo, destaca-se que regra semelhante àquela constante do art. 60 do Código Penal restou inserida no diploma eleitoral ao dispor que a multa aplicável aos crimes eleitorais pode ser aumentada até o triplo, embora não possa exceder o máximo genérico (300 dias-multa), se o juiz considerar que, em virtude da situação econômica do condenado, é ineficaz a cominada, ainda que no máximo, ao crime de que se trate.

Por fim, importante referir que atualmente tramita no Congresso Nacional o Projeto de Lei do Senado (PLS) nº 389, de 2005, de autoria do Senador Renan Calheiros e outros Senadores, o qual promove várias alterações nas disposições penais preliminares do Código Eleitoral, dentre as quais se destacam:

a) a especificação dos bens protegidos pelo direito penal eleitoral: o alistamento eleitoral, a propaganda e a campanha eleitoral, o sufrágio universal, o voto direto e secreto, a apuração e a contagem dos votos e a administração da Justiça Eleitoral;

b) a previsão das seguintes penas, além da privação da liberdade e da multa: perda de bens e penas restritivas de direitos, consistentes na prestação de trabalho gratuito à Justiça Eleitoral, interdição temporária de direitos e suspensão dos direitos políticos;

c) a possibilidade de execução das penas independentemente do trânsito em julgado da condenação;

d) a definição dos efeitos da condenação penal eleitoral, além daqueles previstos no art. 91 do Código Penal: suspensão de atividade de diretório de 6 meses a 1 ano, cassação do registro de candidatura e perda do mandato eletivo;

e) a possibilidade de aplicação de sanções administrativas a partidos políticos e pessoas jurídicas que participarem de crimes eleitorais, responsabilização penal de seus dirigentes ou prepostos e suspensão da atividade do diretório em determinadas hipóteses, como na prática de crimes contra a honra;

f) a especificação das hipóteses de interrupção da prescrição.

1.4. Quanto à aplicação subsidiária do Código Penal

Nos termos dos arts. 287 e 288 do Código Eleitoral, em tudo aquilo que esta lei não dispuser de modo contrário, aplicam-se aos fatos incriminados nesta lei as regras gerais do Código Penal, ressalvados os crimes eleitorais cometidos por meio da imprensa, do rádio ou da televisão, os quais mantêm a aplicabilidade exclusiva das normas deste Código e as remissões a outra lei nele contempladas.

Na dicção de Vinicius Cordeiro e Anderson Claudino da Silva, a norma em comento "consagra a aplicação subsidiária, ou suplementar do Código Penal nos crimes eleitorais. A aplicação subsidiária da Parte Geral do Código Penal, em relação ao Códifo Eleitoral é quase integral. A expressão 'nesta lei', não tem caráter restritivo, sendo também aplicada, por extensão analógica, aos demais crimes previstos nos diplomas legais integrantes do Direito Eleitoral.

Escapam da aplicação subsidiária os enunciados como disposições gerais, a saber: o conceito de funcionário da Justiça Eleitoral e funcionário público, constante do art. 283 do CE; a aplicação das penas em geral, nos crimes tipificados no código, constantes dos arts. 284 a 286 do CE; e finalmente o art. 288, a seguir, nos crimes eleitorais cometidos com o uso dos meios de comunicação".[5]

No que concerne aos delitos perpetrados na forma do artigo 288 do CE, pontua a doutrina dos referidos autores: "essa norma teve por objetivo distinguir as infrações previstas na Lei de Imprensa (Lei nº 5.250, de 09.02.1967), não se confundindo com a calúnia ou difamação, por exemplo, perpetradas sem finalidades eleitorais.

O termo 'imprensa' aqui referido, não é restritivo, mas abrange as publicações periódicas, tais como jornais, revistas, opúsculos, boletins, não importando qual seja a periodicidade, e até mesmo as que sejam eventuais. Quanto à 'rádio', pode ser AM, FM, Ondas Curtas ou Tropicais, Radioamador, Comunitárias, e até mesmo as não-legalizadas ('piratas'), ou com processo de outorga em tramitação.

Registre-se que à época da edição do Código (1965), a anterior lei de Imprensa (Lei nº 2.083/53) estabelecida que os crimes contra a honra cometidos poderiam ser julgados inclusive pelo júri popular (arts. 41 e segs.), sendo afastada sua aplicação definitivamente com a entrada em vigor do art. 288 do CE. O Código Penal incide aqui, de forma subsidiária".[6]

1.5. Quanto ao tipo de ação penal

Os delitos definidos no Código Eleitoral, a teor do que prescreve seu artigo 355, são em sua totalidade de ação pública, ou seja, o Estado deverá agir independentemente da vontade das partes eventualmente interessadas. Entrementes, inexiste óbice algum ao oferecimento de ação penal privada subsidiária da pública, se porventura restar constatada a inércia do acusador oficial. Sublinhe-se, no entanto, que essa garantia constitucional (art. 5º, inciso LIX) só possui lugar, conforme salientado acima, na hipótese de efetiva inércia do Ministério Público, não sendo possível em virtude de eventual requerimento de arquivamento dos autos.

Neste ponto, menciona-se que o projeto de lei nº 389/05 do Senado Federal também contém previsão de alteração da espécie de ação penal para os crimes eleitorais contra a honra (injúria, calúnia e difamação). Assim sendo, acaso venha a ser aprovado o projeto, as infrações penais dessa espécie passarão de ação pública para ação penal privada ou de ação privada subsidiária e de legitimação alternativa, quando a ofensa for praticada contra funcionário público em razão de suas funções.

---

[5] CORDEIRO, Vinicius; SILVA, Anderson Claudino da. *Crimes Eleitorais e seu Processo*. Rio de Janeiro: Forense, 2006, p. 107.

[6] Idem, p. 108.

Por fim, antenta-se para o fato de que deixar o Ministério Público de apresentar, no prazo legal, denúncia ou não promover a execução da pena constitui crime eleitoral, nos termos do artigo 342 do respectivo Código.

1.6. Quanto à aplicação da lei dos Juizados Especiais

Nas infrações penais consideradas como sendo de menor potencial ofensivo, a saber, as contravenções penais e os crimes a que a lei comine pena máxima não superior a 2 (dois) anos, cumulada ou não com multa, aplicam-se as regras dos Juizados Especiais – Leis nos 9.099/95 e 10.259/01.

Conquanto inexistam, no âmbito da Justiça Eleitoral, Juizados Especiais Criminais estruturados segundo a definição dada pela Lei 9.099/95 e pela Lei 10.259/01, ou seja, providos por juízes togados ou togados e leigos (art. 60 da Lei nº 9.099/95), não restou afastada "a aplicação das regras estatuídas nesses textos legais pelos juízes eleitorais, até porque a finalidade dessas leis foi a de apresentar alternativas ao confinamento dos infratores no cárcere, afastando, assim, da prisão aquelas pessoas que tenham cometido infrações mais leves, de menor lesividade social".[7]

Neste ponto, esclarece Antonio Carlos da Ponte que "boa parte das infrações eleitorais são consideradas de pequeno potencial ofensivo e as que fogem a essas regras são punidas com penas privativas de liberdade de média duração. Na sua grande maioria, as infrações penais eleitorais admitirão a substituição da pena privativa de liberdade por uma ou duas penas restritivas de direitos, dependendo do montante da condenação.

A opção feita pelo legislador, em 1965, traz algumas conseqüências interessantes. Somente em situações excepcionais, o autor de um crime eleitoral punico com reclusão irá cumprir a reprimenda em regime fechado".[8]

Com o advento da Lei nº 10.259/01 e consequente alteração promovida na parte final do art. 61 da Lei nº 9.099/95 – possibilitando a aplicação da lei dos juizados nos casos em que a lei preveja procedimento especial –, não somente a suspensão condicional do processo passou a ter aplicação nos processos eleitorais – nas hipóteses em que a pena mínima cominada ao tipo penal for igual ou inferior a um ano – mas também o instituto da transação penal conquistou seu espaço, ressalvados "os crimes que contam com um sistema punitivo especial, entre eles aqueles a cuja pena privativa de liberdade se cumula a cassação do registro se o responsável for candidato, a exemplo do tipificado no art. 334 do Código Eleitoral".[9]

---

[7] GOMES, Suzana de Camargo. *Crimes eleitorais*. 3. ed. rev., atual. e ampl. São Paulo: Revista dos Tribunais, 2008, p. 94.

[8] PONTE, Antonio Carlos da. *Crimes eleitorais*. São Paulo: Saraiva, 2008, p. 55.

[9] TSE, Resolução nº 21.294, Rel. Sálvio de Figueiredo Teixeira.

2. Dos crimes contra o alistamento eleitoral

2.1. Inscrição fraudulenta de eleitor

Art. 289. Inscrever-se fraudulentamente eleitor:

Pena – Reclusão até cinco anos e pagamento de cinco a 15 dias-multa.

Comentários descomplicados

• *Objeto jurídico:* O tipo penal busca resguardar a idoneidade e lisura dos serviços da Justiça Eleitoral.

• *Conduta típica:* Nos dizeres de Sebastião Oscar Feltrin, inscrever-se eleitor significa "promover o alistando sua própria inscrição eleitoral. Significa, mais precisamente, na liguagem popular, 'tirar o título de eleitor'".[10]

Não somente isso. Importa anotar que a promoção da inscrição eleitoral abarca, também, a transferência eleitoral – "transferência do título" – para outro munípio ou zona eleitoral dentro de um mesmo município.[11]

O infrator poderá ser punido com pena de até 5 (cinco) anos de reclusão e pagamento de 15 (quinze) dias-multa se, ao promover sua inscrição ou a transferência eleitoral, empregar meio fraudulento, consistente na apresentação de documentos material ou formalmente falsos, capazes de induzir outrem a erro, quando da ocasião do requerimento (art. 44 do Código Eleitoral). O crime de inscrição eleitoral fraudulenta tem por objeto a promoção, pelo próprio alistando, com ou sem participação de terceiro – coautoria – (art. 29 do CP), do pedido de inscrição com o uso de documento falso, adulterando dados, tais como, o nome, idade, filiação, ou então mediante a omissão da condição legal impeditiva do alistamento.

Neste sentido, Fávila Ribeiro afirma que "a fraude que se há de considerar à caracterização dos crimes agora cogitados e de modo geral de todas as modalidades em que a fraude entra em sua composição, há de consistir sempre no em-

---

[10] FELTRIN, Sebastião Oscar. *14. Eleitoral*. In: FRANCO, Alberto Silva, e STOCO, Rui (coords.) Leis Penais Especiais e sua Interpretação Judicial. 7. ed., São Paulo: RT, 2001, p. 1498.

[11] Idem, ibidem.

prego de meios astuciosos, de artimanhas, atos escritos ou orais, aptos a levarem outrem a erro.

Assim acontece em fazer instruir o pedido de inscrição com documento material ou intelectualmente falso, adulterando nome, idade ou local de residência, enfim todo dado relevante à efetivação do alistamento.

Pode ainda ocorrer em deixar de enunciar uma condição legal impeditiva do alistamento, como seria o caso da pessoa condenada criminalmente à pena privativa de liberdade, ou ainda, de quem, já estando inscrito, postula dolosamente nova inscrição.

Cumpre advertir não ser suficiente à configuração do crime a obtenção de mais de uma inscrição eleitoral, sendo necessário haja o definido propósito de fraudar o alistamento.

No caso, por exemplo, do eleitor que, ao invés de requerer transferência para o local de seu novo domicílio, pleiteia uma nova inscrição eleitoral, e que, em virtude da distância entre os dois pontos, se afigure impossível o duplo exercício do voto, resulta evidente que houve um equívoco cometido pelo alistando, não se lhe podendo nessas circunstâncias imputar a prática de crime".[12]

Neste eixo, imprescinde ressaltar que tanto o eleitor (autor principal) quanto o terceiro que o auxilia na execução do crime poderão incorrer, conforme o caso, em figura delitiva diversa da elencada neste artigo 289, à guisa de exemplo, a falsificação material de documento particular para fins eleitorais (art. 349 do CE), falsidade ideológica para fins eleitorais (art. 350 do CE) e uso de documentos material ou ideologicamente falsos para fins eleitorais (art. 353 do CE).

• **Sujeito ativo:** Consistente em crime próprio, configura-se quando praticado por pessoa maior de 16 (dezesseis) anos, posto que é a partir dessa idade que o brasileiro adquire o direito ao alistamento eleitoral e ao voto (art. 14, § 1°, inciso II, *"c"*, da Constituição Federal). De sublinhar, no entanto, se porventura o fato vier a ser praticado por pessoa com idade inferior a 18 (dezoito) anos incompletos, este não praticará crime, mas sim ato infracional.

• **Sujeito passivo:** O Estado, representado pelo órgão da Justiça Eleitoral.

• **Consumação:** Trata-se de crime comissivo e formal, ou seja, prescinde da produção de resultado naturalístico (consequências materiais, como, *v.g.*, a emissão do título eleitoral) para sua consumação. De tal sorte, a consumação dar-se-á a partir da apresentação dos documentos e do preenchimento do requerimento de inscrição.

• **Tentativa:** Admite-se a forma tentada.

Jurisprudência pertinente

"ELEIÇÕES 2004. AGRAVO REGIMENTAL NO RECURSO ESPECIAL. CRIME ELEITORAL. ART. 289 DO CÓDIGO ELEITORAL. ART. 29 DO CÓDIGO PENAL. VIABILIZAÇÃO

---

[12] RIBEIRO, Fávila. *Direito eleitoral.* 5. ed. Rio de Janeiro: Forense, 1998, p. 626-627.

DE TRANSPORTE, POR TERCEIRO, PARA COMETIMENTO DO HIPOTÉTICO CRIME DE INSCRIÇÃO FRAUDULENTA DE ELEITOR. O delito especial é próprio, ou mesmo de mão própria, do eleitor que, todavia, admite concurso de pessoas, desconsiderado pelo Tribunal Regional. Atipicidade não evidenciada. Precedentes do STJ. Decisão que deu provimento ao recurso. Agravo regimental que não infirma os fundamentos da decisão monocrática. Agravo regimental a que se nega provimento. A delimitação prevista no Código Eleitoral quanto aos crimes eleitorais próprios do eleitor, ou mesmo de mão própria, por si só, não impede o surgimento do concurso de pessoas e a responsabilização penal, pela mesma prática delitiva, de um sujeito não qualificado, ainda mais quando, presumivelmente, este conhece a condição pessoal do pretenso autor – eleitor – e os benefícios que poderá auferir com a consumação da conduta criminosa. Assim, nesses casos, o fato não se mostra, de plano, atípico quanto ao sujeito não qualificado, mas possível de se apurar a sua concorrência para o delito, considerada a sua culpabilidade, a qual, contudo, deverá ser comprovada ou não no curso da ação penal". (TSE, AgR-REspe nº 34863, Relator Min. Joaquim Benedito Barbosa Gomes)

"RECURSO ESPECIAL – CRIME ELEITORAL – INDUZIMENTO A TRANSFÊRENCIA FRAUDULENTA – DECISÃO REGIONAL QUE ASSENTOU QUE A CONDUTA NÃO SE SUBSUME A FIGURA TÍPICA PREVISTA NO ART. 290 DO CE – Recurso conhecido e provido. A jurisprudência da Corte e no sentido de que a expressão 'inscrição', contida no art. 290 do Código Eleitoral, é gênero do qual a "transferência" é espécie". (TSE, RESPE nº 15321, Acórdão nº 15321, Relator Min. José Eduardo Rangel de Alckmin)

"CRIME ELEITORAL. INSCRIÇÃO FRAUDULENTA COMO ELEITOR (CÓDIGO ELEITORAL, ART. 289). I – admite-se o domicílio eleitoral em localidade onde o eleitor mantenha vínculo patrimonial. No caso, a recorrente foi contemplada, no inventario do seu pai, com uma parte ideal no imóvel rural, situado o distrito e munícipio de Onda Verde, onde o casal comprovou possuir interesses na produção agrícola do imóvel, em que, com freqüência, administrado pelo conjuge-varão, também recorrente. II – Ofensa ao art. 42, parágrafo único, do Código Eleitoral, caracterizada. III – Recurso especial provido, a fim de reformar o acórdão recorrido e absolver os recorrentes das penas que lhes foram impostas." (TSE, AG nº 11.814, Relator Antônio de Pádua Ribeiro)

"Se a residência não é contemporânea à declaração, se não há duplo domicílio, ou ainda, se o endereço não é o centro das atividades profissionais do declarante, não há como se ter como regular o alistamento eleitoral." (TRE-SP, RC nº 128.795, Rel. Viseu Junior)

"Pratica o crime do artigo 289 do CE quem se inscreve com registro de nascimento tardio obtido mediante falsa declaração de identidade." (TRE-SP, RC nº 95.807, Relator Luiz Carlos Ribeiros dos Santos)

"RECURSO CRIMINAL. AÇÃO PENAL. CRIME PREVISTO NO ART. 289 DO CÓDIGO ELEITORAL. CONDENAÇÃO ÀS PENAS DE RECLUSÃO E DE MULTA. Subscrever, como testemunha, declaração falsa de residência emitida por terceiro. Mero testemunho para o ato, e não a respeito do fato declarado. Crime de inscrição fraudulenta de eleitor é cometido pelo eleitor e somente o pratica, em concurso de pessoas, aquela testemunha que afirme o falso declarado. Recurso a que se dá provimento." (TRE-MG, RC nº 27, Acórdão nº 5.367/2008, Relator Juiz Gutemberg da Mota e Silva)

"APELAÇÃO CRIMINAL. INSCRIÇÃO ELEITORAL FRAUDULENTA. FALSIDADE DOCUMENTAL. GRAVE AMEAÇA NO CURSO DO PROCESSO. CONCURSO MATERIAL. Agir fraudulentamente com a intenção de alistar-se como eleitor fazendo uso de carteira de trabalho falsificada, tipificam os ilícitos previstos nos artigos 289 e 297, § 3º, II, do Código Eleitoral e Penal respectivamente em concurso material de delitos, por se tratar de condutas autônomas. Havendo emprego de grave ameaça no curso do processo, a fim de favorecer interesse próprio de evitar a condenação em face dos crimes cometidos configura o crime previsto no art. 344 do Código Penal". (TRE-RO, RC nº 92, Acórdão nº 316/2008, Relator Jorge Luiz dos Santos Leal)

2.2. Induzir à inscrição indevida de eleitor

Art. 290. Induzir alguém a se inscrever eleitor com infração de qualquer dispositivo deste Código.

Pena – Reclusão até 2 anos e pagamento de 15 a 30 dias-multa.

Comentários descomplicados

• *Objeto jurídico:* O tipo penal busca resguardar a idoneidade e lisura dos serviços da Justiça Eleitoral.

• *Conduta típica:* Opostamente ao delito descrito no art. 289 do Código Eleitoral, no qual o alistando promove sua própria inscrição mediante fraude, o tipo penal em tela consiste em *"instigar, incitar ou auxiliar terceiro a alistar-se fraudulentamente, aproveitando-se de sua ingenuidade ou de sua ignorância"*,[13] infringindo não somente as nomas constantes do Código Eleitoral, mas também de qualquer outro diploma legal que discipline a matéria. Cumpre anotar que a locução *inscrição*, na linha do entendimento consagrado no Tribunal Superior Eleitoral, abrange as quatro operações possíveis no Cadastro Nacional de Eleitores, a saber: o alistamento, a transferência, a revisão ou a segunda via do título eleitoral.[14]

• *Sujeito ativo:* Trata-se de crime comum, ou seja, praticável por qualquer pessoa.

• *Sujeito passivo:* Na espécie, o sujeito passivo imediato (primário ou principal) do delito é o detentor da garantia constitucional violada. Qualquer pessoa poderá figurar no polo passivo imediato da infração, desde que maior de 16 (dezesseis) anos de idade. O sujeito passivo mediato (secundário) é o Estado, de sorte que prejudicado com a inscrição eleitoral irregular.

• *Consumação:* O crime descrito no artigo 290 do Código Eleitoral reveste natureza de mera conduta, cuja consumação se dá com o simples ato de induzir outrem a realizar a inscrição ou transferência eleitoral fraudulenta, independentemente do fato de haver sido deferida a inscrição ou transferência.

---

[13] TSE, RHC nº 68. Relator Min. Luiz Carlos Madeira; TRE-AC, APCO nº 21, Acórdão 1.702/2008, Relator Desembargador Arquilau Melo.

[14] TRE-AC, APCO nº 21, Acórdão 1.702/2008, Relator Desembargador Arquilau Melo.

• **Tentativa:** Por se tratar de crime unisubsistente, cuja execução se dá mediante a realização de apenas uma conduta (não passível de ser fracionada), não se admite a forma tentada.

Jurisprudência pertinente

"Recurso Especial. Pressupostos. Transgressão à norma eleitoral: Induzimento. Inscrição eleitoral: Transferência. Tipicidade: art. 284 e 290, CE. 1- Não se conhece de recurso especial que não indica o preceito legal que reputa violado ou a divergência de julgados. 2- Induzimento de terceiros para transferência de título eleitoral, sob promessa de vantagens. Art. 289 e 290, CE. 2.1- A jurisprudência da corte é no sentido de que a expressão "inscrição", contida no art. 290 do Código Eleitoral, é gênero do qual a "transferencia" é especie. Tipicidade da conduta. 2.2- A ação típica de induzir corresponde a caracterização de crime unissubsistente, de modo que a pratica dessa conduta, por si só, é capaz de acarretar a sua consumação, independentemente do fato de ter sido deferida a inscrição ou transferência. Recurso Especial não conhecido". (RESPE nº 15177, Acórdão nº 15177, Relator Min. Maurício José Corrêa)

"Recurso Especial – Crime Eleitoral – Induzimento a Transferência Fraudulenta – Decisão regional que assentou que a conduta não se subsume a figura típica prevista no art. 290 do CE – Recurso Conhecido e Provido. A Jurisprudência da corte e no sentido de que a expressão 'inscrição', contida no art. 290 do Código Eleitoral, e gênero do qual a 'transferência' é espécie." (TSE, RESPE nº 15321, Relator José Eduardo Rangel de Alckmin)

"RECURSO – PROCESSO-CRIME – TRANSFERÊNCIA FRAUDULENTA DE ELEITORES – DOMICÍLIO – DECLARAÇÃO FALSA – INDUZIMENTO – OFENSA AO ART. 290 DO CÓDIGO ELEITORAL – CARACTERIZAÇÃO. O induzimento de eleitores à transferência para município diverso do seu, com base em declaração falsa de residência, configura a hipótese prevista no art. 290 do Código Eleitoral, independentemente de ter sido ela deferida. A expressão 'inscrição' contida no citado artigo é gênero do qual a transferência é espécie (precedentes: Acórdãos TSE ns. 12.485 e 15.177)". (TRE-SC, RCRIME nº 365, Acórdão nº 17168 Relator Otávio Roberto Pamplona)

"RECURSO CRIMINAL ELEITORAL. CONCURSO MATERIAL DE CRIMES. ART. 69 DO CÓDIGO PENAL. NOVA DEFINIÇÃO JURÍDICA DOS FATOS. NULIDADE DA SENTENCA. INOCORRÊNCIA. RECEBIMENTO E GUARDA DE FORMULÁRIOS DE ALISTAMENTO ELEITORAL. INTERMEDIAÇÃO DE TRANSFERÊNCIA FRAUDULENTA DE TÍTULO ELEITORAL. TIPICIDADE DAS CONDUTAS. CONCURSO DE PESSOAS. REQUISITOS PRESENTES. OCORRÊNCIA. PROVAS MATERIAL E PESSOAL DOS FATOS ALEGADOS NA DENÚNCIA. CONDENAÇÃO MANTIDA. APENAÇÃO NA MEDIDA DA CULPABILIDADE. PEDIDO DE REDUÇÃO AO MINIMO LEGAL. IMPOSSIBILIDADE MANTIDA. SUSPENSÃO CONDICIONAL DO CUMPRIMENTO DA PENA. REQUISITOS AUSENTES. NEGADA. CUMPRIMENTO ALTERNATIVO EM REGIME DE PRISÃO ALBERGUE DOMICILIAR. POSSIBILIDADE. EXAME DO PEDIDO PELO JUÍZO DA EXECUÇÃO. TRANSFERÊNCIA FRAUDULENTA DE TÍTULO ELEITORAL. ENQUADRAMENTO NO CONCEITO DO ART. 289 DO CÓDIGO ELEITORAL. CONDUTA TÍPICA. PRELIMINAR REJEITADA. RECURSOS IMPROVIDOS. 1. Não ha falar em nova definicao juridica dos fatos quando o juiz reconhece, na sentença, o concurso material de crimes de que trata o art. 69 Do Código Penal. 2. Comete os crimes dos artigos 340 e 290, do Código Eleitoral, o agente que recebe e guarda formulários de alistamento eleitoral e depois intermedeia, fraudulentamente, a transferência de títulos eleitorais. 3. Ocorre concurso de pessoas se um dos reus entrega formulários de alistamento eleitoral para outros, que deles fazem uso para fins ilícitos. 4. Se a pena aplicada e necessária e suficiente para reprimenda, na justa medida da culpabilidade do réu, não se defere o pedido de redução ao mínimo legal. 5. Descabe a suspensão condicional da pena se ausentes os requisitos autorizadores. 6. O pedido alternativo de cumprimento da reprimenda no regime de prisão albergue domiciliar não pode ser deferida em sede de recurso. Exame deferido ao juízo da execução. 7. Tanto se inscreve eleitor em determinada zona a pessoa que faz a sua primeira inscrição como aquela que transfere o seu título". (TRE-RO nº 1/95, Acórdão nº 2336, Relator Jean Marcos Ferreira)

"Recurso Especial – Criminal – art. 290, do Código Eleitoral – Crime que se consuma com o induzimento a inscricao ou transferencia eleitoral fraudulenta – Recurso nao conhecido." (TSE, RESPE nº 12485, Relator José Eduardo Rangel de Alckmin)

"Recurso Criminal. Indução a inscrição indevida. A ausência de depoimento do réu não importa em nulidade quando o recebimento da denúncia é anterior à Lei nº 10.732/2003. Intimada a defesa da expedição da carta precatória, compete à parte inteirar-se da data da audiência no juízo deprecado. O delito tipificado no art. 290 do Código Eleitoral é de mera conduta e se consuma com o simples induzimento, independentemente da efetiva inscrição ou transferência do título. Conduta criminosa plenamente demonstrada. Provimento negado." (TRE-RS, RC nº 172004, Relator Dr. Luís Carlos Echeverria Piva)

2.3. Efetuar, fraudulentamente, a inscrição de alistando

Art. 291. Efetuar o juiz, fraudulentamente, a inscrição de alistando.

Pena – Reclusão até 5 anos e pagamento de cinco a quinze dias-multa.

Comentários descomplicados

• *Objeto jurídico:* O tipo penal busca resguardar a idoneidade e lisura dos serviços da Justiça Eleitoral.

• *Conduta típica:* Na espécie, o juiz eleitoral é o protagonista da empreitada criminosa, na qual promove, fraudulentamente, a inscrição de eleitor. Nas palavras de Vinicius Cordeiro e Anderson Claudino da Silva, "esse delito próprio tem por agente o Juiz Eleitoral, tão somente, que com dolo, efetua a inscrição do alistando, processo esse, aliás, concernente às suas funções.

Afasta-se da hipótese de fraude o erro material ou irregularidade formal no processo administrativo de alistamento ou transferência. A fraude há de exsurgir, límpida e cristalina, com o dolo caracterizado, com os meios viciosos, a prova cabal de que o magistrado eleitoral tenha perpetrado a fraude prevista no art. 291".[15]

---

[15] CORDEIRO, Vinicius; SILVA, Anderson Claudino da. *Crimes Eleitorais e seu Processo*. Rio de Janeiro: Forense, 2006, p. 113.

Importa sublinhar, no entanto, se porventura o magistrado, na condição de cidadão, vier a inscrever-se eleitor de forma fraudulenta, a conduta amoldar-se-á ao tipo descrito no art. 289 do Código Eleitoral.

• *Sujeito ativo:* Neste caso, o sujeito ativo do delito é o juiz eleitoral – ou que se acha investido de jurisdição eleitoral – que efetua fraudulentamente a inscrição do alistando. Consiste em crime próprio, no qual se admite coautoria.

• *Sujeito passivo:* Qualquer pessoa, desde que maior de 16 (dezesseis) anos de idade.

• *Consumação:* Trata-se de crime comissivo e formal, ou seja, prescinde da produção de resultado naturalístico (emissão do título eleitoral) para sua consumação.

• *Tentativa:* Admite-se a forma tentada.

2.4. Negar ou retardar indevidamente inscrição de alistando

Art. 292. Negar ou retardar a autoridade judiciária, sem fundamento legal, a inscrição requerida:

Pena – Pagamento de 30 a 60 dias-multa.

Comentários descomplicados

• *Objeto jurídico:* O tipo penal busca resguardar a idoneidade e a lisura dos serviços da Justiça Eleitoral, sobretudo o livre exercício dos direitos políticos.

• *Conduta típica:* Comete o delito descrito no art. 292 do Código Eleitoral a autoridade judiciária que, dolosamente e em desconformidade com as disposições legais, nega ou retarda a incrição de alistando, impedindo o eleitor de exercer seus direitos políticos. Não basta, para a perfectibilização do ilícito, que haja tão somente o indeferimento da inscrição eleitoral. Impõe-se que a conduta do juiz esteja imbuída da intenção deliberada de negar a inscrição do alistando ao arrepio da lei.

• *Sujeito ativo:* Nos mesmos moldes do art. 291, trata-se de crime próprio, no qual se exige do sujeito ativo a qualidade de autoridade judiciária que oficie junto à Justiça Eleitoral.

• *Sujeito passivo:* Qualquer pessoa, desde que maior de 16 (dezesseis) anos de idade.

• *Consumação:* A consumação do delito é atingida a partir do instante em que a autoridade judiciária nega ou retarda, sem previsão legal, a inscrição eleitoral requerida.

• *Tentativa:* Inadmissível a forma tentada, de sorte que não fracionável a conduta típica.

2.5. Perturbar ou impedir alistamento

Art. 293. Perturbar ou impedir de qualquer forma o alistamento:

Pena – Detenção de 15 dias a seis meses ou pagamento de 30 a 60 dias-multa.

Comentários descomplicados

• *Objeto jurídico:* O tipo penal busca resguardar a idoneidade e lisura dos serviços da Justiça Eleitoral, sobretudo o livre exercício dos direitos políticos.

• *Conduta típica:* Consistente no ato de *perturbar* ou *impedir*, de qualquer forma, a inscrição ou a transferência eleitorais. Nos termos do art. 293, incorre na pena de detenção de 15 dias a seis meses ou pagamento de 30 a 60 dias-multa aquele que, mediante emprego de qualquer forma de constrangimento, quer seja de ordem física ou moral, ao alistando ou funcionário da Justiça Eleitoral encarregado do ato, dificultar ou impedir o livre exercídio do direito ao alistamento, comete o crime descrito neste art. 293. Sublinhe-se, entretanto, basta para a configuração do ilícito tão somente que a conduta do agente cause embaraços à inscrição ou transferência eleitorais, não se exigindo que o estorvo causado impeça sua realização.

• *Sujeito ativo:* Trata-se de crime comum, praticável por qualquer pessoa.

• *Sujeito passivo:* Qualquer pessoa, desde que maior de 16 (dezesseis) anos, no caso do alistando, ou, até mesmo, o funcionário da Justiça Eleitoral, conforme o caso.

• *Consumação:* Trata-se de crime de natureza formal, ou seja, prescinde da produção de resultado naturalístico para sua consumação. Portanto, basta para sua perfectibilização apenas a realização de qualquer ato que dificulte ou impossibilite o alistamento.

• *Tentativa:* Admite-se a forma tentada.

2.6. Exercer o preparador atribuições fora da sede da localidade

Art. 294. *Exercer o preparador atribuições fora da sede da localidade para a qual foi designado:*

Pena – Pagamento de 15 a 30 dias-multa.

◊ **Dispotitivo revogado pela Lei nº 8.868, de 14.4.1994.**

2.7. Reter título eleitoral

Art. 295. Reter título eleitoral contra a vontade do eleitor:

Pena – Detenção até dois meses ou pagamento de 30 a 60 dias-multa.

Comentários descomplicados

• *Objeto jurídico:* O legislador buscou garantir aqui o direito ao livre exercício do voto.

• *Conduta típica:* A figura típica do art. 295 consiste em *reter* título eleitoral pertencente a outrem contrariando sua vontade. Considerada a objetividade jurídica da norma, qual seja, a garantia ao livre exercício do voto, faz-se necessário que a retenção do título eleitoral seja não apenas contrária à vontade do eleitor, mas também possua finalidade nitidamente eleitoral, constituindo motivo impeditivo do exercício ao direito do voto. Inexistindo finalidade eleitoral na retenção, a conduta subsumir-se-á à contravenção penal de que trata a Lei nº 5.553/68.

Subsiste, ainda, uma hipótese distinta de indicência da conduta de retenção ilegal de título eleitoral em ilícito penal. Trata-se do delito descrito no parágrafo único do artigo 91 da Lei nº 9.504/97, segundo o qual *"a retenção de título eleitoral ou do comprovante de alistamento eleitoral constitui crime, punível com detenção, de um a três meses, com a alternativa de prestação de serviços à comunidade por igual período, e multa no valor de cinco mil a dez mil UFIR".*

Sua ocorrência dar-se-á no instante em que, realizada a inscrição do eleitor perante o órgão competente, é retido o comprovante desse ato, ou então, finalizado o processo de alistamento, tem seu título eleitoral indevidamente apreendido.

• *Sujeito ativo:* Trata-se de crime comum, praticável por qualquer pessoa.

• *Sujeito passivo:* Qualquer pessoa detentora de título eleitoral.

• *Consumação:* A consumação do delito é atingida a partir do instante em que o eleitor tem seu título retido e vulnerado seu direito ao voto.

• *Tentativa:* Admite-se a forma tentada.

Jurisprudência pertinente

"Recurso Criminal. – Art. 295 do Código Especializado – Ausência de Finalidade Eleitoral – Incompetência da Justiça Eleitoral para Apreciar a Matéria – Nulidade 'ab initio' do Processo – Remessa dos autos a Justiça Comum – Recurso Prejudicado. Ausente o objetivo eleitoral, a retenção de título não caracteriza o crime do art. 295 do Código Eleitoral, podendo tipificar a contravenção penal prevista na Lei n. 5.553/68, falecendo competência a Justiça Eleitoral para apreciar a questão. Tratando-se de incompetência 'ratione materiae', absoluta portanto, inaplicáveis são as disposições do art. 567 do CPP, devendo o processo ser anulado 'ab initio' e remetido a justiça competente para apreciá-lo." (TRE-SC, RCRIME nº 328, Relator Alcides dos Santos Aguiar)

"Havendo retenção criminosa do título eleitoral, por parte de terceiros, o eleitor prejudicado deverá comparecer a sua mesa eleitoral munido de carteira de identidade para votar em separado e denunciar o fato ao respectivo presidente, que lhe tomará por termo as declarações, afim de possibilitar a posterior apuração de responsabilidade." (TSE, INST nº 2458, Relator Armando Sampaio Costa)

2.8. Assinar mais de uma ficha de registro de partido

Art. 319. Subscrever o eleitor mais de uma ficha de registro de um ou mais partidos:
Pena – detenção até 1 mês ou pagamento de 10 a 30 dias-multa.

Comentários descomplicados

• *Objeto jurídico:* O tipo penal eleitoral busca garantir a autenticidade e higidez dos processos de formação dos partidos políticos.

• *Conduta típica:* Nos termos do art. 8º da Lei nº 9.096/95, "o requerimento do registro de partido político, dirigido ao cartório competente do Registro Civil das Pessoas Jurídicas, da Capital Federal, deve ser subscrito pelos seus fundadores, em número nunca inferior a cento e um, com domicílio eleitoral em, no mínimo, um terço dos Estados (...)". O crime do art. 319 diz respeito à hipótese em que um mesmo eleitor subscreve mais de uma ficha para dar número à formação (criação) de um ou mais partidos políticos.

Na dicção de Fávila Ribeiro, "trata o art. 319 da ação do eleitor que contribui com a sua manifestação escrita a favor do registro de mais de um partido político, apondo a sua assinatura em documento elaborado em conformidade com o modelo adotado pelo Tribunal Superior Eleitoral.

Importa considerar que a aquisição de personalidade jurídica pelo partido decorre do ato de registro emanado do Tribunal Superior Eleitoral. Para obtenção desse registro, dentre as condições exigidas, deve a entidade postulante dispor de um percentual mínimo do eleitorado, que haja votado na última eleição geral à Câmara dos Deputados. Por conseguinte, emprestando viciosamente a sua assinatura a mais de uma legenda partidária, estará o eleitor concorrendo pessoalmente para burlar o postulado legal, que objetiva verificar da efetiva ressonância da organização registranda no seio do eleitorado.

Há que considerar que cada partido deve possuir não apenas diversidade nominal, mas variantes programáticas, tendo que assumir posições antagônicas na fase da competição eleitoral e na ação perante os órgãos governamentais, não sendo, pois, admissível a dúplice posição assumida pelo eleitor, que demonstra, com o seu proceder não apenas menoscabo no exercício de uma franquia política, mas fraude à lei.

De igual maneira sucede em filiar-se simultaneamente o eleitor a mais de um partido político em funcionamento. Não pode um mesmo eleitor ser co-participante de atividades partidárias necessariamente discrepantes. Com o ato de filiação contrai o eleitor uma série de direitos e obrigações perante o partido político. Fica credenciado, desde que se efetiva a filiação, a participar das respectivas convenções ao nível municipal, a votar e ser votado para os órgãos partidários e a indicar e ser indicado para concorrer a cargos eletivos. Essas condições não pode possuir o eleitor ao mesmo tempo em mais de um partido. Todavia, se a pluralidade da filiação partidária se consumar em diferentes ocasiões, torna-se causa determinante do cancelamento de ambas as inscrições, caso deixe de comunicar ao partido e ao Juiz Eleitoral a sua nova filiação a um outro partido".[16]

• *Sujeito ativo:* Trata-se de crime comum, ou seja, praticável por qualquer pessoa que esteja em pleno gozo de seus direitos políticos.

• *Sujeito passivo:* Na espécie, o sujeito passivo imediato (primário ou principal) do delito são os partidos políticos compreendidos no ato. O sujeito passivo mediato (secundário) é o Estado.

• *Consumação:* Trata-se de crime de natureza formal, ou seja, prescinde da produção de resultado naturalístico para sua consumação. Portanto, a consumação é atingida com a subscrição do segundo requerimento ou ficha de registro de fundação de partido político, ainda que não venha a ser deferido o pedido junto ao órgão competente.

• *Tentativa:* Admite-se a forma tentada.

2.9. Inscrever-se simultaneamente em mais de um partido

Art. 320. Inscrever-se o eleitor, simultaneamente, em dois ou mais partidos:
Pena – pagamento de 10 a 20 dias-multa.

Comentários descomplicados

• *Objeto jurídico:* A autenticidade das filiações partidárias.

• *Conduta típica:* A conduta de inscrever-se o eleitor, simultaneamente, em dois ou mais partidos políticos, descrita neste artigo, não se confunde com aquela elencada no art. 319. No art. 320, a que visa coibir é a filiação simultânea de eleitor a mais de um partido político, resguardando, dessa forma, a autenticidade das filiações partidárias. Naquele art. 319, busca-se reprimir que um mesmo eleitor subscreva mais de uma ficha de registro – de criação – de um mesmo partido ou de partido político diverso.

Nos termos dos arts. 21 e 22 da Lei nº 9.096/95, quem se filia a outro partido deve fazer comunicação ao partido e ao juiz de sua respectiva Zona Eleitoral, para cancelar sua filiação; se não o fizer no dia imediato ao da nova filiação, fica configurada dupla filiação, sendo ambas consideradas nulas para todos os efeitos. Assim, para que o eleitor possa inscrever-se em outro partido político, deverá desligar-se formalmente do partido em que estiver filiado, devendo fazer comunicação escrita ao órgão de direção municipal e ao Juiz Eleitoral da Zona em que for inscrito.

O descumprimento pelo eleitor do aludido regramento o faz incurso nas sanções do art. 320 do Código Eleitoral (pagamento de 10 a 20 dias-multa).

---

[16] RIBEIRO, Fávila. *Direito eleitoral.* 5. ed. Rio de Janeiro: Forense, 1998, p. 627-628.

• *Sujeito ativo:* Trata-se de crime comum, ou seja, praticável por qualquer pessoa que esteja em pleno gozo de seus direitos políticos.

• *Sujeito passivo:* Na espécie, o sujeito passivo imediato (primário ou principal) do delito é o(s) partido(s) político(s) compreendido(s) no ato. O sujeito passivo mediato (secundário) é o Estado.

• *Consumação:* Trata-se de crime comissivo de natureza material, ou seja, não basta que formalização do pedido de inscrição em partido político, exige-se, para a consumação do delito, seu efetivo deferimento.

• *Tentativa:* Admite-se a forma tentada.

Jurisprudência pertinente

"RECURSO ELEITORAL. DUPLA FILIAÇÃO PARTIDÁRIA. DENUNCIA SUPOSTO CRIME. INTELIGÊNCIA DO ART. 320 DO CÓDIGO ELEITORAL. NÃO CONFIGURAÇÃO. ATIPICIDADE DA CONDUTA. ABSOLVIÇÃO. É de se dar provimento ao recurso criminal para absolver o recorrente quando o fato imputado não se configura delito, por ausência de dolo, como um dos elementos subjetivos do tipo, não caracterizando, portanto, o delito de dupla filiação partidárias tipificado no art. 320 do CE". (TRE-PB, RC nº 3233, Acórdão nº 135 de 14/06/2010, Relator Carlos Neves da Franca Neto)

"RECURSO ELEITORAL – FILIAÇÕES PARTIDÁRIAS SIMULTÂNEAS – ARTIGOS 21 E 22 DA LEI 9096/1995 – OFENSA – DUPLICIDADE CARACTERIZADA – IMPROVIMENTO – MANUTENÇÃO DA SENTENÇA QUE CANCELOU AS INSCRIÇÕES DO RECORRENTE. Comprovada a dupla filiação e não se desincumbindo o Recorrente de demonstrar, mesmo por meio das listas de filiados enviadas pelos Partidos Políticos, que se encontrava inscrito em uma única Agremiação, devem ser canceladas as suas filiações partidárias". (TRE-MT, REJE nº 115, Acórdão nº 17088, Relator João Celestino Corrêa da Costa Neto)

2.10. Colher assinatura em mais de uma ficha de registro de partido

Art. 321. Colher a assinatura do eleitor em mais de uma ficha de registro de partido:

Pena – detenção até dois meses ou pagamento de 20 a 40 dias-multa.

Comentários descomplicados

• *Objeto jurídico:* A autenticidade e higidez dos processos de formação dos partidos políticos, notadamente das filiações partidárias.

• *Conduta típica:* O artigo 321 busca incriminar não a conduta ilícita do eleitor que subscreve mais de uma ficha para dar número à formação (criação) de um ou mais partidos políticos (art. 319 do CE), mas sim do terceiro *agenciador* que promove a colheita reiterada da assinatura para tal fim. Segundo observa a doutrina, "ao que parece, poderia ter sido a matéria simplificada, fundindo-se as normas dos arts. 319 e 321, desnecessariamente separadas, em uma única disposição, contemplando ao mesmo tempo, quando houver pluradilidade de sujeitos ativos, quer o coletor da assinatura, quer o eleitor signatário".[17]

• *Sujeito ativo:* Trata-se de crime comum, ou seja, praticável por qualquer pessoa.

• *Sujeito passivo:* Na espécie, o sujeito passivo imediato (primário ou principal) do delito poderá ser qualquer pessoa, desde que revista as condições de eleitor, bem como os partidos políticos envolvidos. O sujeito passivo mediato (secundário) é o Estado.

• *Consumação:* Trata-se de crime formal, cuja consumação é atingida com a simples assinatura da segunda ficha de registro de partido político – dupla inscrição, sendo desnecessário qualquer outro resultado além do referido no tipo penal.

• *Tentativa:* Admite-se a forma tentada.

2.11. Fazer propaganda eleitoral por meio de alto-falantes

Art. 322. Fazer propaganda eleitoral por meio de alto-falantes instalados nas sedes partidárias, em qualquer outra dependência do partido, ou em veículos, fora do período autorizado ou, nesse período em horários não permitidos:

Pena – detenção até um mês ou pagamento de 60 a 90 dias-multa.

Parágrafo único. Incorrerão na multa, além do agente, o diretor ou membro do partido responsável pela transmissão e o condutor do veículo.

◊ **Dispotitivo revogado pela Lei n° 9.504, de 30.9.1997.**

---

[17] RIBEIRO, Fávila. *Direito eleitoral.* 5ª ed. Rio de Janeiro: Forense, 1998, p. 628.

3. Dos crimes contra a propaganda e a campanha eleitoral

3.1. Divulgar fatos inverídicos na propaganda eleitoral

Art. 323. Divulgar, na propaganda, fatos que sabe inverídicos, em relação a partidos ou candidatos e capazes de exercerem influência perante o eleitorado:

Pena – detenção de dois meses a um ano, ou pagamento de 120 a 150 dias-multa.

Parágrafo único. A pena é agravada se o crime é cometido pela imprensa, rádio ou televisão.

Comentários descomplicados

• *Objeto jurídico:* O tipo penal busca resguardar a moralidade e autenticidade das propagandas eleitorais.

• *Conduta típica:* O artigo 323 do Código Eleitoral erigiu à condição de crime a conduta consistente em divulgar, na propaganda, fatos que sabe inverídicos e que sejam capazes de influenciar a opinião dos eleitores, em relação a partidos ou candidatos integrantes da disputa eleitoral.

Nos dias de hoje, cenário marcado pela busca do desenvolvimento nacional, sobretudo da afirmação dos direitos humanos, sociais e políticos, não há como renegar a imprescindibilidade da incriminação de condutas como a constante deste dispositivo, posto que "é inadmissível que as pessoas que procurem ingressar ou participem na vida pública fiquem expostas a deprimentes agressões e, conseqüentemente, moralmente abaladas perante a coletividade que devem representar. Em se não lhes concedendo a devida e oportuna proteção, não demorará a atividade pública a perder o concurso dos mais sérios e devotados colaboradores que a abandonam para que não vejam conspurcada a própria dignidade. É necessário haja compatível repressão legal para que não se fique levianamente a assacar contra a honra alheia como recurso demagógico para indispor o eleitorado contra os candidatos dolosamente atingidos".[18]

---

[18] RIBEIRO, Fávila. *Direito eleitoral.* 5. ed. Rio de Janeiro: Forense, 1998, p. 668.

Insta consignar que, justamente em virtude da grande dimensão que alcança a propaganda promovida através da imprensa, rádio ou televisão, nada mais natural que o legislador tenha previsto o agravamento da sanção nessas hipóteses, conforme dispõe o parágrafo único deste dispositivo. O referido dispositivo traz em seu texto regramento semelhante àquele aplicável aos crimes de injúria, calúnia e difamação (art. 327), conforme se verá a seguir.

• *Sujeito ativo:* Trata-se de crime comum, ou seja, praticável por qualquer pessoa.

• *Sujeito passivo:* Na espécie, o sujeito passivo imediato (primário ou principal) do delito será o partido político, bem como o canditado atingido pela conduta. O sujeito passivo mediato (secundário) é o Estado.

• *Consumação:* Trata-se de crime formal, cuja consumação é atingida com a divulgação dos fatos sabidamente inverídicos ou, em sendo empregado meio escrito, no instante em que chegar ao conhecimento do terceiro, sendo desnecessário qualquer outro resultado além do referido no tipo penal.

• *Tentativa:* Admite-se a forma tentada.

Jurisprudência pertinente

"AGRAVO REGIMENTAL. RECURSO ESPECIAL ELEITORAL. CRIME ELEITORAL. ART. 323 DO CÓDIGO ELEITORAL. ATIPICIDADE. DIVULGAÇÃO. OPINIÃO. CANDIDATO. IMPRENSA ESCRITA. PROPAGANDA. NÃO CONFIGURAÇÃO. 1. O art. 323 do Código Eleitoral refere-se à divulgação de fatos inverídicos na propaganda, conceito que deve ser interpretado restritivamente, em razão do princípio da reserva legal. 2. O art. 20, § 3º, da Resolução TSE nº 22.718/2008 estabelece que Não caracterizará propaganda eleitoral a divulgação de opinião favorável a candidato, a partido político ou a coligação pela imprensa escrita, desde que não seja matéria paga, mas os abusos e os excessos, assim como as demais formas de uso indevido dos meios de comunicação, serão apurados e punidos nos termos do art. 22 da Lei Complementar nº 64/90. 3. Na espécie, os textos jornalísticos publicados na imprensa escrita não eram matérias pagas, razão pela qual ainda que tivessem eventualmente divulgado opiniões sobre candidatos não podem ser caracterizados como propaganda eleitoral, impedindo, por consequência, a tipificação do crime previsto no art. 323 do Código Eleitoral. 4. Agravo regimental não provido." (TSE, RESPE nº 35977, Rel. Felix Fischer)

"Ação penal. Denúncia. Inquérito policial. Art. 323 do Código Eleitoral, c/c o art. 29 do Código Penal. Eleições 2004. Alegação de divulgação de fatos inverídicos, em relação a partidos ou candidatos, capazes de exercerem influência perante o eleitorado. Materialidade do crime demonstrada. Apreensão de panfletos no comitê de campanha dos denunciados. Incapacidade do fato para atribuição de responsabilidade objetiva no direito penal. Não-comprovação da autoria do delito. Insuficiência da prova testemunhal para subsidiar um decreto condenatório. Aplicação do art. 386, V, do Código de Processo Penal. Absolvição." (TRE-MG, AP nº 1072007, Rel. Sílvio de Andrade Abreu Júnior)

"Recurso Criminal. Art. 323 do Código Eleitoral. Condenação em 1º grau. Pena substituída nos moldes do art. 44 do Código Penal. Eleições 2004. Divulgação de fatos inverídicos na propaganda eleitoral. Divulgação de pesquisa fraudulenta. Impossibilidade de imputação bivalente. Conflito aparente de normas. O tipo descrito no art. 33, § 4º, da Lei 9.504/97 é especial em relação ao tipo descrito no art. 323 do Código Eleitoral. Princípio da especialidade. Presença do elemento especializante consistente na pesquisa eleitoral fraudulenta. Prevalência do tipo do art. 33, § 4º, da Lei 9.504/97. Crime comum, considerada a não-exigência de qualificação especial do agente para a prática da infração eleitoral. Inteligência do art. 35 da Lei 9.504/97. *Emendatio libeli*. Art. 383 do CPP. Aplicabilidade nesta instância, desde que observado o princípio da não *reformatio in pejus*. Apreciação da conduta à luz do art. 33, § 4º, da Lei 9.504/97. Não-comprovação da efetiva divulgação da pesquisa fraudulenta. Exibição de pesquisa a dois ou três eleitores não é suficiente para caracterizar a tipicidade da conduta. O ato de divulgar deve ser entendido em seu aspecto mais amplo, consistente na realização de atos de alcance geral, aptos a influenciarem a vontade do eleitorado. Princípio da insignificância. Ainda que se reconheça presente a tipicidade formal da conduta dos recorrentes, todavia, materialmente, o fato não é típico, dada a inexpressividade da conduta praticada pelos agentes. Tipicidade penal não caracterizada, sob sua dupla perspectiva, formal e conglobante. Reforma da sentença condenatória. Absolvição. Art. 386, III, do Código de Processo Penal. Recurso a que se dá provimento." (TRE-MG, RC nº 12102005, Rel. Franciso de Assis Betti)

"Recurso Criminal. Ação Penal. Denúncia. Art. 323 do Código Eleitoral. Sentença condenatória. Preliminar de cerceamento de defesa. Rejeitada. O juiz tem liberdade para apreciar as provas já produzidas e concluir pela desnecessidade de outras. A prova requerida revelou-se dispensável para a apuração da responsabilidade do acusado. Mérito. Divulgação, por meio de aparelhagem de som instalada em veículo automotor, de mensagem musicada com número de candidatura diverso daquele com o qual concorria o desafeto, induzindo o eleitorado a erro. Configuração do tipo previsto no art. 323 do Código Eleitoral.Recurso a que se nega provimento." (TRE-MG, RC nº 4022005, Rel. Antônio Romanelli)

3.2. Caluniar alguém na propaganda eleitoral

Art. 324. Caluniar alguém, na propaganda eleitoral, ou visando fins de propaganda, imputando-lhe falsamente fato definido como crime:

Pena – detenção de seis meses a dois anos, e pagamento de 10 a 40 dias-multa.

§ 1º Nas mesmas penas incorre quem, sabendo falsa a imputação, a propala ou divulga.

§ 2º A prova da verdade do fato imputado exclui o crime, mas não é admitida:

I – se, constituindo o fato imputado crime de ação privada, o ofendido, não foi condenado por sentença irrecorrível;

II – se o fato é imputado ao Presidente da República ou chefe de governo estrangeiro;

III – se do crime imputado, embora de ação pública, o ofendido foi absolvido por sentença irrecorrível.

Comentários descomplicados

• *Objeto jurídico:* O dispositivo penal intenta a proteção à honra objetiva dos participantes dos embates eleitorais.

• *Conduta típica:* O crime de calúnia, descrito no artigo 324, guarda semelhança com aquele previsto no artigo 138 do Código Penal, havendo sido devidamente adaptado, obviamente, à esfera eleitoral. Trata-se de crime que ofende a honra objetiva do sujeito, ou seja, atinge a reputação da pessoa ofendida, alterando seu conceito perante a sociedade, dificultando seu convívio social.

Neste tipo penal eleitoral, a figura típica consiste em imputar a alguém, mediante o emprego de qualquer meio executório (falado, escrito, gesticulado, impresso etc.), na propaganda eleitoral, ou visando a fins de propaganda, fato definido como crime, de qualquer ordem, eleitoral ou não, ciente de sua falsidade. No entanto, de frisar que a imputação inverídica da prática de contravenção penal não configura o crime de calúnia. Por força do § 1º deste art. 324, nas mesmas penas incorrerá quem, sabendo falsa a imputação, a propala ou divulga.

Se porventura o crime praticado não se destinar a produzir efeitos na órbita eleitoral ou então for cometido antes da fase de propaganda eleitoral, a conduta subsumir-se-á ao tipo elencado no aludido art. 138 do Código Penal.

Cumpre destacar que se admite a exceção da verdade quando o ofendido for funcionário público, e a ofensa é relativa ao exercício de suas funções. Quer dizer: a lei garante ao sujeito ativo do delito (caluniador) o direito de poder provar a veracidade do fato imputado, exceto no caso de enquadramento em uma das hipóteses previstas nos três incisos do § 2º do deste art. 324.

Sendo julgada procedente a exceção da verdade, ou seja, provada pelo sujeito ativo a veracidade dos fatos imputados ao ofendido, a absolvição do sujeito ativo é medida que se impõe.

• *Sujeito ativo:* Trata-se de crime comum, ou seja, praticável por qualquer pessoa.

• *Sujeito passivo:* Qualquer pessoa poderá figurar no pólo passivo do delito, desde que candidato a cargo eleitoral.

• *Consumação:* Por se tratar de crime que ofende a honra objetiva das pessoas, a calúnia se consuma quando o fato propagado chega ao conhecimento de terceiro. Consiste em crime de natureza formal, o que torna despicienda a produção de prejuízos à vítima.

• *Tentativa:* No crime de calúnia em propaganda eleitoral, admite-se a forma tentada, na forma escrita de execução.

Jurisprudência pertinente

"RECURSO ESPECIAL ELEITORAL. AGRAVO REGIMENTAL. CRIMES ELEITORAIS. ARTS. 324, 325 e 326 DO CÓDIGO ELEITORAL. CALÚNIA, DIFAMAÇÃO E INJÚRIA. MANIFESTAÇÕES EM COMÍCIO CONTRA JUÍZA ELEITORAL EM EXERCÍCIO. DOLO DEMONSTRADO. RAZÕES DO AGRAVO QUE NÃO INFIRMAM A DECISÃO RECORRIDA. AGRAVO REGIMENTAL IMPROVIDO. Manifestação pública que atingiu a honra da vítima, juíza eleitoral em exercício, bem imaterial tutelado pelas normas dos tipos dos arts. 324, 325 e 326 do Código Eleitoral. Comprovação, nos autos, de que o réu agiu com o objetivo de ofender moralmente a juíza eleitoral. Não apenas narrou fatos ou realizou críticas prudentes, foi além, agiu de forma evidentemente temerária, sem qualquer limite tolerável, razoável, ainda que considerado o contexto próprio de campanhas eleitorais. A alegação de que o tipo do art. 324 do Código Eleitoral exige sempre a finalidade de propaganda eleitoral não se sustenta. A simples leitura do dispositivo esclarece qualquer dúvida: a calúnia estará caracterizada quando ocorrer 'na propaganda eleitoral, ou visando fins de propaganda'. Agravo que se limita a repisar os argumentos constantes das razões do recurso especial. Ou seja, deixa de infirmar os fundamentos da decisão agravada, prevalecendo, assim estes (conforme precedentes: Acórdão nº 31.528, de 2.10.2008, rel. min. Felix Fischer; Acórdão nº 29.539, de 22.9.2008, rel. min. Marcelo Ribeiro). A alegação de ser o réu '[...] homem do campo [...] de pouca instrução (para não dizer nenhuma); [...]' mostra-se desarrazoada. Ainda que possa ter pouca instrução formal, não se trata de homem simplório, ingênuo, pois consta dos autos que, além de candidato a deputado federal, foi prefeito do município de Viçosa/AL em quatro legislaturas. O depoimento do réu, em juízo, ainda que contivesse retratação explícita, e não a contém, não se mostra apto a isentá-lo de pena. Mesmo com boa vontade interpretativa, inexiste nos autos qualquer retratação peremptória, absoluta, a afastar a aplicação analógica do art. 143 do Código Penal. Agravo regimental a que se nega provimento." (TSE, RESPE nº 35322, Rel. Joaquim Benedito Barbosa Gomes)

"AÇÃO PENAL. CRIMES CONTRA A HONRA. DECISÃO REGIONAL. PROCEDÊNCIA PARCIAL. RECURSO ESPECIAL. ALEGAÇÃO. VIOLAÇÃO. ART. 324 DO CÓDIGO ELEITORAL. CALÚNIA. NÃO-CONFIGURAÇÃO. IMPUTAÇÃO. AUSÊNCIA. FATO DETERMINADO. 1. A ofensa de caráter genérico, sem indicação de circunstâncias a mostrar fato específico e determinado, não caracteriza o crime de calúnia previsto no art. 324 do Código Eleitoral. 2. O agravo regimental, para que obtenha êxito, deve afastar, especificamente, todos os fundamentos da decisão agravada. Agravo regimental a que se nega provimento." (TSE, RESPE nº 25583, Rel. Carlos Eduardo Caputo Bastos)

"AÇÃO PENAL. CONDENAÇÃO. CALÚNIA. ART. 324 DO CÓDIGO ELEITORAL. NOTA. JORNAL. FATO. AFIRMAÇÃO GENÉRICA. NÃO-CARACTERIZAÇÃO. DIVULGAÇÃO DE FATO INVERÍDICO OU DIFAMAÇÃO. ENQUADRAMENTO. IMPOSSIBILIDADE. PRESCRIÇÃO DA PENA EM ABSTRATO. 1. A afirmação genérica não é apta a configurar o crime de calúnia, previsto no art. 324 do Código Eleitoral, sendo exigida, para a caracterização desse tipo penal, a imputação de um fato determinado que possa ser definido como crime. 2. Impossibilidade de se enquadrar o fato nos tipos previstos nos arts. 323 do Código Eleitoral, que se refere à divulgação de fato inverídico, ou art. 325 do mesmo diploma, que diz respeito ao crime de difamação, em face da ocorrência da prescrição pela pena em abstrato para esses delitos. Recurso especial provido a fim de declarar extinta a punibilidade." (TSE, RESPE nº 21396, Rel. Francisco Peçanha Martins)

3.3. Difamar alguém na propaganda eleitoral

Art. 325. Difamar alguém, na propaganda eleitoral, ou visando a fins de propaganda, imputando-lhe fato ofensivo à sua reputação:

Pena – detenção de três meses a um ano, e pagamento de 5 a 30 dias-multa.

Parágrafo único. A exceção da verdade somente se admite se ofendido é funcionário público e a ofensa é relativa ao exercício de suas funções.

Comentários descomplicados

• *Objeto jurídico:* O dispositivo penal intenta a proteção à honra objetiva dos participantes dos embates eleitorais.

• *Conduta típica:* O artigo 325 do Código Eleitoral descreve a conduta típica consistente em "difamar alguém, na propaganda eleitoral, ou visando a fins de propaganda, imputando-lhe fato ofensivo à sua reputação". Semelhante à espécie delitiva prevista no artigo 139 do Código Penal, o ilícito em tela igualmente ofende a honra objetiva do sujeito, ou seja, atinge a reputação da pessoa ofendida, alterando negativamente o seu conceito/imagem no meio social de que faz parte.

Neste delito, contrariamente à calúnia, elencado no artigo 324, o que se imputa a outrem durante o período eleitoral, ou visando a fins eleitorais, não é evento descrito como crime pela lei penal vigente, mas sim qualquer fato ofensivo à sua reputação. O ilícito imprescinde para sua configuração que o fato desonroso seja atribuído a pessoa determinada ou, ao menos, a um grupo determinado de pessoas. Não se exige, no entanto, a indicação expressa do nome do difamado para que o delito se perfaça, sendo suficiente a individualização do ofendido através dos fatos falsamente imputados. Se porventura o crime praticado não se destinar a produzir efeitos na órbita eleitoral ou então for cometido antes da fase de propaganda eleitoral, a conduta subsumir-se-á ao tipo elencado no art. 139 do Código Penal.

Igualmente como ocorre com o crime de calúnia, a difamação poderá ser cometida mediante o emprego de qualquer meio executório (falado, escrito, gesticulado, impresso etc.).

No entanto, cumpre destacar que se admite a exceção da verdade quando o ofendido for funcionário público e a ofensa é relativa ao exercício de suas funções. Quer dizer: a lei garante ao sujeito ativo do delito (difamador) o direito de poder provar a veracidade do fato imputado, desde que o sujeito passivo (difamado) seja funcionário público e a ofensa seja relativa ao exercício de suas funções, pois, no caso, prevalece o interesse público sobre a verdade dos fatos.

Sendo julgada procedente a exceção da verdade, ou seja, provada pelo sujeito ativo a veracidade dos fatos imputados ao ofendido, a absolvição do sujeito ativo é medida que se impõe.

• *Sujeito ativo:* Trata-se de crime comum, ou seja, praticável por qualquer pessoa.

• *Sujeito passivo:* Qualquer pessoa poderá figurar no polo passivo do delito, desde que candidato a cargo eleitoral.

• *Consumação:* Por se tratar de crime que ofende a honra objetiva das pessoas, a difamação se consuma quando o fato propagado chega ao conhecimento de terceiro. Consiste em crime de natureza formal, o que torna despicienda a produção de prejuízos à vítima.

• **Tentativa:** Admite-se a forma tentada, quando executada através da forma escrita.

Jurisprudência pertinente

"DIREITO DE RESPOSTA. PROPAGANDA ELEITORAL. VEICULAÇÃO DE MATÉRIA JORNALÍSTICA CUJO CONTEÚDO OFENDE A HONRA DO CANDIDATO. PROIBIÇÃO PELA JUSTIÇA ELEITORAL. I – Tendo a propaganda televisiva veiculado matéria jornalística que ofende a honra do candidato, cuja divulgação inclusive foi vedada pela Justiça Eleitoral, é de se recdonhecer o direito de resposta ao atingido. II – Direito de resposta que se julga procedente em parte." (TRE-DF, DRESP nº 1312, Rel. Cândido Artur Medeiros Ribeiro Filho)

"Recurso criminal. Condenação por incurso nas sanções do art. 325 do Código Eleitoral. Difamação com fins eleitorais. Materialidade dos fatos descritos na denúncia comprovados através dos documentos acostados. Dolo de difamar, para o fim de propaganda eleitoral. Consumação do delito pelo conhecimento de terceiros e danos à honra objetiva da vítima. Provimento negado." (TRE-RS, RC nº 172006, Rel. Dra. Maria José Schmitt Sant'Anna)

3.4. Injuriar alguém na propaganda eleitoral

Art. 326. Injuriar alguém, na propaganda eleitoral, ou visando a fins de propaganda, ofendendo-lhe a dignidade ou o decôro:

Pena – detenção até seis meses, ou pagamento de 30 a 60 dias-multa.

§ 1º O juiz pode deixar de aplicar a pena:

I – se o ofendido, de forma reprovável, provocou diretamente a injúria;

II – no caso de retorsão imediata, que consista em outra injúria.

§ 2º Se a injúria consiste em violência ou vias de fato, que, por sua natureza ou meio empregado, se considerem aviltantes:

Pena – detenção de três meses a um ano e pagamento de 5 a 20 dias-multa, além das penas correspondentes à violência prevista no Código Penal.

Comentários descomplicados

• **Objeto jurídico:** O dispositivo penal intenta a proteção à honra subjetiva dos participantes dos embates eleitorais.

• **Conduta típica:** Injuriar significa ofender, ultrajar, insultar. O crime de injúria, elencado no artigo 326, nos mesmos moldes do que ocorre com as espécies referidas anteriormente, possui par elencado no Código Penal. Sem embargos, ao contrário daquelas, o crime de injúria descrito no artigo 326 ultraja a honra subjetiva do sujeito, ou seja, atinge a dignidade da pessoa, correspondente ao sentimento que esta guarda a respeito de si mesma, mediante a atribuição de qualidade negativa.

Desta feita, a conduta ofensiva é realizada diretamente a quem se quer ofender, independentemente de o fato houver sido presenciado por terceiros. O crime poderá ser realizado mediante as mais diversas formas, sendo as mais correntes a verbal e a escrita – inclusive via email –, mas possível mediante gestos, desenhos etc.

Se porventura o ofendido houver provocado diretamente o ato ofensivo, segundo prescreve o inciso I do § 1º do artigo 326, o juiz, conforme o caso, poderá deixar de aplicar a pena ao ofensor. Outra hipótese na qual o magistrado poderá renunciar a aplicação da pena está com aquela em que o ofendido, uma vez atingido com a atitude injuriante, revida de imediato os insultos, praticando ato igualmente injuriosos ao ofensor (art. 326, § 1º, II, do CE).

O legislador previu, ainda, a aplicação de penas mais severas para aquele que, valendo-se de atos violentos ou consistentes em vias de fato, cuja natureza ou meio empregado sejam considerados humilhantes, injuriar outrem na propaganda eleitoral ou visando fins eleitorais. Trata-se de forma qualificada do delito, denominado pela doutrina como injúria real.

Assim como nos crimes de calúnia e difamação, se porventura a prática da injúria não se destinar a produzir efeitos na órbita eleitoral ou então for realizada antes da fase de propaganda eleitoral, a conduta subsumir-se-á ao tipo elencado no art. 140 do Código Penal.

• *Sujeito ativo:* Trata-se de crime comum, ou seja, praticável por qualquer pessoa.

• *Sujeito passivo:* Qualquer pessoa poderá figurar no polo passivo do delito, desde que candidato a cargo eleitoral.

• *Consumação:* Por se tratar de crime que ofende a honra subjetiva das pessoas, a injúria se consuma quando o fato propagado é direcionado ao próprio ofendido. Consiste em crime de natureza formal, sendo desnecessário qualquer outro resultado além do referido no tipo penal.

• *Tentativa:* Admite-se a forma tentada, quando executada através da forma escrita.

Jurisprudência pertinente

"PENAL ELEITORAL: CRIME PREVISTO NO ARTIGO 326 DO CÓDIGO ELEITORAL. INJÚRIA. ARTIGO ESCRITO EM JORNAL. PERÍODO DE PROPAGANDA ELEITORAL. OFENDIDO CANDIDATO À REELEIÇÃO. AÇÃO PENAL. COMPETÊNCIA DA JUSTIÇA ELEITORAL. PROCESSO REGULARMENTE DESENVOLVIDO. SENTENÇA PROLATADA POR JUIZ NO EXERCÍCIO DA JURISDIÇÃO ELEITORAL. INAPLICABILIDADE DO PRINCÍPIO DA IDENTIDADE FÍSICA DO JUIZ. PRELIMINARES REJEITADAS. ARTIGO ESCRITO COM LINGUAGEM DESELEGANTE, MAS DE CONTEÚDO CRÍTICO. EXPRESSÕES USADAS NÃO CONSUBSTANCIAM OFENSA À HONRA SUBJETIVA DA VÍTIMA. AUSÊNCIA DE *ANIMUS INJURIANDI*. CONDUTA QUE NÃO SE SUBSUME AO TIPO PENAL CAPITULADO NA DENÚNCIA. RECURSO PROVIDO. SENTENÇA REFORMADA. RÉU ABSOLVIDO." (TRE-SP, RECC nº 1677, Rel. Aricê Moacyr Amaral Santos)

"RECURSO CRIMINAL – INJÚRIA – ENTREVISTA VEICULADA EM PROGRAMA DE PROPAGANDA ELEITORAL GRATUITA – CONFIGURAÇÃO – PENA MÍNIMA – PROVIMENTO PARCIAL. A ofensa à honra subjetiva – dignidade ou decoro – do sujeito passivo caracteriza o tipo previsto no artigo 326, do Código Eleitoral. Quando fixada pena mínima, é ela de 15 (quinze) dias, por força do disposto no artigo 284, do Código Eleitoral." (TRE-PR, RC nº 3-55, Acórdão nº 25.215, Rel. Cesar Antonio da Cunha)

3.5. Disposições comuns – Causas especiais de aumento de pena: calúnia, difamação e injúria

Art. 327. As penas cominadas nos artigos. 324, 325 e 326, aumentam-se de um terço, se qualquer dos crimes é cometido:

I – contra o Presidente da República ou chefe de governo estrangeiro;

II – contra funcionário público, em razão de suas funções;

III – na presença de várias pessoas, ou por meio que facilite a divulgação da ofensa.

Comentários descomplicados

O legislador pátrio enumerou neste artigo 327 três possibilidades de operar-se o aumento em 1/3 (um terço) das penas cominadas nos artigos 324, 325 e 326, correspondentes, respectivamente, aos crimes de calúnia, difamação e injúria. Consistem em causas especiais de aumento de pena, cabíveis nas hipóteses em que a ofensa for proferida: *a)* contra o Presidente da República ou chefe de governo estrangeiro, seja no regime presidencialista ou parlamentarista; *b)* contra funcionário público, desde que em razão de suas funções; e *c)* na presença de várias pessoas, ou por meio que facilite a divulgação da ofensa, tais como, o rádio, a televisão ou durante a realização de um comício político.

3.6. Cartazes e Pinturas em locais públicos e privados

Art. 328. Escrever, assinalar ou fazer pinturas em muros, fachadas ou qualquer logradouro público, para fins de propaganda eleitoral, empregando qualquer tipo de tinta, piche, cal ou produto semelhante:

Pena – detenção até seis meses e pagamento de 40 a 90 dias-multa.

Parágrafo único. Se a inscrição fôr realizada em qualquer monumento, ou em coisa tombada pela autoridade competente em virtude de seu valor artístico, arqueológico ou histórico:

Pena – detenção de seis meses a dois anos, e pagamento de 40 a 90 dias-multa.

Art. 329. Colocar cartazes, para fins de propaganda eleitoral, em muros, fachadas ou qualquer logradouro público:

Crimes Eleitorais – conhecê-los para não cometê-los

Pena – detenção até dois meses e pagamento de 30 a 60 dias-multa.

Parágrafo único. Se o cartaz fôr colocado em qualquer monumento, ou em coisa tombada pela autoridade competente em virtude de seu valor artístico, arqueológico ou histórico: Pena – detenção de seis meses a dois anos e pagamento de 30 a 60 dias-multa.

◊ **Dispotitivos revogados pela Lei nº 9.504, de 30.9.1997.**

Por força do artigo 37 deste diploma legal, a conduta de veicular propaganda eleitoral por meio da fixação de faixas, placas, cartazes, pinturas ou inscrições, desde que não excedam a 4m² (quatro metros quadrados) e que não contrariem a legislação eleitoral, deixou de constituir infração penal. Consiste em legítima hipótese de *abolitio criminis* de que trata o artigo 2º do Código Penal. No entanto, de ressaltar que nos bens cujo uso dependa de cessão ou permissão do Poder Público, ou que a ele pertençam, e nos de uso comum, inclusive postes de iluminação pública e sinalização de tráfego, viadutos, passarelas, pontes, paradas de ônibus e outros equipamentos urbanos, é vedada a veiculação de propaganda de qualquer natureza, inclusive pichação, inscrição a tinta, fixação de placas, estandartes, faixas e assemelhados, sob pena de sujeição do responsável, após a notificação e comprovação, à restauração do bem e, caso não cumprida no prazo, a multa no valor de R$ 2.000,00 (dois mil reais) a R$ 8.000,00 (oito mil reais) (Art. 37, § 1º, da Lei nº 9.504/97). De igual sorte, não é permitida a colocação de propaganda eleitoral de qualquer natureza, mesmo que não lhes cause dano, nas árvores e nos jardins localizados em áreas públicas, bem como em muros, cercas e tapumes divisórios (art. 37, § 5º, da Lei nº 9.504/97).

Art. 330. Nos casos dos artigos. 328 e 329 se o agente repara o dano antes da sentença final, o juiz pode reduzir a pena.

Comentários descomplicados

Havendo sido revogados os artigos 328 e 329 do Código Eleitoral, por força da Lei nº 9.504, de 30 de setembro 1997, este artigo 330 perdeu sua aplicabilidade, ainda que não tenha sido expressamente revogado pela aludida lei inovadora.

3.7. Inutilizar, alterar ou perturbar a propaganda eleitoral

Art. 331. Inutilizar, alterar ou perturbar meio de propaganda devidamente empregado: Pena – detenção até seis meses ou pagamento de 90 a 120 dias-multa.

Comentários descomplicados

• *Objeto jurídico:* Proteção à licitude e ao livre exercício da propaganda eleitoral.

• **Conduta típica:** A figura típica do artigo 331 consiste em destruir, danificar, modificar, pertubar, embaraçar etc., meio de propaganda devidamente empregado por candidato a cargo eleitoral, tais como, placas, faixas, cartazes, adesivos e, até mesmo, comícios e manifestações políticas. Neste último caso, a doutrina menciona o clássico exemplo consistente "na ação de grupo de baderneiros que tumultuam comícios ou manifestações de adversários políticos, apupando ou insultando os oradores, gritando o nome de outros candidatos, lançando objetos (os preferidos nesse tipo de ação ainda são ovos ou tomates), e criando tumultos para afungentar a assistência".[19]

Obviamente, não é punível a conduta daquele que praticar qualquer dos verbos do tipo volvido aos meios de propaganda irregulares os quais dispõe o artigo 37 da Lei nº 9.504/97. Segundo a doutrina, igualmente tipifica o crime descrito neste dispositivo penal eleitoral a conduta de sobrepor cartazes de candidato a cargo eleitoral em cima de outro já afixado por rival em local permitido por lei.[20]

• **Sujeito ativo:** Trata-se de crime comum, ou seja, praticável por qualquer pessoa.

• **Sujeito passivo:** Na espécie, o sujeito passivo do delito será o canditado a cargo eleitoral e o partido político titulares da propaganda.

• **Consumação:** A consumação do ilícito é alcançada com o dano, ainda que parcial, à propaganda eleitoral, ou com a perturbação promovida.

• **Tentativa:** Admite-se a forma tentada.

Jurisprudência pertinente

"RECURSO ELEITORAL. SUPOSTA VIOLAÇÃO AO ARTIGO 331 DO CÓDIGO ELEITORAL. NÃO ADEQUAÇÃO DO FATO DESCRITO À VEDAÇÃO LEGAL. RECURSO PROVIDO. A conduta do Recorrente não se amolda à vedação legal, pois na verdade o Recorrente não inutilizou, alterou ou perturbou meio de propaganda devidamente empregado, não havendo, por conseguinte, subsunção ao tipo legal descrito no artigo 331 do Código Eleitoral." (TRE-ES, RC nº 24-31, Rel. Pedro Valls Feu Rosa)

"RECURSO CRIMINAL. ART. 331, DO CÓDIGO ELEITORAL. CONDENAÇÃO. APLICAÇÃO DE MULTA. PRELIMINARES: 1. Ausência de requisitos legais da denúncia. Rejeitada. Atendimento dos requisitos do § 2º do art. 357 do Código Eleitoral. 2. Intempestividade da denúncia. Rejeitada. O oferecimento da denúncia a destempo não induz ao seu indeferimento. Art. 357 e §§ do Código Eleitoral. 3. Extinção da punibilidade. Rejeitada. Inexistência de causa legal ou supralegal para a extinção da punibilidade do delito. Mérito. Denúncia que tipifica a conduta do agente no art. 332 do Código Eleitoral e sentença que o condena às iras do art. 331 do mesmo diploma legal, com esteio no art. 383 do Código de Processo Penal. Por importar em aplicação de pena mais grave, o Tribunal não poderá dar nova definição jurídica que implique prejuízo para o réu, em recurso exclusivo da defesa. Vedação da *reformatio in pejus*. Pode-se perturbar e impedir a propaganda eleitoral que dependa de

---

[19] CORDEIRO, Vinicius; SILVA, Anderson Claudino da. *Crimes Eleitorais e seu Processo*. Rio de Janeiro: Forense, 2006, p. 166.

[20] Idem, ibidem.

Crimes Eleitorais – conhecê-los para não cometê-los

uma atividade, de um comportamento, de uma ação ou de um serviço, enfim, de uma conduta ativa. Absolvição. Art. 386, inciso III, do Código de Processo Penal. Recurso provido." (TRE-MG, RC nº 1612003, Rel. Marcelo Guimarães Rodrigues)

3.8. Impedir o exercício da propaganda eleitoral

Art. 332. Impedir o exercício de propaganda:

Pena – detenção até seis meses e pagamento de 30 a 60 dias-multa.

Comentários descomplicados

• *Objeto jurídico:* O tipo penal busca garantir o livre exercício da propaganda, contemplando tanto a eleitoral quanto a partidária, desde que permitida em lei.

• *Conduta típica:* Ao passo que a conduta do crime descrito no artigo 331 consiste em inutilizar, alterar ou perturbar meio de propaganda que tenha sido devidamente empregado, a ação do artigo 332, ao contrário, trata-se de impedir, coibir tolher o exercício de propaganda. Aquela visa a atingir a propaganda que já produz seus efeitos no mundo exterior (fatos passados), esta, por sua vez, objetiva alcançar o exercício de propaganda que ainda está por realizar-se (fatos futuros).

Conforme observa a doutrina, "configuram o crime a destruição de alto-falante do comitê partidário, afugentar cabos eleitorais das vias públicas, a destruição de material, antes da afixação ou exibição do mesmo, a invasão ou destruição do comitê, impedindo o funcionamento do mesmo; a dissolução de comícios ou reuniões de propaganda de candidatos ou partidos. O mero tumulto configura o tipo do artigo anterior".[21]

• *Sujeito ativo:* Trata-se de crime comum, ou seja, praticável por qualquer pessoa, inclusive por juiz eleitoral – ou que se acha investido de jurisdição eleitoral – na hipótese em que impuser censura prévia na propaganda – praticando cerceamento abusivo – ou que comete erro judicial grosseiro, manifestamente imbuído de má-fé.

• *Sujeito passivo:* Na espécie, o sujeito passivo imediato (primário ou principal) do delito será o partido político, bem como o candidato atingido pela conduta. O sujeito passivo mediato (secundário) é o Estado.

• *Consumação:* A consumação é atingida com o efetivo impedimento do exercício da propaganda.

• *Tentativa:* Admite-se a forma tentada.

---

[21] CORDEIRO, Vinicius; SILVA, Anderson Claudino da. *Crimes Eleitorais e seu Processo*. Rio de Janeiro: Forense, 2006, p. 167.

Jurisprudência pertinente

"INQUÉRITO POLICIAL – ARQUIVAMENTO – CRIME ELEITORAL (ARTS. 331 E 332 DO CE) – FALTA DE DOLO ESPECÍFICO A CARACTERIZAR O TIPO PENAL – ARQUIVA-MENTO. PARA CARACTERIZAR CRIME ELEITORAL FAZ-SE NECESSÁRIO A PRESEN-CA DE DOLO ESPECÍFICO. A ausência de dolo torna a conduta atípica." (TRE-SC, INQ nº 343, Rel. Alberto Luiz da Costa)

"Recurso criminal. Impedimento de distribuição de material de propaganda eleitoral em frente da entrada de casa de saúde. Condenação por incursão nas sanções do art. 332 do Código Eleitoral. Panfletos distribuídos em via pública. Regularidade do exercício da propaganda. Provimento negado." (TRE-RS, RC nº 382006, Rel. Silvia Maria Gonçalves Goraieb)

"Inquérito policial. Suposta prática dos crimes tipificados nos artigos 331, 332 e 347 do Código Eleitoral. É ilícita a fixação de placas e faixas em determinados locais, não se con-figurando o tipo penal correspondente. A autoridade policial é a responsável para a tomada de providências necessárias à garantia de realização de ato público e ao funcionamento do tráfego e de serviços que o evento possa afetar. Feito arquivado, ressalvando-se o disposto na Súmula nº 524 do STF." (TRE-RS, INQ nº 11000400, Rel. Luiza Dias Cassales)

3.9. Faixas em logradouros

Art. 333. Colocar faixas em logradouros públicos:

Pena – detenção até dois meses ou pagamento de 30 a 60 dias-multa.

◊ **Dispotitivo revogado pela Lei nº 9.504, de 30.9.1997.**

3.10. Utilizar organização comercial para propaganda ou aliciamento de eleitores

Art. 334. Utilizar organização comercial de vendas, distribuição de mercadorias, prêmios e sorteios para propaganda ou aliciamento de eleitores:

Pena – detenção de seis meses a um ano e cassação do registro se o responsável for candidato.

Comentários descomplicados

• *Objeto jurídico:* A proteção ao livre exercício do sufrágio.

• *Conduta típica:* "O artigo 334 do Código Eleitoral encerra quatro tipos penais, todos ligados ao emprego de meios voltados à propaganda ou ao alicia-mento de eleitores, a dizer: a) utilização de organizacao comercial de vendas; b) distribuição de mercadorias; c) distribuição de premios; e d) realização de sorteios. Estes três últimos não pressupõem, necessariamente, o envolvimento de organizacao comercial de vendas, podendo resultar de atividade desenvolvida por qualquer outra pessoa juridica ou natural, como ocorre quando a distribuicao de mercadorias seja feita por entidade assistencial, colocando-se as cestas a fotografia de certo candidato". (TSE, RESPE nº 9607)

Necessário alertar para que não haja equívoco entre as condutas do artigo 334 do Código Eleitoral com aquelas descritas no artigo 299 (corrupção eleitoral), na medida em que, enquanto na primeira a sedução é voltada a eleitores indeterminados (coletividade), mediante a utilização de organização comercial, fazendo com que optem por determinado candidato em virtude dos mimos oferecidos, na segunda, a captação ilícita de sufrágio é voltada a um ou mais eleitores específicos, inexistindo o auxílio de qualquer meio comercial.

• *Sujeito ativo:* Trata-se de crime comum, ou seja, praticável por qualquer pessoa.

• *Sujeito passivo:* Neste caso, o sujeito passivo imediato (primário ou principal) do delito será o eleitor, corporificando o sujeito passivo mediato (secundário) o próprio Estado.

• *Consumação:* Trata-se de crime formal, cuja consumação é atingida com a realização de quaisquer das condutas descritas no tipo penal eleitoral, sendo desnecessário qualquer outro resultado.

• *Tentativa:* Admite-se a forma tentada.

Jurisprudência pertinente

"RECURSO CRIMINAL. JULGAMENTO DAS PRELIMINARES COM O MÉRITO. DOAÇÃO DE COMBUSTÍVEL À DELEGACIA DE POLÍCIA CIVIL PARA PARTICIPAR DE CARREATA. AUSÊNCIA DE CONOTAÇÃO ELEITORAL. PROVIMENTO. 1. Verificando-se que as preliminares estao intimamente relacionadas com o mérito do recurso, com este devem ser julgadas. 2. Ausente a prova robusta e inconcussa de que o recorrente tenha efetivado propaganda eleitoral ou aliciamento de eleitores, através do uso de estabelecimento comercial com a distribuição de combustível, ou que tenha tentado influir na liberdade de voto, com sua conduta, dá-se provimento ao recurso, para absolvê-lo da imputação de violação ao art. 334 do Código Eleitoral." (TRE-MS, RC nº 14, Rel. Claudionor Miguel Abss Duarte)

"CRIME ELEITORAL. PROPAGANDA ELEITORAL FEITA AO ARREPIO DA LEI. ART. 334 DO CÓDIGO ELEITORAL. CONFISSÃO PELO PRÓPRIO RÉU DE QUE MANDARA CONFECIONAR CARTAZES DE FESTIVAL DE MÚSICA COM DISTRIBUIÇÃO DE PRÊMIOS ONDE NOME E NÚMERO DE CANDIDATOS. DOSIMETRIA DA REPRIMENDA QUE ATENDE AS EXIGÊNCIAS DO ART. 59 DO CÓDIGO ELEITORAL. 1. Dentre as condutas previstas no art. 344 do Código Eleitoral esta distribuir prêmios a quem promove festival de música, com outorga de prêmios aos vencedores, donde fez inserir nomes e números de candidatos, bem como do partido eleitoral, ao qual e ele filiado, infringe a conduta vedada naquele dispositivo de lei, já que o bem ali tutelado e de igualdade de condições dos concorrentes ao pleito, que resta rompido pela ação do agente. 2. A confissão judicial do autor, aliada a prova documental e testemunhal autoriza a condenação, reconhecendo-se, assim, a subsunção da conduta do agente ao tipo descrito em lei, podendo tal conduta ser imputada, inclusive a pessoa natural e não através de organização comercial de venda, até mesmo porque a distribuição de prêmios não é, em si mesma, sua atividade precípua.

3. A fixação de pena no mínimo legal, sopesadas as circunstâncias judiciais do art. 59 do Código Penal e ainda a substituição da reprimenda física por prestação de serviços a comunidade, pela julgadora monocratica não merece reparos, pois atende integralmente as exigencias da lei." (TRE-MS, RC nº 4/98, Rel. Fernando Mauro Moreira Marinho)

3.11. Fazer propaganda em língua estrangeira

Art. 335. Fazer propaganda, qualquer que seja a sua forma, em língua estrangeira:

Pena – detenção de três a seis meses e pagamento de 30 a 60 dias-multa.

Parágrafo único. Além da pena cominada, a infração ao presente artigo importa na apreensão e perda do material utilizado na propaganda.

Comentários descomplicados

• *Objeto jurídico:* Proteção ao livre exercício da propaganda eleitoral e ao voto.

• *Conduta típica:* O Código Eleitoral, no seu art. 242, determina que a propaganda, qualquer que seja a sua forma ou modalidade, mencionará sempre a legenda partidária e só poderá ser feita em língua portuguesa, idioma oficial da República, não devendo empregar meios publicitários destinados a criar, artificialmente, na opinião pública, estados mentais, emocionais ou passionais.

O tipo penal eleitoral do artigo 335 visa ao impedimento de exercício do direito de propaganda direcionado exclusivamente à captação de voto de comunidades estrangeiras que residem no país, mediante o emprego do idioma de origem dos membros que lhes pertencem, circunstância que enseja não somente disparidade concorrencial entre os candidatos, mas também estabelece divisões sociais.

Neste sentido, a doutrina de Fávila Ribeiro pontua que "na incriminação decorrente da pregação política em língua estrangeira, procura-se impedir que possa haver exploração demagógica de comunidades étnicas, contribuindo, assim, para fomentar inadmissíveis divisões internas no território brasileiro.

É o português a língua oficial e um dos expressivos fatores da unidade nacional, não comportando, assim, que para proveito eleitoreiro, sejam utilizados comunicações em idioma estrangeiro.

Afinal, a campanha política é uma disputa de brasileiros, natos e naturalizados, para escolha de seus próprios irmãos que devem assomar temporariamente às funções representativas".[22]

---

[22] RIBEIRO, Fávila. *Direito eleitoral*. 5. ed. Rio de Janeiro: Forense, 1998, p. 673.

Sublinhe-se, por fim, basta, para a configuração do delito, que determinada pessoa promova propaganda em língua estrangeira, qualquer que seja a modalidade (escrita, televisiva, sonora etc.).

• *Sujeito ativo:* Qualquer pessoa. Trata-se de crime comum.

• *Sujeito passivo:* Os eleitores em geral e o próprio Estado.

• *Consumação:* Trata-se de crime de natureza formal, ou seja, prescinde da produção de resultado naturalístico (dano) para sua consumação. Portanto, a consumação é atingida com a veiculação da matéria em língua estrangeira.

• *Tentativa:* Admite-se a forma tentada.

3.12. Sentença

Art. 336. Na sentença que julgar ação penal pela infração de qualquer dos artigos. 322, 323, 324, 325, 326, 328, 329, 331, 332, 333, 334 e 335, deve o juiz verificar, de acôrdo com o seu livre convencionamento, se diretório local do partido, por qualquer dos seus membros, concorreu para a prática de delito, ou dela se beneficiou conscientemente.

Parágrafo único. Nesse caso, imporá o juiz ao diretório responsável pena de suspensão de sua atividade eleitoral por prazo de 6 a 12 meses, agravada até o dôbro nas reincidências.

Comentários descomplicados

Com o advento da Lei nº 9.096/95, diploma legal que regulamenta os partidos políticos, os Diretórios Municipais passaram a revestir a qualidade de pessoa jurídica de direito público. O artigo 336 do Código Eleitoral revela autêntico caso de responsabilização criminal do partido político – pessoa jurídica – em virtude da concorrência deste para a prática do delito, assim como em decorrência do seu beneficiamento auferido pela conduta, cuja sanção consistirá em suspensão da atividade eleitoral do diretório por prazo de 6 a 12 meses, agravada até o dobro nas reincidências. Não se exige a participação do partido político na infração para sua responsabilização penal, bastando tão somente que tenha logrado benefícios indevidos.

Necessário ressaltar que as penas deste tipo penal atingem tão somente os diretórios envolvidos, havendo de ser responsabilizados os membros do partido pelos respectivos crimes que eventualmente tenham cometido (arts. *322*, 323, 324, 325, 326, *328*, *329*, 331, 332, *333*, 334 e 335).

3.13. Participar, sem direitos políticos, de atividades partidárias

Ar. 337. Participar, o estrangeiro ou brasileiro que não estiver no gôzo dos seus direitos políticos, de atividades partidárias inclusive comícios e atos de propaganda em recintos fechados ou abertos:

Pena – detenção até seis meses e pagamento de 90 a 120 dias-multa.

Parágrafo único. Na mesma pena incorrerá o responsável pelas emissoras de rádio ou televisão que autorizar transmissões de que participem os mencionados neste artigo, bem como o diretor de jornal que lhes divulgar os pronunciamentos.

Comentários descomplicados

• *Objeto jurídico:* A proteção ao livre exercício da propaganda eleitoral e do voto, bem como à própria soberania nacional.

• *Conduta típica:* Inicialmente, cumpre referir que, para os efeitos deste dispositivo, considera-se estrangeiro todo aquele não reconhecido como cidadão brasileiro pelo Estado nacional, o que singnifica dizer, o alienígena que ainda não tenha adquirido a sua naturalização. O processo de naturalização, bem assim os requisitos necessários a sua obtenção, está disciplinado no Estatuto dos Estrangeiros – Lei nº 6.815/81 –, diploma regulamentado pelo Decreto nº 86.715/81. É a partir da entrega do certificado de naturalização pelo juiz federal da 1ª Vara da Seção Judiciária onde o naturalizando tenha domicílio que o estrangeiro adquire a efetiva condição jurídica de brasileiro naturalizado (Lei nº 6.815/80, art. 119).

De outra parte, nos termos do artigo 12, inciso I, da Constituição Federal, consideram-se brasileiros natos os nascidos no Brasil, ainda que de pais estrangeiros, desde que estes não estejam a serviço de seu país, bem como os nascidos no estrangeiro, de pai brasileiro ou mãe brasileira, desde que qualquer deles esteja a serviço da República Federativa do Brasil.

Com o advento da Emenda Constitucional nº 54, que alterou a redação da alínea *c* do inciso I do art. 12 da Carta Política, também passaram a ser reconhecidos como brasileitos natos *"os nascidos no estrangeiro de pai brasileiro ou de mãe brasileira, desde que sejam registrados em repartição brasileira competente ou venham a residir na República Federativa do Brasil e optem, em qualquer tempo, depois de atingida a maioridade, pela nacionalidade brasileira".*

Para que o brasileiro, nato ou naturalizado, reste incurso nas sanções deste artigo 337 mister se faz que tenha sofrido a perda ou suspensão de seus direitos políticos, em virtude do enquadramento em alguma das hipóteses constantes do artigo 15 da Constituição Federal, a saber: I – cancelamento da naturalização por sentença transitada em julgado; II – incapacidade civil absoluta; III – condenação criminal transitada em julgado, enquanto durarem seus efeitos; IV – recusa de cumprir obrigação a todos imposta ou prestação alternativa, nos termos do art. 5º, VIII; e V – improbidade administrativa, nos termos do art. 37, § 4º, da CF.

Com este dispositivo penal eleitoral, o legislador pátrio buscou reprimir a conduta do estrangeiro ou do brasileiro impedido do exercício de seus direitos políticos que venha a participar de atividades partidárias, inclusive comícios e atos de propaganda em recintos fechados ou abertos. Corporifica medida tencionada a resguardar o livre exercício da propaganda eleitoral e do voto e, notadamente, proteger a soberania nacional.

• *Sujeito ativo:* Na espécie, exige-se do agente criminoso uma qualidade específica, a saber, que esteja na condição de estrangeiro ou de brasileiro, nato ou naturalizado, desde que não esteja no gozo de seus direitos políticos. Hipótese de crime próprio.

• *Sujeito passivo:* O próprio Estado.

• *Consumação:* Trata-se de crime formal, cuja consumação é atingida com a efetiva participação em atividade partidária, sendo desnecessário qualquer outro resultado além do referido no tipo penal.

• *Tentativa:* Admite-se a forma tentada.

Jurisprudência pertinente

"PAÍS ESTRANGEIRO. EMBAIXADA NO BRASIL. INDAGAÇÕES. ELEIÇÃO. PAÍS DE ORIGEM. CAMPANHA ELEITORAL. REALIZAÇÃO. BRASIL. ESTRANGEIROS OU MEMBROS DA SOCIEDADE NIKKEI PORTADORES DE NACIONALIDADE BRASILEIRA. POSSIBILIDADE. ASILADO POLÍTICO. PROIBIÇÃO. 1. A legislação brasileira não proíbe estrangeiros de efetuar no Brasil campanha eleitoral de candidatos do país de origem, ainda que promovida por membros da Sociedade Nikkei que detenham nacionalidade brasileira. 2. O art. 107 da Lei 6.815/80 (Estatuto do Estrangeiro) não veda a realização, no Brasil, de propaganda de candidatos que disputem eleição em outro país, proibindo, contudo, a organização, por estrangeiro, de sociedade ou entidade, de natureza permanente, que pretenda divulgar idéias, programas e normas de ação de caráter político-partidário que possam vir a influenciar a organização política de nosso país, por ser questão de soberania nacional. 3. Para a utilização de veículos sonoros, o interessado deve se informar na Prefeitura local sobre as posturas municipais, pois não se aplicam ao caso as regras de propaganda eleitoral previstas na Lei nº 9.504/97 e nas Instruções do TSE, que regulam as eleições brasileiras. 4. Não cabe à Justiça Eleitoral brasileira verificar se a legislação do país de origem foi obedecida. 5. Ao asilado político, a que se refere o art. 28 da Lei 6.815/80, não será permitida essa atividade, em face de sua condição resultante de perseguição no país de origem, por motivos de opinião ou atividade política." (TSE, INST. nº 21831, Rel. Fernando Neves da Silva)

4. Dos crimes contra o sufrágio universal e a votação

4.1. Promover desordens

Art. 296. Promover desordem que prejudique os trabalhos eleitorais;
Pena – Detenção até dois meses e pagamento de 60 a 90 dias-multa.

Comentários descomplicados

• *Objeto jurídico:* O dispositivo penal eleitoral visa a garantir o respeito e consideração com a condução dos trabalhos eleitorais, por meio dos quais se realiza um dos atos mais importantes do cidadão: a escolha legítima dos representantes do povo.

• *Conduta típica:* O agir criminoso de *promover desordem* insculpido nesta norma significa tumultuar, fazer confusão, baderna, alvoroço etc., conduta que abrange qualquer espécie de trabalho eleitoral, desde que dela resulte embaraços à tranquilidade que deve repousar sobre sua realização. Suzana de Camargo Gomes sustenta que "a promoção da desordem deve atingir alguma das fases do processo eleitoral, ou seja, o alistamento, o registro dos candidatos, a propaganda eleitoral, a votação, a apuração ou a diplomação dos eleitos. Não resulta evidenciado o crime em tela se a desordem, a perturbação, vier a ocorrer em outra seara, como, por exemplo, no âmbito das convenções dos partidos políticos. É que, nessa hipótese, não há que se falar em trabalhos eleitorais prejudicados pela atuação do agente, mas em atividades político-partidárias afetadas pela ação de alguém, atividades essas desenvolvidas no âmbito de pessoas jurídicas que não detêm personalidade de direito público, mas sim de direito privado, daí porque pode estar caracterizado um crime comum, mas não o tipificado no art. 296 do Código Eleitoral".[23]

• *Sujeito ativo:* Trata-se de crime comum, ou seja, praticável por qualquer pessoa.

---

[23] GOMES, Suzana de Camargo. *Crimes eleitorais.* 3ª ed. rev., atual. e ampl. São Paulo: Revista dos Tribunais, 2008, p. 308.

• **Sujeito passivo:** Na espécie, o sujeito passivo imediato (primário ou principal) do delito poderá ser qualquer pessoa. O sujeito passivo mediato (secundário) é o Estado.

• **Consumação:** Trata-se de crime formal, cuja consumação é atingida com a realização de qualquer ato que tumultue os trabalhos eleitorais, sendo desnecessário qualquer outro resultado além do referido no tipo penal. Há a necessidade da ocorrência do dano, a saber, a prejudicialidade da conduta aos trabalhos eleitorais.

• **Tentativa:** Admite-se a forma tentada.

Jurisprudência pertinente

"RECURSO CRIMINAL ELEITORAL. EMBRIAGUEZ. PERTURBAÇÃO DA ORDEM NO DIA DAS ELEIÇÕES. OFENSA E CONSTRANGIMENTO A MESÁRIOS. AFRONTA AO ART. 296 DO CÓDIGO ELEITORAL. PRELIMINARES DE PRESCRIÇÃO, INÉPCIA DA INICIAL E ATIPICIDADE DA CONDUTA. REJEITADAS. MATERIALIDADE DELITIVA SUFICIENTE. PROVIMENTO NEGADO. Não há se falar em prescrição se entre o recebimento da denúncia e a sentença não decorreu o prazo de dois anos previstos no art. 107, inciso IV, do Código Penal. Restando evidente da peça inaugural a exposição do fato delituoso, suas circunstâncias e a circunscrição da conduta ao tipo penal, em observância ao art. 41 do Código de Processo Penal, fica afastada a alegada inépcia da denúncia. Embora seja ônus do Ministério Público provar suas alegações, é da defesa o ônus de desconstituir a presunção legal da imputabilidade, provando que a embriaguez foi acidental a fim de afastar a responsabilidade penal. Porém, se assim não fez, subsiste a presunção legal de embriaguez voluntária, a qual, nos termos no art. 28, II, do CP, não exclui a imputabilidade penal. Demonstradas a antijuridicidade e a tipicidade da conduta, posto que o recorrente promoveu desordem que prejudicou os trabalhos a cargo da Justiça Eleitoral ao importunar os eleitores que estavam na fila de votação, tumultuando-a, além de desobedecer e ofender mesários, incidindo tal conduta no tipo previsto no art. 296 do Código Eleitoral, constatável pelo boletim de ocorrência e pelos depoimentos firmes em demonstrar a existência da conduta delitiva, é de se negar provimento ao recurso, pois indene de dúvidas a materialidade delitiva." (TRE-MS, RC nº 112, Rel. Ruy Celso Barbosa Florence)

4.2. Impedir ou embaraçar o exercício do voto

Art. 297. Impedir ou embaraçar o exercício do sufrágio:
Pena – Detenção até seis meses e pagamento de 60 a 100 dias-multa.

Comentários descomplicados

• **Objeto jurídico:** O legislador intentou com a norma a proteção ao livre exercício do voto.

• **Conduta típica:** *Impedir* significa impossibilitar, privar alguém que realize algo. *Embaraçar*, por sua vez, traduz o ato estorvar, dificultar, perturbar. O legislador buscou resguardar aqui a liberdade da escolha do eleitor, protegendo-o de comportamentos nocivos ao Estado Democrático, de forma a embaraçar ou impedir o seu livre arbítrio quando da ocasião do exercício do sufrágio. O vocábulo *sufrágio* do artigo 297, possui amplo alcance, consistente em qualquer espécie de participação do cidadão na política do Estado, não se reduzindo tão somente a escolha de candidatos a cargos eleitorais.

Impõe ressaltar, se porventura a conduta do agente consistir no ato de coagir alguém a votar, ou não votar, em determinado candidato ou partido, mediante o emprego de violência ou grave ameaça, subsumir-se-á ao tipo elencado no artigo 301 do Código Eleitoral.

• *Sujeito ativo:* Trata-se de crime comum, ou seja, praticável por qualquer pessoa.

• *Sujeito passivo:* Neste caso, o sujeito passivo imediato (primário ou principal) do delito será o eleitor; o sujeito passivo mediato (secundário) é o próprio Estado.

• *Consumação:* Trata-se de crime formal, cuja consumação é atingida com a realização de qualquer ato impeditivo ou embaraçante ao exercício do sufrágio.

• *Tentativa:* Admite-se a forma tentada.

Jurisprudência pertinente:

"RECURSO – PROCESSO-CRIME ELEITORAL – CONDENAÇÃO PELA PRÁTICA DO DELITO PREVISTO NO ARTIGO 297, DO CÓDIGO ELEITORAL (IMPEDIR OU EMBARAÇAR O EXERCÍCIO DO SUFRÁGIO) – OBJETIVIDADE JURÍDICA: PROTEGE A LEI O LIVRE EXERCÍCIO DO VOTO – DELITO NÃO TIPIFICADO – FATOS DESCRITOS ENQUADRÁVEIS NO ARTIGO 347 DO MESMO DIPLOMA LEGAL (DESOBEDIÊNCIA OU RESISTÊNCIA ELEITORAL) – AUSÊNCIA DE DOLO – INEXISTÊNCIA DE DELITO CULPOSO NA SEARA ELEITORAL – ABSOLVIÇÃO DECRETADA – CONHECIMENTO E PROVIMENTO DO RECURSO DO ACUSADO. A objetividade jurídica do artigo 297, do código eleitoral, consistente na preservação do livre exercício do sufrágio, nao permite a tipificação da conduta descrita na denúncia neste dispositivo. Também não e possível caracterizar o crime de desobediência ou resistência eleitoral, visto que o direito eleitoral não abriga a sanção penal a título de culpa. Ausente o dolo, não há que se perquirir acerca da punibilidade do agente, por mais reprovável que seja a conduta." (TRE-SC, Acórdão nº 14003, Rel. Carlos Alberto Silveira Lenzi)

4.3. Prender ilegalmente

Art. 298. Prender ou deter eleitor, membro de mesa receptora, fiscal, delegado de partido ou candidato, com violação do disposto no Art. 236:

Pena – Reclusão até quatro anos.

Comentários descomplicados

• *Objeto jurídico:* O legislador intentou com a norma a proteção ao livre exercício do voto.

• **Conduta típica:** O artigo 236 do Código Eleitoral estabelece que nenhuma autoridade poderá, desde 5 (cinco) dias antes e até 48 (quarenta e oito) horas depois do encerramento da eleição, prender ou deter qualquer eleitor, salvo em flagrante delito ou em virtude de sentença criminal condenatória por crime inafiançável, ou, ainda, por desrespeito a salvo-conduto. O manto protetor alcança, de igual sorte, aos membros das mesas receptoras e os fiscais de partido, os quais, durante o exercício de suas funções, não poderão ser detidos ou presos, salvo o caso de flagrante delito, bem como os candidatos a cargo eleitoral desde 15 (quinze) dias antes da eleição (art. 236, § 1º, do CE).

Nos prazos aludidos acima, ocorrendo qualquer espécie de prisão (até mesmo preventiva ou custodial) o preso será imediatamente conduzido à presença do juiz competente que, uma vez verificada a ilegalidade da detenção, a relaxará e promoverá a responsabilidade administrativa, cível e criminal da autoridade coatora, sob pena, a nosso ver, de incidência nas sanções da Lei de Abuso de Autoridade (artigo 4º, *d*, Lei nº 4.898/65).

Na linha da jurisprudência assentada no Tribunal Superior Eleitoral, ainda que o auto de prisão em flagrante envergue nulidade, o crime deste artigo 298 estará configurado (TSE, HC nº 68, classe I).

Como o delito ora em análise destina-se às autoridades públicas (judiciária e policial), se porventura a constrição for levada a efeito por pessoa que não detenha essa qualidade, pensamos que a conduta se subsumirá ao delito capitulado no artigo 301 do Código Eleitoral, uma vez comprovados os fins eleitorais.

• **Sujeito ativo:** Na espécie, exige-se do agente criminoso uma qualidade específica, a saber, que esteja na condição de autoridade pública. Hipótese de crime próprio.

• **Sujeito passivo:** Neste caso, o sujeito passivo imediato (primário ou principal) do delito será eleitor, membro de mesa receptora, fiscal, delegado de partido ou candidato; o sujeito passivo mediato (secundário) é o próprio Estado.

• **Consumação:** A consumação é atingida com a com a prisão ou detenção indevida, sendo desnecessário qualquer outro resultado além do referido no tipo penal.

• **Tentativa:** Admite-se a forma tentada.

Jurisprudência pertinente:

"CRIME ELEITORAL. INEXISTÊNCIA DE AFRONTA À PROIBIÇÃO DE EFETUAR CUSTÓDIA EM MEADOS DO DIA DA ELEIÇÃO. FLAGRANTE DELITO. CIRCUNSTÂNCIA FORA DO ÂMBITO DA ALUDIDA PROIBIÇÃO. INTELIGÊNCIA DO ARTIGO 236 DO CÓDIGO ELEITORAL. ARQUIVAMENTO DA NOTÍCIA CRIME." (TRE-RJ, Acórdão nº 27.960, Rel. Marcio Aloisio Pacheco de Mello)

"*HABEAS CORPUS.* PRISÃO DECRETADA FORA DO CASO PREVISTO NO ARTIGO 236, § 1º DO CÓDIGO ELEITORAL, E SEM PROCESSO REGULAR. PEDIDO DE CONCESSAO LIMINAR DA ORDEM ACOLHIDO. SUSPENSÃO DO DECRETO PRISIONAL.

AMEACAS A LIBERDADE DE LOCOMOÇÃO. CONSTRANGIMENTO ILEGAL. FALTA DE JUSTA CAUSA. OBSERVÂNCIA DOS PRESSUPOSTOS DE ADMISSIBILIDADE DO *MANDAMUS*. ORDEM CONCEDIDA." (TRE-SC, Acórdão nº 12.080, Rel. Leonardo Alves Nunes)

4.4. Corrupção eleitoral

Art. 299. Dar, oferecer, prometer, solicitar ou receber, para si ou para outrem, dinheiro, dádiva, ou qualquer outra vantagem, para obter ou dar voto e para conseguir ou prometer abstenção, ainda que a oferta não seja aceita:

Pena – reclusão até quatro anos e pagamento de cinco a quinze dias-multa.

Comentários descomplicados

• *Objeto jurídico:* O legislador intentou com a norma a proteção ao livre exercício do voto.

• *Conduta típica:* No mesmo tipo penal eleitoral o legislador pátrio preferiu albergar as duas modalidades de corrupção eleitoral.

Os três primeiros verbos (*dar, oferecer* e *prometer*) exprimem a espécie de corrupção eleitoral denominada corrupção ativa; os dois últimos (*solicitar* e *receber*), por sua vez, manifestam as condutas integrantes da espécie corrupção passiva.

Dessa forma, aquele que der, oferecer, prometer, solicitar ou receber, para si ou para outrem, dinheiro, dádiva, ou qualquer outra vantagem, para obter ou dar voto e para conseguir ou prometer abstenção, ainda que a oferta não seja aceita, incide nas sanções deste artigo 299 (reclusão até quatro anos e pagamento de cinco a quinze dias-multa).

Indispensável lembrar que, sendo o autor do ilícito cadidato a cargo eleitoral, além de responder criminalmente, nos termos do art. 299 do Código Eleitoral, submeter-se-á, também, às penas previstas no art. 41-A da Lei 9.504/97 (multa de mil a cinquenta mil Ufir, e cassação do registro ou do diploma), com a redação dada pela Lei 9.840/99 – Lei das Eleições –, cujo procedimento para a apuração é o previsto na Lei Complementar nº 64, de 18 de maio de 1990, em seu art. 22, denominado de investigação judicial. Portanto, a existência de tal dispositivo não afasta a aplicação conjunta deste art. 299.

Sublinhe-se, não se trata de hipótese de dupla penalização pela mesma conduta (*bis in idem*), uma vez que a conduta tipificada no art. 41-A da Lei de Eleições reveste a natureza de sanção eminentemente civil, ao passo que a descrita no artigo 299 possui caráter criminal.[24]

---

[24] Cf. SANTOS, Paulo Fernando dos. *Crimes Eleitorais – Comentados*. São Paulo: Leud, 2008, p. 22.

Segundo a jurisprudência do Tribunal Superior Eleitoral, para a caracterização da captação ilícita de sufrágio, normatizada pelo art. 41-A da Lei nº 9.504/97, quatro elementos são indispensáveis: "a) a prática de uma ação (doar, prometer etc.), b) a existência de uma pessoa física (um eleitor focado na intenção ou ato praticado); c) o resultado a que se propõe o agente, que é a obtenção de voto. O TSE ainda exige a prática, a participação ou anuência expressa do candidato na conduta ilícita; d) termo inicial para aferição do ilícito previsto no art. 41-A da Lei nº 9.504/97 é o pedido do registro de candidatura – e não a do seu deferimento – até o dia da eleição".[25]

Constata-se, portanto, que antes da efetivação do registro de candidatura, só poderá haver o crime do artigo 299 do Código Eleitoral, dado que o *termo inicial para aferição do ilícito previsto no art. 41-A da Lei nº 9.504/97 é o pedido do registro de candidatura*.

• **Sujeito ativo:** Nas condutas de *dar, oferecer* e *prometer*, o crime possui natureza comum, ou seja, praticável por qualquer pessoa. Nas modalidades *receber* e *solicitar*, trata-se de crime próprio, cuja prática somente é possível pelo eleitor.

• **Sujeito passivo:** Neste caso, o sujeito passivo imediato (primário ou principal) poderá ser qualquer pessoa; o sujeito passivo mediato (secundário) é o próprio Estado.

• **Consumação:** Trata-se de crime formal, cuja consumação é atingida *"ainda que a oferta não seja aceita"*. Sem embargo disso, na modalidade *receber*, o autor do delito – no caso o eleitor – deverá efetivamente receber a vantagem para a caracterização do ilícito, na medida em que o crime, nesta hipótese, exprime natureza eminentemente material.

• **Tentativa:** Admite-se a forma tentada, conforme o caso concreto.

Jurisprudência pertinente

"RECURSO ORDINÁRIO. *HABEAS CORPUS*. ORDEM DENEGADA. CORRUPÇÃO ELEITORAL. ABOLITIO CRIMINIS. NÃO-OCORRÊNCIA. PRESCRIÇÃO. AFASTADA. *SURSIS* PROCESSUAL. ART. 89 DA LEI Nº 9.099/95. NÃO-INCIDÊNCIA. O art. 41-A da Lei nº 9.504/97 não alterou a disciplina do art. 299 do Código Eleitoral, no que permanece o crime de corrupção eleitoral incólume. O recebimento da denúncia e a sentença condenatória interrompem o curso prescricional (art. 117, I e IV, do Código Penal). A suspensão do processo somente pode ser concedida se o acusado não estiver, ao tempo da denúncia, sendo processado ou não tiver sido condenado por outro crime. Recurso ordinário a que se nega provimento." (TSE, RHC nº 81, Rel. Luiz Carlos Lopes Madeira)

"AÇÃO PENAL. CORRUPÇÃO ELEITORAL (ART. 299, DO CÓDIGO ELEITORAL). ADMISSIBILIDADE. REPRESENTAÇÃO POR CAPTAÇÃO ILÍCITA DE SUFRÁGIO. IMPROCEDÊNCIA. TRÂNSITO EM JULGADO. IRRELEVÂNCIA. AGRAVO REGIMENTAL IMPROVIDO. A absolvição na representação por captação ilícita de sufrágio, na esfera

---

[25] TSE, Recurso Especial Eleitoral nº 35496, Decisão Monocrática de 29/03/2010, Relator Min. ARNALDO VERSIANI LEITE SOARES, Publicação: DJE – Diário da Justiça Eletrônico, Data 07/04/2010.

cível-eleitoral, ainda que acobertada pelo manto da coisa julgada, não obsta a *persecutio criminis* pela prática do tipo penal descrito no art. 299, do Código Eleitoral." (TSE, Ag nº 6553, Rel. Antônio Cezar Peluso)

"ELEIÇÕES 2004. AGRAVO REGIMENTAL. AGRAVO DE INSTRUMENTO. NEGATIVA DE SEGUIMENTO. RECURSO ESPECIAL. DENÚNCIA. CANDIDATO. PREFEITO. RE-ELEIÇÃO. DISTRIBUIÇÃO. CESTAS BÁSICAS. MATERIAL DE CONSTRUÇÃO. ALICIA-MENTO. ELEITORES. ART. 299 DO CE. ABUSO DO PODER POLÍTICO E ECONÔMICO. TRE. AUSÊNCIA. REFERÊNCIA. DENÚNCIA. DOLO ESPECÍFICO. NÃO-RECEBIMEN-TO. PEÇA PROCESSUAL. FALTA. DOLO. ATIPICIDADE DA CONDUTA. INOCORRÊN-CIA. JUSTA CAUSA. FUNDAMENTOS NÃO INFIRMADOS. – Esta Corte tem entendido que, para a configuração do crime descrito no art. 299 do CE, é necessário o dolo específico que exige o tipo penal, qual seja, a finalidade de obter ou dar voto ou prometer absten-ção. Precedentes. (Ac. nº 319/RJ, DJ de 17.10.97, rel. Min. Costa Leite; Ac. nº 463/BA, DJ de 3.10.2003, rel. Min. Luiz Carlos Madeira; Ac. nº 292/BA, DJ de 6.3.98, rel. Min. Eduardo Ribeiro).- Correta a decisão regional que rejeitou a denúncia tendo como fundamento a atipicidade da conduta por ausência do dolo específico do tipo descrito no art. 299 do CE, não havendo justa causa para a ação penal. – Para afastar a conclusão da Corte Regional Eleitoral, a qual entendeu que nenhuma testemunha relacionou a distribuição de cestas básicas com pedido de votos em favor do recorrido, e que tal distribuição deu-se em cum-primento a contrato, e como parte de um acordo trabalhista intermediado pelo recorrido, à época, prefeito, seria necessário o reexame de fatos e provas, incabível em sede de recurso especial (Incidência das Súmulas nos 7/STJ e 279/STF). Agravo regimental que não ataca os fundamentos da decisão impugnada. Agravo regimental desprovido." (TSE, Ag nº 6014, Rel. José Gerardo Grossi)

"CAPTAÇÃO ILÍCITA DE SUFRÁGIO – CONFIGURAÇÃO – ARTIGO 41-A DA LEI Nº 9.504/97. Verificado um dos núcleos do artigo 41-A da Lei nº 9.504/97 – doar, oferecer, prometer ou entregar ao eleitor bem ou vantagem pessoal de qualquer natureza – no pe-ríodo crítico compreendido do registro da candidatura até o dia da eleição, inclusive, pre-sume-se o objetivo de obter voto, sendo desnecessária a prova visando a demonstrar tal resultado. Presume-se o que normalmente ocorre, sendo excepcional a solidariedade no campo econômico, a filantropria." (TSE, RESPE nº 25146, Rel. Marco Aurélio Mendes de Farias Mello)

"ELEITORAL. REPRESENTAÇÃO: PRÁTICA DE CONDUTA VEDADA PELO ART. 41-A DA LEI Nº 9.504/97, ACRESCENTADO PELO ART. 1º DA LEI Nº 9.840, DE 28.9.99: COM-PRA DE VOTOS. I – Recurso interposto anteriormente à publicação do acórdão recorrido: tempestividade. Precedentes do TSE. II – Tratando-se de matéria que possibilita a perda de mandato eletivo federal, o recurso para o TSE é ordinário: CF, art. 121, § 4º, IV. Conhe-cimento de recurso especial como ordinário. III – Impedimento e suspeição de juízes do TRE: não-acolhimento. IV – Prática de conduta vedada pelo art. 41-A da Lei nº 9.504/97, acrescentado pelo art. 1º da Lei nº 9.840/99: compra de votos. Há, nos autos, depoimentos de eleitoras, prestados em juízo, que atestam a compra de votos. V – Para a configuração do ilícito inscrito no art. 41-A da Lei nº 9.504/97, acrescentado pela Lei nº 9.840/99, não é necessária a aferição da potencialidade de o fato desequilibrar a disputa eleitoral. Ade-mais, para que ocorra a violação da norma do art. 41-A, não se torna necessário que o ato de compra de votos tenha sido praticado diretamente pelo próprio candidato. É suficiente que, sendo evidente o benefício, do ato haja participado de qualquer forma o candidato ou com ele consentido: Ag nº 4.360/PB, Min. Luiz Carlos Madeira; REspe nº 21.248/SC, Min.

Fernando Neves; REspe nº 19.566/MG, Min. Sálvio de Figueiredo. VI – Recurso especial conhecido como ordinário e provido." (TSE, RESPE nº 21.264, Rel. Carlos Mários da Silva Velloso)

"RECLAMAÇÃO. CAPTAÇÃO DE SUFRÁGIO. ART. 41-A, LEI 9504/97. LIMITAÇÃO TEMPORAL. IMPROCEDÊNCIA. RECURSO IMPROVIDO. A configuração da captação de sufrágio prevista no art. 41-A, lei 9504/97, é limitada ao lapso entre o registro da candidatura e o dia da eleição, sem prejuízo de sua prática configurar o ilícito previsto no art. 299, do Código Eleitoral. Sem prova eficaz, não se aplica a multa do art. 41-A, da Lei 9504/97." (TRE-PR, Acórdão nº 24.930, Rel. Cesar Antonio da Cunha)

"AGRAVO REGIMENTAL. RECURSO ESPECIAL ELEITORAL. CAPTAÇÃO ILÍCITA DE SUFRÁGIO. PARTICIPAÇÃO DIRETA. PRESCINDIBILIDADE. ANUÊNCIA. COMPROVAÇÃO. DISSÍDIO JURISPRUDENCIAL NÃO DEMONSTRADO. 1. No tocante à captação ilícita de sufrágio, a jurisprudência desta c. Corte Superior não exige a participação direta ou mesmo indireta do candidato, bastando o consentimento, a anuência, o conhecimento ou mesmo a ciência dos fatos que resultaram na prática do ilícito eleitoral, elementos esses que devem ser aferidos diante do respectivo contexto fático (RO nº 2.098/RO, Rel. Min. Arnaldo Versiani, DJ de 4.8.2009). No mesmo sentido: Conforme já pacificado no âmbito desta Corte Superior, para a caracterização da infração ao art. 41-A da Lei das Eleições, é desnecessário que o ato tenha sido praticado diretamente pelo candidato, mostrando-se suficiente que, evidenciado o benefício, haja dele participado de qualquer forma ou com ele consentido (AgRg no AI nº 7.515/PA, Rel. Min. Caputo Bastos, DJ de 15.5.2008). 2. Na espécie, semanas antes do pleito de 2008, eleitores de baixa renda foram procurados em suas residências por uma pessoa não identificada que lhes ofereceu, em troca de votos, vales-compra a serem utilizados em supermercado cujo um dos proprietários era o recorrente Euri Ernani Jung. De posse dos vales, os eleitores eram autorizados a fazer a troca das mercadorias diretamente com a gerente do estabelecimento. 3. Não se trata, na espécie, de mera presunção de que o candidato detinha o conhecimento da captação ilícita de sufrágio, mas sim de demonstração do seu liame com o esquema de distribuição de vales-compra e troca por mercadorias no supermercado do qual era um dos proprietários. 4. No tocante ao alegado dissídio jurisprudencial, o recurso não ultrapassa o juízo prévio de admissibilidade, uma vez que os recorrentes não demonstraram a similitude fática dos acórdãos paradigmas com o julgado ora combatido. Como se sabe, o conhecimento do recurso especial eleitoral interposto com fundamento em dissídio pretoriano impõe ao recorrente o ônus de demonstrar a similitude fática entre os arestos confrontados, o que inexistiu na espécie. 5. Agravo regimental não provido". (TSE, Agravo Regimental em Recurso Especial Eleitoral nº 35692, Relator Min. FELIX FISCHER)

4.5. Coagir alguém a votar ou não votar, valendo-se de sua autoridade de servidor público

Art. 300. Valer-se o servidor público da sua autoridade para coagir alguém a votar ou não votar em determinado candidato ou partido:

Pena – detenção até seis meses e pagamento de 60 a 100 dias-multa.

Parágrafo único. Se o agente é membro ou funcionário da Justiça Eleitoral e comete o crime prevalecendo-se do cargo a pena é agravada.

Comentários descomplicados

• *Objeto jurídico:* O legislador intentou com a norma a proteção ao livre exercício do voto.

• *Conduta típica:* O artigo 300 do Código Eleitoral cuida da coação exercida pelo servidor público sobre o eleitor, o qual se vale da autoridade que detém para compelir este a votar ou não votar em determinado candidato ou partido político.

Não se confunde com o delito disposto no artigo subsequente (art. 301). Neste caso, conforme preleciona Suzana de Camargo Gomes, a coação exercida, decorrente do (ab)uso da autoridade de que se encontra investido o servidor público trangressor, "há de estar expressa em ato ou omissão que cause intimidação, temor no eleitor, que represente promessa de malefício, e pode se revelar pelos mais variados meios, seja adotando a forma oral, escrita, mímica ou simbólica. Pode ser física ou psíquica".[26] Na hipótese do crime constante do art. 301 do Código Eleitoral, a coação praticada reveste ordem muito mais grave, na medida em que exige o tipo para sua configuração o uso de *violência ou grave ameaça*, cuja pena revela-se consideralmente superior.

Neste aspecto, reclama atenção o fato de que a subsunção da conduta, quer seja ao tipo entabulado no art. 300, quer seja ao tipo capitulado no art. 301 do Código Eleitoral, resultará da intencidade exprimida pela coação – física, moral ou psíquica, sendo imprescindível que a ameça detenha força irresistível e inevitável.

• *Sujeito ativo:* Na espécie, exige-se do agente criminoso uma qualidade específica, a saber, que esteja investido de cargo público. Há, ainda, previsão de agravamento da pena na hipótese em que o agente tratar-se de membro ou funcionário da Justiça Eleitoral e cometer o crime prevalecendo-se do cargo (parágrafo único). Consiste em crime próprio.

• *Sujeito passivo:* O sujeito passivo imediato (primário ou principal) do delito será o eleitor; o sujeito passivo mediato (secundário) é o próprio Estado.

• *Consumação:* Hipótese de crime formal, cuja consumação é atingida independentemente da produção de um resultado naturalístico, a saber, a ocorrência de abstenção do sufrágio ou de sua realização forçada.

• *Tentativa:* Admite-se a forma tentada.

Jurisprudência pertinente

"AÇÃO PENAL. PREFEITO. CRIME TIPIFICADO NO ART. 300, CAPUT, DO CÓDIGO ELEITORAL. FATO ATÍPICO. AUSÊNCIA DE COAÇÃO, ELEMENTAR INDISSOCIÁVEL DO TIPO. ABSOLVIÇÃO. ART. 386, INC. III, DO CÓDIGO DE PROCESSO PENAL. IMPROCEDÊNCIA DA DENÚNCIA. 1."Para configuração do crime previsto no art. 300 do

---

[26] GOMES, Suzana de Camargo. *Crimes eleitorais.* 3ª ed. rev., atual. e ampl. São Paulo: Revista dos Tribunais, 2008, p. 254.

Código Eleitoral, faz-se necessário que funcionário público tenha se valido de sua autoridade para coagir eleitor, de modo irresistível, a votar ou a deixar de votar em determinado partido ou candidato." (TRE/SC, Ac. n.º 18643, Rel. Alexandre D'ivanenko, de 17.12.2003). 2. Improcedência da denúncia e conseqüente absolvição do réu". (TRE-GO, Acórdão nº 70, Rel. Marco Antônio Caldas)

4.6. Usar de violência ou grave ameaça para coagir alguém a votar ou não votar

Art. 301. Usar de violência ou grave ameaça para coagir alguém a votar, ou não votar, em determinado candidato ou partido, ainda que os fins visados não sejam conseguidos:

Pena – reclusão até quatro anos e pagamento de cinco a quinze dias-multa.

Comentários descomplicados

• *Objeto jurídico:* Igualmente ao crime elencado no art. 300, busca-se a proteção ao livre exercício do voto.

• *Conduta típica:* Conforme estudado anteriormente, o tipo descrito neste artigo 301 guarda muita semelhança com seu predecessor. Nesta hipótese, a coação praticada reveste ordem muito mais grave do que aquela envolvida no delito capitulado no art. 300, na medida em que exige do tipo para sua configuração o uso de *violência ou grave ameaça*, cuja pena revela-se consideralmente superior.

Em arguta observação acerca do tema, Suzana de Camargo Gomes destaca que "em muitos pontos, a conduta se aproxima daquela tratada no crime anterior, posto que aqui, também, a finalidade é coagir alguém a votar ou não votar em determinado candidato ou partido. Entretanto, o traço diferencial está que, para a configuraçãodo tipo penal do art. 301 do Código Eleitoral, há de estar presente a violência ou grave ameaça, o que significa que a intimidação aqui existente é de maior envergadura, além de que o sujeito ativo pode ser qualquer pessoa, e não somente o servidor público, como ocorre no caso do crime previsto no art. 300 do Código Eleitoral.

A caracterização da violência, para os fins do preceito em questão, deve decorrer de atos reveladores do emprego de força física em relação ao eleitor, de molde a constangê-lo a votar ou não votar em determinado candidato ou partido. Há necessidade, portanto, da *vis corporalis* para a consecução do delito.

A grave ameaça, para efeito do tipo penal em consideração, representa a violência moral a atingir o eleitor, e deve ser de tal natureza que lhe retire as condições de resistência. Deve, efetivamente, representar um abalo psíquico sério".[27]

---

[27] GOMES, Suzana de Camargo. *Crimes eleitorais.* 3. ed. rev., atual. e ampl. São Paulo: Revista dos Tribunais, 2008, p. 258-259.

• *Sujeito ativo:* Diferentemente do que se sucede com o crime elencado no antecedente (art. 301), na espécie, não se exige do agente criminoso a qualidade específica de servidor público. Dessa maneira, poderá ser praticado por qualquer pessoa, consistindo em autêntico crime comum.

• *Sujeito passivo:* Neste caso, o sujeito passivo imediato (primário ou principal) do delito será o eleitor; o sujeito passivo mediato (secundário) é o próprio Estado.

• *Consumação:* Hipótese de crime formal, cuja consumação é atingida independentemente da produção de um resultado naturalístico, a saber, a ocorrência de abstenção do sufrágio ou de sua realização forçada.

• *Tentativa:* Admite-se a forma tentada.

Jurisprudência pertinente

"RECURSOS CRIMINAIS. Artigo 301 do Código Eleitoral. Sentença de procedência da ação penal. Conjunto probatório insuficiente. Absolvição do réu com base no inciso VI DO artigo 386 do Código de Processo Penal. Recurso interposto pelo réu recorrente provido. Prejudicado o recurso interposto pelo órgão ministerial". (TRE-SP, Acórdão nº 167063, Rel. Flávio Luiz Yarshell)

"PENAL. ARTIGO 301 DO CE. DENÚNCIA. INÉPCIA INOCORRENTE. PRELIMINAR REJEITADA. MÉRITO. PROVAS. INQUÉRITO POLICIAL. ELEMENTOS PROBATÓRIOS COLHIDOS EM JUÍZO. DESARMONIA. AUTORIA E CULPABILIDADE NÃO EVIDENCIA-DAS DE FORMA INDUBITÁVEL. PRINCÍPIOS DO *IN DUBIO PRO REO*, DA VERDADE MATERIAL E DO ESTADO DE INOCÊNCIA. DECRETO ABSOLUTÓRIO. I. Contendo a denúncia os elementos mínimos imprescindíveis à constituição regular da relação processual, expressos em especial, na descrição da conduta tidas como delituosa imputada ao denunciado, com suas circunstâncias, de forma a permitir o desenvolvimento amplo da defesa, e não se registrando qualquer infração ao disposto no artigo 41 do código de processo penal, tem-se que a peça acusatória não está a padecer da eiva de inépcia. II. Se pelos elementos e provas carreadas e que compõem a instrução probatória, a autoria e culpabilidade do denunciado no que tange aos atos delituosos imputados, não restou evidenciada, de forma indubitável nos autos a ponto de justificar uma condenação, aplicável ao caso em exame é o princípio do *in dubio pro reo* insculpido no inciso vi do artigo 386 do código de processo penal. III. Princípio do 'favor rei', a que se pretende preservar, além do preceito da verdade material, norteador do processo penal, bem como a garantia constitucional do estado de inocência. IV. Absolvição decretada". (TRE-SP, Acórdão nº 151558, Rel. Suzana de Camargo Gomes)

4.7. Promover a concentração de eleitores

Art. 302. Promover, no dia da eleição, com o fim de impedir, embaraçar ou fraudar o exercício do voto a concentração de eleitores, sob qualquer forma, inclusive o fornecimento gratuito de alimento e transporte coletivo:

Pena – reclusão de quatro (4) a seis (6) anos e pagamento de 200 a 300 dias-multa.

Comentários descomplicados

• *Objeto jurídico:* Proteção ao livre exercício do voto.

• *Conduta típica:* O art. 302 do Código Eleitoral descreve a figura criminosa daquele que, visando impedir, embaraçar ou fraudar o exercício do voto, realiza, sob qualquer forma, no dia da eleição, a concentração de eleitores, inclusive mediante o fornecimento gratuito de alimento e transporte coletivo. O tipo penal encerra em sua redação o elemento subjetivo denominado dolo espefíco – *"com o fim de"* –, elencando três causas impulsoras da conduta criminosa do agente. Logo, a concentração de eleitores eventualmente promovida por determinado sujeito somente pode ser considerada criminosa quando se destinar a *impedir*, *embaraçar* ou *fraudar* o exercício do voto. Não somente isso. Imperativo que os fatos ocorram *no dia da eleição* (elemento normativo do tipo), sob pena de atipicidade da conduta. Inocorrendo o fato no dia do pleito, ou então vislumbrada a prática culposa da conduta, incabível a incursão nas sanções do delito.

Importa anotar que, ao nosso ver, a parte final da redação do artigo 302 do Código Eleitoral, referente à prática do crime mediante o fornecimento gratuito de alimento e transporte coletivo, não se confunde com o ilícito capitulado no artigo 11, inciso III, da Lei nº 6.091/74 (diploma legal que dispõe sobre o Fornecimento Gratuito de Transporte, em Dias de Eleição, a Eleitores Residentes nas Zonas Rurais, e dá outras Providências). Isso porque os textos normativos revelam finalidades diversas. Na primeira hipótese (art. 302 do CE), o legislador almejou impedir a ocorrência de atos que pudessem tolher, embaraçar ou fraudar o livre exercício do sufrágio, mediante a reunião tumultuada de eleitores, angariados com o oferecimento de transporte e/ou alimentação; na segunda (artigo 11, inciso III, da Lei nº 6.091/74), buscou-se incriminar a conduta daqueles que oferecem serviços de transporte e alimentação gratuídos com a finalidade prescípua de aliciar eleitores e captar votos.

Isso é o que se extrai da leitura do art. 8º, parágrafo único, da Resolução nº 9.641/74 do Tribunal Superior Eleitoral,[28] o qual dispõe que a proibição do oferecimento de transporte a eleitores no dia do pleito não incidirá quando não houver propósito de aliciamento.

• *Sujeito ativo:* No crime elencado neste artigo 302, o sujeito ativo poderá ser qualquer pessoa. Trata-se de crime comum.

• *Sujeito passivo:* O eleitor é o sujeito passivo imediato (primário ou principal) neste crime; o mediato (secundário) é o Estado.

• *Consumação:* O crime atinge seu estado consumativo com a ocorrência da reunião de eleitores, visando aos fins mencionados no artigo, no dia das eleições. Possui natureza formal, visto que imprescinde do efetivo impedimento, embaraço ou estorvo ao exercício do voto para sua consumação.

---

[28] Resolução nº 9.641/74 do TSE – Instruções sobre o fornecimento gratuito de transporte e alimentação, em dias de eleição, a eleitores residentes nas zonas rurais.

• **Tentativa:** Há possibilidade de forma tentada.

Jurisprudência pertinente

"RECURSO CRIMINAL. ABSOLVIÇÃO EM PRIMEIRO GRAU. ARTIGOS 302 DO CÓDIGO ELEITORAL E 39, § 5º, DA LEI 9.504/97. NECESSIDADE DE DOLO ESPECÍFICO PARA A CONFIGURAÇÃO DOS CRIMES. RECURSO ELEITORAL. MINISTÉRIO PÚBLICO. RATIFICAÇÃO DA DECISÃO RECORRIDA. CONJUNTO PROBATÓRIO FRÁGIL. 1. Não restou comprovada nos autos, de modo induvidoso, a prática dos crimes imputados às recorridas. Conjunto probatório frágil e inapto à comprovação buscada pelo Ministério Público Eleitoral. 2. Trata-se de crimes que exigem dolo específico para a sua consumação, cuja finalidade é imprescindível. 3. A utilização do simulador, de autoria não comprovada, não é considerada crime pelo TSE. Precedentes. 4. Recurso Eleitoral conhecido. Improvimento". (TRE-CE, Acórdão nº 11061, Rel. José Filomeno de Moraes Filho)

"RECURSO CRIMINAL. TRANSPORTE DE ELEITORES PROMOVIDO POR CANDIDATO ÀS VÉSPERAS DO PLEITO ELEITORAL. RECURSO IMPROVIDO. 1. A subsunção do ato de transportar eleitores gratuitamente, a fim de que se dirijam ao município no qual exercem o direito de voto, ao tipo penal previsto no artigo 302 do Código Eleitoral, exige que a conduta tenha ocorrido no dia da eleição, posto que o elemento temporal é requisito para que o crime se constitua. 2. Se o transporte se evidenciou em dias distintos ao da eleição evidente a atipicidade da conduta, já que ausente na conduta uma elementar do tipo penal descrito no artigo 302 do Código Eleitoral. 3. Se o transporte ocorreu na véspera da eleição, não restando evidenciado que o inter criminis se prolongou até o dia da eleição, impossível presumir a ocorrência do fato criminoso. 4. Recurso criminal improvido". (TRE-CE, Acórdão nº 3522, Rel. Maria das Gracas Carneiro Requi)

"INVESTIGAÇÃO JUDICIAL – TRANSPORTE IRREGULAR DE ELEITORES NO DIA DAS ELEIÇÕES – ARTIGOS 222 E 302 DO CÓDIGO ELEITORAL – INSUFICIÊNCIA DE PROVAS QUANTO AO ENVOLVIMENTO DO CANDIDATO OU ALICIAMENTO DE ELEITORES – RECURSO DESPROVIDO. O fato isolado, ou seja, o transporte de eleitores, no dia das eleições, sem prova inequívoca de participação do candidato, ainda que indireta, e de que tenha havido o aliciamento, no sentido de impedir, embaraçar ou fraudar o exercício do voto, não constitui abuso de poder econômico ou fraude suficiente a ensejar a anulação das eleições ou inelegibilidade". (TRE-CE, Acórdão nº 29977, Rel. Clotário de Macedo Portugal Neto)

"RECURSO CRIME ELEITORAL. TRANSPORTE DE ELEITORES NO DIA DA ELEIÇÃO. TRANSPORTE COMPROVADO. NECESSIDADE DE COMPROVAÇÃO DE DOLO ESPECÍFICO. FALTA DE PROVA DE QUE O TRANSPORTE SE DESTINAVA A ALICIAR ELEITORES. Não basta o simples transporte de eleitores no dia da eleição para a configuração do crime do artigo 302 do Código Eleitoral. Para realização do tipo penal é preciso que se prove que junto com o transporte houve o fim de se impedir, embaraçar, ou fraudar o exercício do voto". (TRE-CE, Acórdão nº 25811, Rel. Silvio Vericundo Fernandes Dias)

"RECURSO – CRIME ELEITORAL – TRANSPORTE DE ELEITORES NO DIA DA ELEIÇÃO – ART. 302 DO CÓDIGO ELEITORAL – COMPROVAÇÃO – PRESENÇA DE DOLO ESPECÍFICO – ALICIAMENTO DE ELEITORES – CONCURSO DE AGENTES – ART. 29 DO CÓDIGO PENAL – DESPROVIMENTO. Configura-se o crime do artigo 302 do Código Eleitoral quando provado que, junto com o transporte, houve o fim de se impedir, embaraçar, ou fraudar o exercício do voto. Restando comprovado que o recorrente concorreu para a produção do crime, deve-se lhe imputar integralmente o delito, nos termos do art. 29 do Código Penal". (TRE-SC, Acórdão nº 21356, Rel. Osni Cardoso Filho)

4.8. Majorar preços de utilidades e serviços necessários à realização das eleições

Art. 303. Majorar os preços de utilidades e serviços necessários à realização de eleições, tais como transporte e alimentação de eleitores, impressão, publicidade e divulgação de matéria eleitoral.

Pena – pagamento de 250 a 300 dias-multa.

Comentários descomplicados

• *Objeto jurídico:* Garantia do regular andamento das eleições.

• *Conduta típica:* O artigo 303 do Código Eleitoral descreve a figura típica do crime de "majorar os preços de utilidades e serviços necessários à realização de eleições, tais como transporte e alimentação de eleitores, impressão, publicidade e divulgação de matéria eleitoral", cuja sanção prevista é a de pagamento de 250 a 300 dias-multa.

Em lição consagrada, já Fávila Ribeiro sublinhara que este tipo penal eleitoral "reprime a exploração econômica sobre utilidade e serviços necessários ao processamento das eleições. Especificamente procura obstar a majoração de preços em tudo o que se relacione diretamente às atividades eleitorais. É a atividade gananciosa, o propósito de lucro imoderado, em se aproveitando de atividade eleitoral intensiva para elevar os preços dos artigos e serviços que devam ser utilizados, que fica suscetível de incriminação".[29]

Segundo observa a doutrina de Suzana de Camargo Gomes, "a conduta típica de 'majorar' preços deve ser tomada como aquele consistente no aumento abusivo, anormal, acima do rotineiramente praticado, que não conta com justificativa plausível nas leis de mercado, sendo decorrente, exclusivamente, da cobiça, da vontade de auferir lucro fácil, aproveitando-se o agente, para tanto, da maior procura dos bens e serviços relacionados às eleições. Essa é a majoração condenável, e não aquela que decorre do aumento de custos para o fornecimento dos bens e serviços. Portanto, não incorre neste crime aquele que procede ao aumento de preços em decorrência da necessidade de adequar o valor do bem ou serviço aos custos de seu fornecimento, contanto, para tanto, com margem não exagerada de lucro".[30]

Quando à incidência do crime tipificado no art. 303 do Código Eleitoral, destaca a doutrinadora que incorre "em grande escala no dia das eleições, especialmente no que concerne ao fornecimento de alimentos e transporte, o que precisa ser coibido, dado que o ato de votar não pode representar um ônus financeiro exacerbado ao eleitor. No que concerne aos candidatos e partidos, a incidência maior está na confecção e fornecimento do material de propaganda, cabendo ser

---

[29] RIBEIRO, Fávila. *Direito eleitoral.* 5. ed. Rio de Janeiro: Forense, 1998, p. 652.

[30] GOMES, Suzana de Camargo. *Crimes eleitorais.* 3. ed. rev., atual. e ampl. São Paulo: Revista dos Tribunais, 2008, p. 268-269.

obstado o aumento abusivo de lucros nessa seara. Neste particular, não é dado descurar que cabe aos partidos e coligações o custeio da propaganda eleitoral, e não ao candidato. Ademais, a própria Justiça Eleitoral pode sofrer em razão da majoração criminosa de preços, e tal ocorrerá se o material necessário à votação tiver seus custos acrescidos exageradamente".[31]

Neste afã, não é demais destacar que a conduta delineada neste artigo 303 do Código Eleitoral tem lugar tão somente quando do período eleitoral, podendo configurar crime contra as relações de consumo – Lei nº 8.137/90 –, se porventura os fatos se derem em época distinta, hipótese na qual a competência recairá sobre a Justiça Comum.

• *Sujeito ativo:* O crime é comum, passível de ser praticado por aqueles que exercem atividade empresarial ligada ao ramo do transporte, alimentação, publicidade etc.

• *Sujeito passivo:* A coletividade é o sujeito passivo imediato (primário ou principal) neste crime; o mediato (secundário) é o Estado.

• *Consumação:* Consiste em crime de natureza formal, que se consuma com a realização da conduta descrita na norma, independetemente do pagamento do preço pelo consumidor.

• *Tentativa:* Possível.

4.9. Ocultar, sonegar, açambarcar ou recusar o fornecimento de utilidades, alimentação e meios de transporte no dia das eleições

Art. 304. Ocultar, sonegar, açambarcar ou recusar no dia da eleição o fornecimento, normalmente a todos, de utilidades, alimentação e meios de transporte, ou conceder exclusividade dos mesmos a determinado partido ou candidato:

Pena – pagamento de 250 a 300 dias-multa.

Comentários descomplicados

• *Objeto jurídico:* Garantia do regular andamento das eleições.

• *Conduta típica:* Nos termos do art. 304 do Código Eleitoral, constitui crime, punível com pagamento de 250 a 300 dias-multa, *ocultar, sonegar, açambarcar* (monopolizar; reter/possuir algo exlusivamente para si) ou *recusar no dia da eleição o fornecimento, normalmente a todos, de utilidades, alimentação e meios de transporte, ou conceder exclusividade dos mesmos a determinado partido ou candidato.*

---

[31] GOMES, Suzana de Camargo. *Crimes eleitorais.* 3. ed. rev., atual. e ampl. São Paulo: Revista dos Tribunais, 2008, p. 269.

Segundo observa a doutrina, "com esse dispositivo, pretendeu o legislador reguardar a população, no dia da eleição, no que concerne ao suprimento de suas necessidades essenciais, de molde a que não lhe falte alimentação, transporte ou outra utilidade necessária, além de que garante também não possa vir a sofrer qualquer ordem de discriminação, de favoritismo, nessa seara.

Portanto, assegura também o tratamento igualitário, infenso a protecionismos, o que poderia quebrar a necessária isonomia nas disputas eleitorais".[32]

No escólio de Fávila Ribeiro, "a retirada de veículos de circulação de acordo com a capacidade da empresa e do fluxo de passageiros, ou a colocação de veículos a serviço exclusivo de uma determinada organização partidária ou candidato constituem exemplos típicos ajustáveis à presente infração. Assim, também, pode ser considerado em deixando as casas de merenda ou restaurantes de atender aos consumidores nas condições habituais, revelando tratamento faccioso, pondo-se, enfim, a reboque de um grupo político ou de determinados candidatos.

Se a discriminação no atendimento à clientela é feita com imposição de preços mais elevados, haverá também incidência na norma penal precedente".[33]

Há que se atentar para o fato que tais condutas somente subsomem ao crime descrito neste artigo 304 nas hipóteses em que seu cometimento ocorrer no dia da eleição, não revestindo tipicidade os fatos ocorridos em oportunidade distinta.

• *Sujeito ativo:* O crime é comum, passível de ser praticado por aqueles que exercem atividade empresarial ligada ao ramo do transporte, alimentação etc.

• *Sujeito passivo:* A coletividade é o sujeito passivo imediato (primário ou principal) neste crime; o mediato (secundário) é o Estado.

• *Consumação:* Consubstancia delito formal, cuja consumação submete-se apenas à realização de algum dos verbos descritos na norma, independentemente da obtenção de qualquer vantagem pelo agente criminoso.

• *Tentativa:* Admite-se a forma tentada.

Jurisprudência pertinente

"RECURSO CRIMINAL. INSCRIÇÃO ELEITORAL FRAUDULENTA. ARTIGO 289, DO CÓDIGO ELEITORAL. CONDENAÇÃO ANTERIOR PELA JUSTIÇA FEDERAL NAS PENAS DOS ARTIGOS 289, § 1º, C/C ARTIGO 304 C/C 297, TODOS DO CÓDIGO PENAL. BENS JURÍDICOS DISTINTOS. CONCURSO MATERIAL. INAPLICABILIDADE DO PRINCÍPIO DA CONSUNÇÃO. O bem juridicamente tutelado pelo tipo legal esculpido no art. 289, do CE visa proteger os serviços da Justiça Eleitoral. Já os previstos pelos arts. 304 e 297, ambos do CP, protegem a fé pública. A consunção é possível entre os delitos que protegem bens juridicamente iguais, de modo que o crime de falsificação (art. 297, CP) fica absorvido

---

[32] GOMES, Suzana de Camargo. *Crimes eleitorais.* 3. ed. rev., atual. e ampl. São Paulo: Revista dos Tribunais, 2008, p. 270.

[33] RIBEIRO, Fávila. *Direito eleitoral.* 5. ed. Rio de Janeiro: Forense, 1998, p. 653.

pelo de uso de documento falsificado (art. 304, do CP). Entre tipos legais que protegem bens juridicamente distintos, somente é possível o concurso material, sendo inaplicável o princípio da consunção. Recurso conhecido e improvido". (TRE-PR, Acórdão nº 38.254, Rel. Roberto Antonio Massaro)

4.10. Intervir indevidamente na mesa receptora de votos

Art. 305. Intervir autoridade estranha à mesa receptora, salvo o juiz eleitoral, no seu funcionamento sob qualquer pretexto:

Pena – detenção até seis meses e pagamento de 60 a 90 dias-multa.

Comentários descomplicados

• *Objeto jurídico:* Proteção ao livre exercício do voto e da lisura das eleições.

• *Conduta típica:* O Código Eleitoral estabelece em seu artigo 140 que somente podem permanecer no recinto da mesa receptora os seus membros, os candidatos, um fiscal, um delegado de cada partido e, durante o tempo necessário à votação, o eleitor, cabendo ao presidente da mesa e ao juiz eleitoral a polícia dos trabalhos eleitorais. Nenhuma autoridade estranha à mesa poderá intervir, sob pretexto algum, em seu funcionamento, salvo o juiz eleitoral. O desrespeito a esse comando legal implica ao transgressor pena de detenção de até seis meses e pagamento de 60 a 90 dias-multa.

Com a incriminação da conduta descrita neste art. 305 buscou o legislador resguardar o eleitor de qualquer influência externa que possar vir a sofrer em decorrência da presença de pessoas estranhas na mesa receptora quando da ocasião da votação. Conforme destaca Sebastião Oscar Feltrin, "para que isso seja possível, a lei resguarda a organização de sua mesa receptora e principalmente a preservação da autoridade de seu presidente e do Juiz Eleitoral. A Ambos a lei confere o exercício do poder de polícia, tudo a garantir a liberdade eleitoral e a lisura das eleições".[34]

• *Sujeito ativo:* O sujeito ativo deste crime há de ser necessariamente autoridade pública não integrante da mesa receptora. Hipótese de crime próprio.

• *Sujeito passivo:* O Estado.

• *Consumação:* Trata-se de crime formal, cuja consumação alcança-se pela simples intervenção de autoridade estranha à mesa, independentemente do comentimento de qualquer outro ato prejudicial.

• *Tentativa:* Admite-se.

---

[34] FELTRIN, Sebastião Oscar. *14. Eleitoral*. In: FRANCO, Alberto Silva, e STOCO, Rui (coords.) Leis Penais Especiais e sua Interpretação Judicial. 7ª ed., São Paulo: RT, 2001, p. 1591.

4.11. Desrespeitar a ordem de chamada dos eleitores para votar

Art. 306. Não observar a ordem em que os eleitores devem ser chamados a votar:
Pena – pagamento de 15 a 30 dias-multa.

Comentários descomplicados

• *Objeto jurídico:* O artigo 306 busca resguardar o livre exercício do voto.

• *Conduta típica:* No dia marcado para a eleição, às 7 (sete) horas, o presidente da mesa receptora, os mesários e os secretários verificarão se no lugar designado estão em ordem o material remetido pelo juiz e a urna destinada a recolher os votos, bem como se estão presentes os fiscais de partido. Na hora seguinte (às 8 horas), supridas as deficiências, declarará o presidente iniciados os trabalhos, procedendo-se em seguida à votação (arts. 142 e 143).

Em linha de princípio, o recebimento dos votos começa às 8 (oito) e termina às 17 (dezessete) horas, sendo permitida a transposição desse horário somente na hipótese em que, alcançado o momento de encerramento dos trabalhos, subsistirem eleitores aguardando a realização da votação (art. 144).

Neste caso, o presidente fará entregar as senhas a todos os eleitores presentes e, em seguida, os convidará, em voz alta, a entregar à mesa seus títulos, para que sejam admitidos a votar, na ordem numérica das respectivas senhas. Isto feito, o título é imediatamente devolvido ao eleitor (art. 153).

Segundo dispõe o art. 143 do Código Eleitoral, observada a prioridade assegurada aos candidatos, têm preferência para votar o juiz eleitoral da zona, seus auxiliares de serviço, os eleitores de idade avançada, os enfermos e as mulheres grávidas. Afora tais exceções, o exercício do voto deverá obedecer rigorosamente à ordem de chegada dos eleitores à seção eleitoral, sob pena da configuração do crime descrito neste artigo 306 do Código Eleitoral. Buscou legislador resguardar a isonomia entre eleitores e a impessoalidade que deve abarcar o agir dos integrantes da mesa, impedindo a concessão de quaisquer privilégios a quem quer que seja.

• *Sujeito ativo:* Somente os mesários. Trata-se de crime próprio.

• *Sujeito passivo:* O eleitor é o sujeito passivo imediato (primário ou principal) neste crime; o mediato (secundário) é o Estado.

• *Consumação:* Consiste em delito de natureza formal, sendo a consumação atingida com a alteração dolosa e indevida da ordem de chamada dos eleitores.

• *Tentativa:* Admite-se a forma tentada.

4.12. Fornecer ao eleitor cédula já assinalada ou marcada

Art. 307. Fornecer ao eleitor cédula oficial já assinalada ou por qualquer forma marcada:
Pena – reclusão até cinco anos e pagamento de 5 a 15 dias-multa.

Comentários descomplicados

• *Objeto jurídico:* O livre exercício do voto.

• *Conduta típica:* O Código Eleitoral, em seu artigo 146, descreve detalhadamente como se realizará o voto manual.

Segundo o comando nele contido, o eleitor receberá, ao apresentar-se na seção, e antes de penetrar no recinto da mesa, uma senha numerada, que o secretário rubricará, no momento, depois de verificar pela relação dos eleitores da seção, que o seu nome constada respectiva pasta. Admitido a penetrar no recinto da mesa, segundo a ordem numérica das senhas, o eleitor apresentará ao presidente seu título, o qual poderá ser examinado por fiscal ou delegado de partido, entregando, no mesmo ato, a senha. Logo após, achando-se em ordem o título e a folha individual e não havendo dúvida sobre a identidade do eleitor, o presidente da mesa o convidará a lançar sua assinatura no verso da folha individual de votação; ato contínuo, entregar-lhe-á a cédula única rubricada no ato pelo presidente e mesários e numerada de acordo com as Instruções do Tribunal Superior, instruindo-o sobre a forma de dobrá-la, fazendo-o passar à cabina indevassável, cuja porta ou cortina será encerrada em seguida. Neste local, onde não poderá permanecer mais de um minuto, o eleitor indicará os candidatos de sua preferência e dobrará a cédula oficial, a qual, ao sair da cabina, será depositada na urna, de maneira a mostrar a parte rubricada à mesa e aos fiscais de partido, para que verifiquem sem nela tocar, se não foi substituída.

Se porventura o eleitor, ao receber a cédula ou ao recolher-se à cabina de votação, verificar que a cédula se acha estragada ou, de qualquer modo, viciada ou assinalada ou se ele próprio, por imprudência, imprevidência ou ignorância, a inutilizar, estragar ou assinalar erradamente, poderá pedir uma outra ao presidente da seção eleitoral, restituindo, porém, a primeira, a qual será imediatamente inutilizada à vista dos presentes e sem quebra do sigilo do que o eleitor haja nela assinalado.

Na hipótese de restar verificado que ao eleitor foi fornecida, dolosamente, cédula oficial já assinalada ou por qualquer forma marcada, estará configurado o crime insculpido neste artigo 307, cuja pena poderá chegar a até cinco anos de reclusão, além do pagamento de multa.

Naturalmente, o delito em tela poderá ser cometido apenas na hipótese em que a votação for realizada manualmente, mediante o emprego de cédulas de papel. Conforme anota a doutrina de Paulo Fernando dos Santos, "a partir de 1998, a votação e a totalização dos votos passaram a ser feitas pela forma eletrônica, constitindo-se a regra. Somente nos casos em que houver pane da urna eletrônica, surgindo a necessidade de utilização de cédulas oficiais previamente preparadas (rubricadas pelo presidente da Seção, numeradas e vincada) é que o delito em tela poderá ocorrer. No caso de infração cometida em sistema eletrônico de votos, o art. 72 da Lei 9.504/97 será o dispositivo aplicável".[35]

---

[35] SANTOS, Paulo Fernando dos. *Crimes Eleitorais – Comentados*. São Paulo: Leud, 2008, p. 39-40.

• *Sujeito ativo:* Consiste em crime próprio, dado que passível de cometimento apenas pelos integrantes da respectiva mesa.

• *Sujeito passivo:* O eleitor é o sujeito passivo imediato (primário ou principal) neste crime; o mediato (secundário) é o Estado.

• *Consumação:* O crime se consuma no instante do fornecimento da cédula assinalada ou marcada, independentemente de haver sido depositada na urna. Hipótese de crime formal.

• *Tentativa:* Conquanto dificilmente possa ocorrer, admite-se.

Jurisprudência pertinente

"Crime eleitoral. Prefeito e candidato imputados. O tipo previsto no artigo 307 do CE requer a comprovação da conduta mediante a cédula fraudada. Prova inexistente no caso concreto. Para os delitos descritos nos artigos 299 e 301 do Código Eleitoral, há que se demonstrar a materialidade e a autoria. Os requisitos restaram contemplados. Ação penal parcialmente procedente". (TRE-MT, Acórdão nº 13140, Rel. Julier Sebastiao da Silva)

4.13. Fornecer ao eleitor célula oficial rubricada fora do momento apropriado

Art. 308. Rubricar e fornecer a cédula oficial em outra oportunidade que não a de entrega da mesma ao eleitor.

Pena – reclusão até cinco anos e pagamento de 60 a 90 dias-multa.

Comentários descomplicados

• *Objeto jurídico:* O livre exercício do voto, bem como a ordem dos trabalhos eleitoras.

• *Conduta típica:* Consoante dito alhures, encontrando-se o eleitor no interior do recinto da mesa e uma vez aposta a assinatura do eleitor no verso da folha individual de votação, o presidente da mesa entregará a cédula oficial ao eleitor. O momento oportuno para sua entrega é este, segundo preceitua a legislação eleitoral. Seu fornecimento em outra oportunidade que não a da referida sua entrega constitui o ilícito deste artigo 308 do diploma eleitoral.

Obviamente, o crime em comento só é passível de perpetração nas hipóteses em que a votação for realizada manualmente.

Importa referir que, sem embargo da preexistência de preceito incriminador da conduta de entrega exteporânea da cédula oficial ao eleitor, não importa em crime a promoção das rubricas anteriomente à hora da votação (oito horas). De todo contrário, consiste sobretudo em uma "conduta recomendada para o bom trabalho da mesa receptora".[36]

---

[36] SANTOS, Paulo Fernando dos. *Crimes Eleitorais – Comentados*. São Paulo: Leud, 2008, p. 43.

• **Sujeito ativo:** Consiste em crime próprio, dado que passível de cometimento apenas pelos integrantes da respectiva mesa.

• **Sujeito passivo:** O eleitor é o sujeito passivo imediato (primário ou principal) neste crime; o mediato (secundário) é o Estado.

• **Consumação:** Com a entrega extemporânea da cédula oficial.

• **Tentativa:** Há possibilidade.

Jurisprudência pertinente

"Recurso eleitoral criminal. Condenação. Infringência dos artigos 308, 309, 310,339 e 348 do CE. Admissibilidade. Inacolhimento do recurso por falta de preparo. Inexigência. Mérito. Preliminar da causa. Nulidade da sentença por inobservância do artigo 384 do CPP. Incidência da *Mutatio Libelli*. Suspensão condicional do processo. Ausência de pressupostos. Preclusão. Prescrição em relação ao crime previsto no artigo 310 do CE. Configuração. Substituição de penas. Não preenchimento de requisitos. 1. Incabível, em sede de processo-crime, admitir-se a exigência de preparo, inexistindo norma dispondo sobre o Regimento de Custas do Tribunal Eleitoral, perante o qual foi interposto recurso criminal (Inteligência do art. 373 e parágrafo único do Código Eleitoral, em harmonia com o art. 203 do Regimento Interno desta Corte). 2. Imputado ao réu, em denúncia genérica, o crime tipificado no art. 299 do CE, e desenvolvida a defesa, durante todo o curso do processo, nessa linha, não podia a sentença recorrida condená-lo nas penas do artigos 308, 309, 310, 339 e 348 do CE, cominando-lhe pena mais grave, sem observância da providência recomendada no art. 384, parágrafo único, do CPP, porquanto ocorrente, na hipótese, a *mutatio libelli*, a qual, uma vez reconhecida, conseqüencializa a nulidade da sentença, sendo, como é, direito do réu conhecer a nova definição jurídica do fato imputado na acusatória inicial e dela defender-se. 3. O benefício do denominado sursis processual é medida de exclusiva iniciativa do Ministério Público, sujeita ainda ao atendimento de determinados pressupostos, não podendo ser concedido se já ultrapassado o momento processual adequado (art. 89 da Lei n.º 9.099/95). 4. Configura-se prescrita a pretensão punitiva em relação ao crime tipificado no art. 310 do Código Eleitoral, ante o ajuizamento da denúncia após o lapso bienal, contado da data da realização do fato típico. 5. Hipótese em que os recorrentes não têm direito à substituição das penas privativas de liberdade por restritivas de direitos, na modalidade prestação de serviços à comunidade, em face do não preenchimento dos requisitos, em especial da necessária condição da pena não ser superior a quatro anos". (TRE-PA, Acórdão nº 17605, Rel. Rosileide Maria Costa Cunha Filomeno)

4.14. Votar ou tentar votar mais de uma vez ou em lugar de outro eleitor

Art. 309. Votar ou tentar votar mais de uma vez, ou em lugar de outrem:

Pena – reclusão até três anos.

Comentários descomplicados

• **Objeto jurídico:** O livre exercício do voto, bem como a ordem dos trabalhos eleitorais.

• **Conduta típica:** O artigo 309 do Código Eleitoral descreve o crime de "votar ou tentar votar mais de uma vez, ou em lugar de outrem", incutindo a pena de três anos de reclusão para o agente que nele restar incurso.

Compulsando a redação deste dispositivo penal, constata-se a existência de quatro condutas delituosas distintas, consistentes em: a) votar o eleitor mais de uma vez; b) tentar votar o eleitor mais de uma vez; c) votar determinada pessoa em lugar de outrem; e d) tentar votar determinada pessoa em lugar de outrem.

Obviamente, o transgressor deverá agir eivado de dolo, sob pena de atipicidade da conduta.

• **Sujeito ativo:** No que toca à conduta de duplicidade de voto ou tentativa de voto, o sujeito ativo é o eleitor. Quanto ao voto ou sua tentativa em lugar de outrem, poderá ser cometido por qualquer pessoa. Consiste em crime comum.

• **Sujeito passivo:** O próprio Estado.

• **Consumação:** Na ocasião da prática de qualquer das condutas descritas no tipo. Hipótese de crime instantâneo, de natureza formal.

• **Tentativa:** O crime integra a classe dos delitos de "atentado", na qual a mera tentativa recebe sanção idêntica à modalidade dolosa, sem qualquer redução. Inconcebível, pois, a tentativa, nos moldes do art. 14, parágrado único, do Código Penal (com redução da pena em um a dois terços).

Jurisprudência pertinente

"RECURSO CRIMINAL. ARTIGO 309 DO CÓDIGO ELEITORAL. AUSÊNCIA DE PROVAS A ENSEJAR A CONDENAÇÃO. DECLARAÇAO PRESTADA ANTES DA FASE DE INQUÉRITO, MODIFICADA NESSA FASE E NA FASE JUDICIAL. RECURSO PROVIDO. – Em respeito ao princípio do contraditório, a prova obtida anteriormente a fase judicial terá, para ser aceita, de ser confirmada em juízo, sob pena de sua desconsideração. Tal significa que, acaso, não ratificada na fase judicial, a solução será absolver-se o acusado". (TRE-MA, Acórdão nº 3228, Rel. Ribamar Vaz)

"APELAÇÃO CRIMINAL. CONDUTA TIPIFICADA NO ARTIGO 309 DO CÓDIGO ELEITORAL. PENA DE UM ANO DE RECLUSÃO SUSPENSA CONDICIONALMENTE POR DOIS ANOS. SANÇÃO CORRETAMENTE APLICADA PELO JUÍZO *A QUO*. APELO IMPROVIDO. PRESCRIÇÃO INTERCORRENTE. SUPERVENIÊNCIA. INTELIGÊNCIA DO ART. 110, § 1º, DO CÓDIGO PENAL. CONCESSÃO DE *HABEAS CORPUS* DE OFÍCIO". (TRE-AP, Acórdão nº 1549, Rel. Paulo Alberto dos Santos)

4.15. Praticar ou permitir que seja praticado irregularidade que cause a anulação da votação

Art. 310. Praticar, ou permitir membro da mesa receptora que seja praticada, qualquer irregularidade que determine a anulação de votação, salvo no caso do Art. 311:

Pena – detenção até seis meses ou pagamento de 90 a 120 dias-multa.

Comentários descomplicados

• *Objeto jurídico:* Busca-se a proteção à ordem dos serviços eleitorais.

• *Conduta típica:* Constituem a mesa receptora, a teor do artigo 120 do Código Eleitoral, um presidente, um primeiro e um segundo mesários, dois secretários e um suplente, nomeados pelo juiz eleitoral sessenta dias antes da eleição, em audiência pública, anunciado pelo menos com cinco dias de antecedência. Incumbe a eles, sobretudo ao presidente da mesa, a fiscalização e manutenção da ordem no recinto de votação, para o que poderá lançar mão de força pública, se assim julgar necessário.

O legislador pátrio, em vista da indispensabilidade do encargo para a regularidade do pleito, erigiu à condição de crime a conduta de praticar, ou permitir membro da mesa receptora que seja praticada, qualquer irregularidade que determine a anulação de votação.

Não anteviu como crime apenas a conduta omissiva para com a sua obrigação legal, mas também o atuar comissivo do membro da mesa receptora atentatório à regularidade da votação. Impõe-se, entrementes, para a configuração deste delito, que a gravidade do ato doloso atinja tal magnitude a ponto de anular a votação.

Os motivos de nulidade da votação estão dispostos no artigo 220 do Código Eleitoral, compreendendo: I) quando feita perante mesa não nomeada pelo juiz eleitoral, ou constituída com ofensa à letra da lei; II) quando efetuada em folhas de votação falsas; III) quando realizada em dia, hora, ou local diferentes do designado ou encerrada antes das 17 horas; IV) quando preterida formalidade essencial do sigilo dos sufrágios; e V) quando a seção eleitoral tiver sido localizada com infração do disposto nos §§ 4º e 5º do art. 135, a saber, na hipótese de a mesa receptora estiver funcionando em propriedade pertencente a candidato, membro do diretório de partido, delegado de partido ou autoridade policial, bem como dos respectivos cônjuges e parentes, consanguíneos ou afins, até o 2º grau, inclusive, ou em fazenda, sítio ou qualquer propriedade rural privada, mesmo existindo no local prédio público.

O artigo 221 do mesmo diploma eleitoral, doutro turno, abarcam as causas ensejadoras de anulabilidade da eleições, quais sejam: I) quando houver extravio de documento reputado essencial; II) quando for negado ou sofrer restrição o direito de fiscalizar, e o fato constar da ata ou de protesto interposto, por escrito, no momento; III) quando votar, na hipótese de haver sido formulada perante a mesa impugnação acerca da identidade do eleitor e persistirem as dúvidas quanto a esta ou for mantida a impugnação, sem a observância das cautelas elencadas no artigo 147, § 2º, do Código Eleitoral:[37] a) eleitor excluído por sentença não cumprida

---

[37] "Art. 147. O presidente da mesa dispensará especial atenção à identidade de cada eleitor admitido a votar Existindo dúvida a respeito, deverá exigir-lhe a exibição da respectiva carteira, e, na falta desta, interrogá-lo sôbre os dados constantes do título, ou da fôlha individual de votação, confrontando a assinatura do mesmo com a feita na sua presença pelo eleitor, e mencionando na ata a dúvida suscitada. § 1º A impugnação à identidade do

por ocasião da remessa das folhas individuais de votação à mesa, desde que haja oportuna reclamação de partido; b) eleitor de outra seção, salvo a hipótese do Art. 145; e c) alguém com falsa identidade em lugar do eleitor chamado.

Importa, outrossim, anulação da votação, a existência de vício relacionado à falsidade, fraude, coação, abuso do poder econômico, desvio ou abuso do poder de autoridade, ou emprego de processo de propaganda ou captação de sufrágios vedado por lei.

Conforme anota a doutrina de Vinicius Cordeiro e Anderson Claudino da Silva, "a ocorrência de irregularidade que, em tese, determine a anulação da votação não implica no fato que a declaração da anulação dependesse da apuração criminal ou vice-versa, mas mesmo que precluísse o procedimento anulatório da votação, ocorrendo o fato ilícito, perdura a possibilidade da persecução penal".[38]

Neste sentido, a melhor doutrina aponta que "a ocorrência de preclusão impede possa ainda ser instaurado procedimento destinado a que se declare a invalidade da votação.

Comporta, então, colocar a seguinte questão: estaria a apuração do ilícito penal condicionada à precedente declaração de invalidade da votação?

De maneira alguma.

Exauriu-se, não resta dúvida, a *facultas agendi* para instauração de processo, pertinente ao contecioso eleitoral, com o objetivo específico de declaração de invalidade da votação.

Todavia, havendo ilícito penal a reprimir, com o caráter público inerente aos crimes eleitoral, nada pode obstar a instauração de persecução criminal, posto que se não pode admitir a persistência de impunidade pela inação privada.

A inércia dos interessados na disputa eleitoral torna a matéria perempta para a composição de relação processual destinada à invalidação dos votos, mas não pode ser considerada, absolutamente, como causa extintiva de punibilidade, uma vez que a ação penal eleitoral independe de qualquer condicionamento.

Isto posto, cabe reconhecer que a ação penal eleitoral não fica condicionada à existência de prévia declaração de invalidade ou de inexistência de preclusão

---

eleitor, formulada pelos membros da mesa, fiscais, delegados, candidatos ou qualquer eleitor, será apresentada verbalmente ou por escrito, antes de ser o mesmo admitido a votar. § 2º Se persistir a dúvida ou fôr mantida a impugnação, tomará o presidente da mesa as seguintes providências: I – escreverá numa sobrecarta branca o seguinte: "Impugnado por "F"; II – entregará ao eleitor a sobrecarta branca, para que êle, na presença da mesa e dos fiscais, nela coloque a cédula oficial que assinalou, assim como o seu título, a fôlha de impugnação e qualquer outro documento oferecido pelo impugnante; III – determinará ao eleitor que feche a sobrecarta branca e a deposite na urna; IV – anotará a impugnação na ata. § 3º O voto em separado, por qualquer motivo, será sempre tomado na forma prevista no parágrafo anterior".

[38] CORDEIRO, Vinicius; SILVA, Anderson Claudino da. *Crimes Eleitorais e seu Processo*. Rio de Janeiro: Forense, 2006, p. 138.

sobre o problema de invalidade da votação, ou mesmo do prévio questionamento da matéria pelos contendores – partidos ou candidatos".[39]

• *Sujeito ativo:* No que concerne ao verbo "praticar", o crime assume natureza comum, dado que executável por qualquer pessoa, inclusive pelos integrantes da mesa receptora. No que tange ao verbo nuclear "permitir", apenas estes úlimos – os membros da mesa receptora – podem ocupar o polo ativo, consistindo em hipótese de crime próprio.

• *Sujeito passivo:* O próprio Estado.

• *Consumação:* O estado consumativo é atingido com a prática do ato capaz de ensejar a anulação da votação, bem assim com a omissão do integrante da mesa no que toca ao seu dever de fiscalização e manutenção da ordem no recinto de votação.

• *Tentativa:* Admissível a forma tentada.

4.16. Votar em seção eleitoral em que não está inscrito ou autorizado a votar

Art. 311. Votar em seção eleitoral em que não está inscrito, salvo nos casos expressamente previstos, e permitir, o presidente da mesa receptora, que o voto seja admitido:

Pena – detenção até um mês ou pagamento de 5 a 15 dias-multa para o eleitor e de 20 a 30 dias-multa para o presidente da mesa.

Comentários descomplicados

• *Objeto jurídico:* Busca-se a proteção à ordem dos serviços eleitorais.

• *Conduta típica:* O diploma eleitoral compreende no bojo do seu artigo 145 um rol não taxativo daqueles admitidos a votar fora da respectiva seção. Nesta ressalva incluem-se o presidente, mesários, secretários e fiscais de partido, os quais votarão perante as mesas em que servirem, estes desde que a credencial esteja visada na forma do Art. 131, § 3°;[40] o juiz eleitoral, em qualquer seção da zona sob sua jurisdição, salvo em eleições municipais, nas quais poderá votar em qualquer seção do município em que for eleitor; o Presidente da República, o qual poderá votar em qualquer seção, eleitoral do país, nas eleições presidenciais; em qualquer seção do Estado em que for eleitor nas eleições para governador, vice-governador, senador, deputado federal e estadual; em qualquer seção do município em que estiver inscrito, nas eleições para prefeito, vice-prefeito e vereador; os candidatos à Presidência da República, em qualquer seção eleitoral

---

[39] RIBEIRO, Fávila. *Direito eleitoral.* 5. ed. Rio de Janeiro: Forense, 1998, p. 631-632.

[40] "Art. 131. Cada partido poderá nomear 2 (dois) delegados em cada município e 2 (dois) fiscais junto a cada mesa receptora, funcionando um de cada vez. [...] § 3° As credenciais expedidas pelos partidos, para os fiscais, deverão ser visadas pelo juiz eleitoral".

do país, nas eleições presidenciais, e, em qualquer seção do Estado em que forem eleitores, nas eleições de âmbito estadual; os governadores, vice-governadores, senadores, deputados federais e estaduais, em qualquer seção do Estado, nas eleições de âmbito nacional e estadual; em qualquer seção do município de que sejam eleitores, nas eleições municipais; os candidatos a governador, vice-governador, senador, deputado federal e estadual, em qualquer seção do Estado de que sejam eleitores, nas eleições de âmbito nacional e estadual; os prefeitos, vice-prefeitos e vereadores, em qualquer seção de município que representarem, desde que eleitores do Estado, sendo que, no caso de eleições municipais, nelas somente poderão votar se inscritos no município; os candidatos a prefeito, vice-prefeito e vereador, em qualquer seção de município, desde que dêle sejam eleitores; os militares, removidos ou transferidos dentro do período de 6 (seis) meses antes do pleito, poderão votar nas eleições para presidente e vice-presidente da República na localidade em que estiverem servindo; os policiais militares em serviço.

Somente nos casos excetuados em lei admite-se que determinado eleitor vote em seção eleitoral em que não está inscrito, consistindo crime, punível com detenção de até um mês ou pagamento de multa, sua infringência.

O dispositivo penal incrimina não somente o eleitor que vota em seção eleitoral diversa daquele em que possui inscrição, mas também o presidente da mesa receptora que permite seja o voto admitido.

• *Sujeito ativo:* No que concerne ao verbo "votar", o crime assume natureza comum, dado que executável por qualquer pessoa, desde que revista a condição de eleitor. Somente quanto ao verbo nuclear "permitir" exige-se do agente a qualidade de "presidente da mesa receptora", consistindo em hipótese de crime próprio.

• *Sujeito passivo:* O próprio Estado.

• *Consumação:* O delito consuma-se com a efetivação do voto na seção eleitoral diversa da que está inscrito, bem como com chancela do presidente da mesa receptora ao admiti-lo.

• *Tentativa:* Admite-se.

4.17. Violar ou tentar violar o sigilo do voto

Art. 312. Violar ou tentar violar o sigilo do voto:
Pena – detenção até dois anos.

Comentários descomplicados

• *Objeto jurídico:* O resguardo do livre exercício do voto.

• **Conduta típica:** O legislador constituinte estabeleceu no art. 14 da Carta Política de 1988 que o exercício da soberania popular dar-se-á pelo sufrágio universal e pelo voto direto e secreto, com valor igual para todos.

O exercício desse lídimo direito submete-se às regras insertas no art. 103 do Código Eleitoral, cujo cumprimento é imprescindível para resguardar o eleitor de eventuais intimidações ou constrangimentos que possa vir a sofrer.

Na dicção de José Afonso da Silva, "o segredo do voto consiste em que não deve ser revelado nem por seu autor nem por terceiro, fraudulentamente. O eleitor é dono do seu segredo após a emissão do voto e a retirada do recinto de votação. Mas no momento de votar, há que preservar o sigilo de seu voto, nem ele próprio pode dizer em quem votou ou como votou. É obrigação dos membros da mesa receptora não só oferecer condições para que o eleitor tenha respeitado o seu direito subjetivo ao sigilo da votação, mas também impedir que ele próprio o descumpra. É que o segredo do voto, sendo um direito subjetivo do eleitor, é outrossim uma garantia constitucional de eleições livres e honestas, porque evita a intimidação e o suborno, suprimindo, na raiz, a possibilidade de corrupção eleitoral, ou, pelo menos, reduzindo-a consideralvelmente".[41]

O referido dispositivo reclama que o sigilo do voto deverá ser assegurado mediante o uso de cédulas oficiais em todas as eleições, de acordo com modelo aprovado pelo Tribunal Superior; o isolamento do eleitor em cabine indevassável para o só efeito de assinalar na cédula o candidato de sua escolha e, em seguida, fechá-la; a verificação da autenticidade da cédula oficial à vista das rubricas; e o emprego de urna que assegure a inviolabilidade do sufrágio e seja suficientemente ampla para que não se acumulem as cédulas na ordem que forem introduzidas.

Qualquer ato tentende a violar ou tentar violar o sigilo do voto constitui crime punível com pena de detenção de até dois anos.

Em arguta observação acerca do tema, Fávila Ribeiro já sublinhara que "na proteção penal ao sigilo do voto constante do art. 312 é a liberdade eleitoral que está sendo defendida.

A adoção do voto secreto é exatamente a forma consagrada para poupar o eleitor de qualquer pressão, antecipada ou posterior, ao exercício do sufrágio.

Escrevia Henri Ahrens que, mesmo reconhecendo que o voto corresponde ao exercício de uma função pública, em razão do seu objetivo, deve ser cumprido por cada um com a plena liberdade de consciência e essa liberdade é sempre melhor protegida contra as influências ilegítimas pelo escrutínio secreto.

A aplicação do voto secreto, em virtude da segurança que proporciona, tornou-se pressuposto obrigatório de sua validade. Mas não se revelou suficiente a sanção de invalidez, vindo a essa agregar-se a sanção penal.

---

[41] SILVA, José Afonso da. *Curso de direito constitucional positivo.* 31. ed. São Paulo: Malheiros, 2008, p. 359-360.

Incorre em crime quem quer que, de uma ou de outra maneira, viola ou tenta violar o sigilo do voto. Assim sucede, por exemplo, quando membros da mesa receptora, delegados ou fiscais de partidos ou outras pessoas, por qualquer expediente astucioso empregado, tomam conhecimento imediato do conteúdo da votação ou fazem consignar alguma indicação que tornará possível a identificação particularizada dos sufrágios. É necessário à configuração desse delito que a violação ao sigilo do voto seja efetivada ao decurso dos trabalhos de votação, porque seja o voto tomado sem as cautelas ou por se lhe adicionar algum sinal convencionado, ficando apenas retardada a sua identificação para a fase de apuração.

Pode ainda resultar a quebra do sigilo em atitude mais ostensiva, fazendo-se que o eleitor assinale a sua cédula sem ingressar na cabina indevassável, ou colocando um observador na parte interna da cabina, ou permitindo que o eleitor a ela seja acompanhado por qualquer outra pessoa, ou ainda, em examinar algum dos mesários a parte interna da cédula, antes de seu lançamento à urna.

Assim sendo, por diferentes maneiras pode haver violação ou tentativa de violação do sufrágio, capitulável no art. 312".[42]

Nos dizeres de Suzana de Camargo Gomes, "é de se questionar, no entanto, a hipótese de o sigilo do voto ser quebrado, com a aquiescência do eleitor, se, ainda assim, estaria configurado o crime em consideração.

Ora, conforme já enfatizado, o voto é secreto por força de preceito constitucional, além de que o seu exercício não representa simplesmente um direito individual, de natureza subjetiva, do eleitor, mas reveste-se de função social. Assim, considerado sob o prisma da relevância social do voto, dado que é a partir de manifestação isolada de cada eleitor, que, somada, é possível aferir-se a vontade popular, necessária para determinar as escolhas democráticas, tem-se que, no momento da votação, todas as cautelas devem ser tomadas no sentido de ser preservada a manifestação de vontade daquele que vota, no que concerne ao seu sigilo.

Desta forma, não devem os membros da mesa receptora nem mesmo permitir venha o eleitor a mostrar o conteúdo de seu voto, posto que essa fase é a de votação, onde deve ser resguardado o sigilo. Assim, incorreriam no crime em questão os membros da mesa receptora que permitissem, facultassem, conscientemente, a quebra do sigilo do voto, mesmo que para tanto aquiescesse o eleitor".[43]

• **Sujeito ativo:** O crime é de natureza comum, praticável por qualquer pessoa.

---

[42] RIBEIRO, Fávila. *Direito eleitoral*. 5. ed. Rio de Janeiro: Forense, 1998, p. 657-658.

[43] GOMES, Suzana de Camargo. *Crimes eleitorais*. 3. ed. rev., atual. e ampl. São Paulo: Revista dos Tribunais, 2008, p. 288-289.

• **Sujeito passivo:** Na espécie, o sujeito passivo imediato (primário ou principal) do delito é o eleitor prejudicado com o ato. O sujeito passivo mediato (secundário) é o próprio Estado.

• **Consumação:** O delito atinge seu estado consumativo com a violação ou a tentativa de violação do sigilo do voto. Imprescinde da produção de qualquer resultado.

• **Tentativa:** Admite-se a forma tentada.

Jurisprudência pertinente

"Recurso criminal. Decisão que julgou denúncia parcialmente procedente, aplicando à recorrente as penas dos crimes tipificados nos artigos 296 e 312 do Código Eleitoral. Conjunto probatório farto e seguro para confirmar a prática das condutas de desordem prejudicial aos trabalhos eleitorais e de violação ao sigilo do voto. Afastada de ofício a condenação em custas processuais. Inaplicabilidade do instituto da sucumbência no âmbito da Justiça Eleitoral. Provimento negado". (TRE-RS, RC nº 32, Acórdão de 16/12/2009, Rel. Ana Beatriz Iser)

5. Dos crimes contra a apuração e a contagem de votos

5.1. Deixar de expedir boletim de apuração no momento determinado

Art. 313. Deixar o juiz e os membros da Junta de expedir o boletim de apuração imediatamente após a apuração de cada urna e antes de passar à subseqüente, sob qualquer pretexto e ainda que dispensada a expedição pelos fiscais, delegados ou candidatos presentes:

Pena – pagamento de 90 a 120 dias-multa.

Parágrafo único. Nas seções eleitorais em que a contagem fôr procedida pela mesa receptora incorrerão na mesma pena o presidente e os mesários que não expedirem imediatamente o respectivo boletim.

Comentários descomplicados

• *Objeto jurídico:* A lisura do procedimento de apuração e a autenticidade dos resultados do pleito.

• *Conduta típica:* O Código Eleitoral estabelece em seu artigo 36 que as Juntas Eleitorais serão compotas de um juiz de direito, que será o presidente, e de 2 (dois) ou 4 (quatro) cidadãos de notória idoneidade, os quais serão nomeados 60 (sessenta) dia antes da eleição, depois de aprovação do Tribunal Regional, pelo presidente deste, a quem cumpre também designar-lhes a sede.

Compete a este órgão, por meio de seus integrantes, apurar, no prazo de 10 (dez) dias, as eleições realizadas nas zonas eleitorais sob a sua jurisdição; resolver as impugnações e demais incidentes verificados durante os trabalhos da contagem e da apuração; expedir os boletins de apuração mencionados no Art. 179 do Código Eleitoral; e expedir diploma aos eleitos para cargos municipais (art. 40). Havendo omissão destes quanto à expedição do boletim de apuração imediatamente após a apuração de cada urna e antes de passar à subsequente estará configurado o crime descrito neste artigo 313 do Código Eleitoral.

Conquanto a expedição do boletim de apuração seja realizada automaticamente nos dias atuais, em virtude do sistema eletrônico de votação adotado nacionalmente, subsiste ainda a possibilidade da sua realização da maneira tradicional, conforme afirmado anteriormente.

Importa sublinhar, derradeiramente, que nas seções eleitorais em que a contagem for procedida pela mesa receptora incorrerão igualmente nas penas do art. 313 do Código Eleitoral o presidente e os mesários que não experidem imediatamente o respectivo boletim.

• *Sujeito ativo:* O sujeito ativo neste crime é o juiz e os demais componentes da Junta Eleitoral. Trata-se de crime próprio.

• *Sujeito passivo:* O Estado.

• *Consumação:* O delito atinge a consumação com a omissão do dever indicado no dispositivo penal.

• *Tentativa:* Considerada a natureza eminentemente omissiva do delito, inconcebível a modalidade tentada.

Jurisprudência pertinente

"FRAUDE ELEITORAL. CRIMES ELEITORAIS PREVISTOS NOS ARTS. 315 E 313 DO CÓDIGO ELEITORAL. DAS DECISÕES DE TRIBUNAL REGIONAL ELEITORAL, EM MATÉRIA CRIMINAL, DE SUA COMPETÊNCIA ORIGINÁRIA, O RECURSO CABÍVEL, PARA O TRIBUNAL SUPERIOR ELEITORAL, E DE NATUREZA ESPECIAL (CONSTITUIÇÃO, ART 138, I E II; CÓDIGO ELEITORAL, ART. 276, I, ALINEAS "A" E "B"), RESSALVADAS AS HIPÓTESES DE DENEGAÇÃO DE *HABEAS CORPUS*, QUANDO O RECURSO E ORDINÁRIO. (CONSTITUIÇÃO, ART. 138, IV; CÓDIGO ELEITORAL, ART. 276, II, LETRA "B"): E DO TRIBUNAL REGIONAL ELEITORAL E NÃO DO TRIBUNAL DE JUSTIÇA A COMPETÊNCIA PARA O PROCESSO E JULGAMENTO DOS JUÍZES ELEITORAIS, DEPUTADOS ESTADUAIS E MEMBROS DO MINISTÉRIO PÚBLICO ESTADUAL, NOS CRIMES ELEITORAIS (CONSTITUIÇÃO, ART. 137, VII; ART. 144, § 3º; ARTS. 13, VIII, 35 E PARÁGRAFOS, E 32, § 2º; CÓDIGO ELEITORAL, ART. 29, I, LETRA D). A imunidade concedida a deputados estaduais e restrita a justiça do Estado (Sumula n. 3, do STF). Não servindo o recurso especial ao simples reexame de provas, não há como reapreciar a matéria de fato concernente a adulteração ou aproveitamento de cédulas em branco ou falsificação de boletins e mapas, para beneficiar candidatos a deputação estadual, questões reconhecidas no acórdão, após amplo debate das provas, havendo concluído, também, a corte regional serem os mesmos candidatos os autores intelectuais da fraude. Não demonstrado pelos recorrentes haver a minuciosa decisão do TRE infringido dispositivos constitucionais ou legais, nem se tendo, apontado dissídio jurisprudencial, os recursos especiais não são conhecidos". (TRE-MG, RECURSO ESPECIAL ELEITORAL nº 4148, Acórdão nº 6458 de 24/08/1978, Relator Min. JOSÉ NERI DA SILVEIRA)

5.2. Deixar de recolher as cédulas apuradas no fechamento e lacração da urna

Art. 314. Deixar o juiz e os membros da Junta de recolher as cédulas apuradas na respectiva urna, fechá-la e lacrá-la, assim que terminar a apuração de cada seção e antes de passar à subseqüente, sob qualquer pretexto e ainda que dispensada a providencia pelos fiscais, delegados ou candidatos presentes:

Pena – detenção até dois meses ou pagamento de 90 a 120 dias-multa.

Parágrafo único. Nas seções eleitorais em que a contagem dos votos fôr procedida pela mesa receptora incorrerão na mesma pena o presidente e os mesários que não fecharem e lacrarem a urna após a contagem.

Comentários descomplicados

• *Objeto jurídico:* A proteção à lisura do procedimento de apuração e a autenticidade dos resultados do pleito.

• *Conduta típica:* Imediatamente após a conclusão da apuração, deve o juiz e os membros da Junta Eleitoral recolher as cédulas apuradas na respectiva urna, fechando-as e lacrando-as, antes de iniciar a apuração subsequente. O desrespeito a esse regramento configura o crime descrito neste artigo 314 do Código Eleitoral, punível com detenção de até dois meses ou pagamento de 90 a 120 dias-multa.

Segundo observa a doutrina de Fávila Ribeiro, "veda-se, mediante aplicação de sanção penal, haja prosseguimento na abertura de urnas, sem que antes se tenha cumprido essa providência para conservar inalteráveis as cédulas apuradas de cada seção.

Restaura-se, assim, a inviolabilidade da urna, para que possa servir à confrontação na hipótese de expressa determinação de reabertura para contagem, a ser feita em reunião plenária do Tribunal Regional Eleitoral. E essa recontagem objetiva exatamente levar à conferência o boletim eleitoral, em virtude da discordância havida entre este e o mapa elaborado pela Junta Apuradora.

É no deixar de recolocar os votos na urna, logo depois de sua apuração e antes do início da abertura de uma outra, com as necessárias cautelas de vedação para manutenção da inalterabilidade de seu conteúdo, que se opera a consumação desse ilícito penal".[44]

Nas palavras de Suzana de Camargo Gomes, "preocupa-se a norma penal, no caso, em prestar segurança aos trabalhos de apuração, de molde a que os votos computados na urna anterior não sejam novamente contabilizados, nem misturados, ou de qualquer forma adulterados, modificados. O preceito penal resguarda, portanto, a inalterabilidade do resultado da urna, ensejando, inclusive, posterior verificação, em caso de necessidade".[45]

Igual sorte assiste a este dispositivo penal em se tratando da sua inaplicabilidade na hipótese de apuração dos votos através do sistema eletrônico, dado que

---

[44] RIBEIRO, Fávila. *Direito eleitoral*. Rio de Janeiro: Forense, 1976, p. 488.

[45] GOMES, Suzana de Camargo. *Crimes eleitorais*. 3. ed. rev., atual. e ampl. São Paulo: RT, 2008, p. 298.

não há falar em recolhimento das cédulas apuradas, tampouco em fechamento e lacração da urna.[46]

• *Sujeito ativo:* O sujeito ativo neste crime é o juiz e os demais membros da Junta Eleitoral. Igualmente ao crime precedente, trata-se de crime próprio.

• *Sujeito passivo:* O Estado.

• *Consumação:* O delito atinge a consumação com a omissão do dever indicado no dispositivo penal.

• *Tentativa:* Considerada a natureza eminentemente omissiva do delito, inconcebível a modalidade tentada.

5.3. Alterar o resultado das eleições nos mapas ou boletins de apuração

Art. 315. Alterar nos mapas ou nos boletins de apuração a votação obtida por qualquer candidato ou lançar nesses documentos votação que não corresponda às cédulas apuradas:

Pena – reclusão até cinco anos e pagamento de 5 a 15 dias-multa.

Comentários descomplicados

• *Objeto jurídico:* A proteção à lisura do procedimento de apuração e a autenticidade dos resultados do pleito.

• *Conduta típica:* O art. 179 do Código Eleitoral estabelece que, uma vez concluída a contagem dos votos, a Junta ou turma deverá transcrever nos mapas referentes à urna a votação apurada, bem como expedir boletim contendo o resultado da respectiva seção, no qual serão consignados o número de votantes, a votação individual de cada candidato, os votos de cada legenda partidária, os votos nulos e os em branco, bem como recursos, se houver.

Obviamente, a execução desse procedimento deverá guardar fidelidade com o que fora apurado na urna, sob pena de estar-se praticando o crime descrito neste art. 315 do diploma eleitoral.

Sobre o tema, pontuais são as lições de Fávila Ribeiro, ao afirmar que "trata o art. 315 de modificação do resultado expresso nas urnas para inserir nos mapas ou nos boletins de apuração dados diferentes. É uma espécie de fraude de apuração mais freqüente, vulgarizada sob a denominação de 'mapismo'. Essa adulteração no conteúdo dos mapas ou boletins pode ser procedida em conluio entre os membros da Junta Apuradora, modificando ideologicamente os votos atribuídos aos candidatos, ou aproveitando os votos em branco, para favorecer a posição de um ou mais candidatos ou de determinada legenda partidária.

---

[46] GOMES, Suzana de Camargo. *Crimes eleitorais.* 3. ed. rev., atual. e ampl. São Paulo: RT, 2008, p. 298.

Procurou-se conter a defraudação de mapas, que se vinha alastrando de um para outro pleito, com a exigência feita, também acompanhada do corretivo penal, da expedição de boletim eleitoral após a apuração de cada urna, com obrigatória entrega de vias a representantes partidários. E não apenas isso, como ainda assegurando prevalência ao boletim, na hipótese de divergência deste com o mapa de apuração".[47]

Quando ao momento em que o crime de "mapismo" tem cabimento, a doutrina de Vinicius Cordeiro e Anderson Claudino da Silva sustenta que poderá ocorrer "na consignação do resultado para um rascunho; do rascunho para o boletim oficial, e a fraude poderia ocorrer antes, na contagem dos votos, e na digitação dos resultados do boletim para a totalização do Tribunal, totalizando 4 momentos de oportunidade de fraude".[48]

Oportuno salientar a inaplicabilidade do art. 315 na hipótese da realização da conduta através do sistema eletrônico de votação, cuja adequação típica está com o art. 72, inciso I, da Lei nº 9.504/97, o qual recebeu trato legislativo muito mais severo pelo legislador – reclusão de cinco a dez anos.

• *Sujeito ativo:* Qualquer pessoa pode revestir a qualidade de sujeito ativo no delito entabulado neste art. 315, sobretudo os membros da Junta Eleitoral ou turma, responsáveis pela apuração. Consiste em crime comum.

• *Sujeito passivo:* Na espécie, o sujeito passivo imediato (primário ou principal) do delito é o candidato prejudicado com o ato. O sujeito passivo mediato (secundário) é o próprio Estado.

• *Consumação:* Consiste em crime de natureza formal, que se consuma com a realização da conduta descrita na norma, independetemente da produção do resultado danoso ao partido ou cadidato.

• *Tentativa:* Admite-se a forma tentada.

Jurisprudência pertinente

"PROCESSO CRIMINAL. MATÉRIA ELEITORAL. ELEIÇÕES DE 15.11.82. DENUNCIANTE: MINISTÉRIO PÚBLICO ELEITORAL. RÉU. JUIZ DE DIREITO, PRESIDENTE DE JUNTA APURADORA. CO-RÉU. SECRETÁRIO DE JUNTA APURADORA QUE DELINQÜIU A MANDO DO MESMO MAGISTRADO. DELITO: ALTERAÇÃO DOLOSA DE BOLETINS DE APURAÇÃO. AMBOS APENADOS COM RECLUSÃO (ART. 315 DO CÓDIGO ELEITORAL E NORMAS SUPLEMENTARES DO CÓDIGO PENAL). ATINGIDO O MAGISTRADO, AINDA, COM A PERDA DO CARGO, PARA FINS CONSEQÜÊNCIAIS E REMANESCENTES". (TRE-MG, Processo nº 7/91, Acórdão nº 1, Relator José Nepomuceno da Silva)

---

[47] RIBEIRO, Fávila. *Direito eleitoral.* 5ª ed. Rio de Janeiro: Forense, 1998, p. 632.

[48] CORDEIRO, Vinicius; SILVA, Anderson Claudino da. *Crimes Eleitorais e seu Processo.* Rio de Janeiro: Forense, 2006, p. 142.

5.4. Omitir nas atas, não receber ou deixar de remeter à instância superior registros de protestos formulados

Art. 316. Não receber ou não mencionar nas atas da eleição ou da apuração os protestos devidamente formulados ou deixar de remetê-los à instância superior:

Pena – reclusão até cinco anos e pagamento de 5 a 15 dias-multa.

Comentários descomplicados

• *Objeto jurídico:* Garantia da higidez do processo eleitoral, assim como a proteção ao direito fiscalizatório do sufrágio.

• *Conduta típica:* O diploma eleitoral disponibiliza aos partidos políticos a nomeação de 2 (dois) delegados em cada município e 2 (dois) fiscais junto a cada mesa receptora, funcionando um de cada vez, para o fim de fiscalizar a votação, formular protestos e fazer impugnações, inclusive sobre a identidade do eleitor, tarefa que poderá ser realizada, inclusive, pelos próprios candidatos registrados (arts. 131 e 132).

Segundo o magistério de Vinicius Cordeiro e Anderson Claudino da Silva, "quem tem a atribuição legal de receber as impugnações formuladas por candidatos, fiscais de partidos, ou seus advogados devidamente constituídos são o Presidente e o Secretário da Mesa Receptora, bem como os da Junta Apuradora, que também tem por dever redigir, ou melhor, preencher a ata, na qual devem constar os principais incidentes ocorridos durante o processo de votação, quanto mais a existência de impugnações ou protestos".[49]

Não receber ou não mencionar nas atas da eleição ou da apuração os protestos devidamente formulados ou deixar de remetê-los à instância superior configura o crime do artigo 316, cuja pena é de reclusão de até cinco anos e pagamento de 5 a 15 dias-multa.[50]

Importa mencionar que "o crime pode acontecer em diversos momentos: na abertura da votação; no transcorrer dessa, ante a ocorrência de alguma irregularidade; na lavratura da ata de votação, no término desta, e na apuração, quando do registro da respectiva ata. Deve-se registrar o recebimento de impugnações ou protestos, e no caso de impugnação verbal, permitida pelo Código, e reduzi-la a termo".[51]

---

[49] CORDEIRO, Vinicius; SILVA, Anderson Claudino da. *Crimes Eleitorais e seu Processo*. Rio de Janeiro: Forense, 2006, p. 143.

[50] O preceito incriminador do art. 316 do Código Eleitoral têm amparo, ainda, no art. 70 da Lei nº 9.504/97 (Lei das Eleições), *in verbis*: "Art. 70. O Presidente de Junta Eleitoral que deixar de receber ou de mencionar em ata os protestos recebidos, ou ainda, impedir o exercício de fiscalização, pelos partidos ou coligações, deverá ser imediatamente afastado, além de responder pelos crimes previstos na Lei nº 4.737, de 15 de julho de 1965 – Código Eleitoral".

[51] CORDEIRO, Vinicius; SILVA, Anderson Claudino da. *Crimes Eleitorais e seu Processo*. Rio de Janeiro: Forense, 2006, p. 143.

• *Sujeito ativo:* Hipótese de crime próprio, praticável somente por aqueles que têm o dever legal de receber as imprugnações formuladas.

• *Sujeito passivo:* O autor da impugnação negligenciada é o sujeito passivo imediato (primário ou principal); o mediato (secundário) é o Estado.

• *Consumação:* O delito do art. 316, por sua natureza formal, consuma-se com a simples omissão retratada no tipo.

• *Tentativa:* Considerada a natureza omissiva do crime, não há como conceber a forma tentada.

5.5. Violar ou tentar violar o sigilo dos votos

Art. 317. Violar ou tentar violar o sigilo da urna ou dos invólucros.

Pena – reclusão de três a cinco anos.

Comentários descomplicados

• *Objeto jurídico:* O resguardo do livre exercício do voto, bem assim do sigilo que este reclama.

• *Conduta típica:* O Código Eleitoral prescreve em seus artigos 165 e 166 os comandos pelos quais as Juntas Apuradoras deverão pautar-se quando da ocasião da abertura da urna. Somente dessa forma admitir-se-á a prática do ato, configurando crime do artigo 317, punível com pena de reclusão de três a cinco anos o desrespeito a tais mandamentos.

Há que se atentar para o fato de que este dispositivo incrimina a violação ou tentativa de violação do *sigilo da urna ou dos invólucros,* o que não se confunde com a violação do sigilo do voto. Em vista disso, o estado consumativo do ilícito é alcançado com a simples violação, independentemente de o violador haver manejado ou tomado conhecimento do conteúdo do material ali constante. Poderá ocorrer desde o dia em que a votação se realizar até o momento posterior ao seu término, quando da ocasião da incineração das cédulas, promovida sessenta dias após o trânsito em julgado da diplomação de todos os candidatos, ou reciclagem industrial destas em proveito do ensino público de primeiro grau ou de instituições beneficentes, tomadas as medidas necessárias à garantia do sigilo (art. 185 do Código Eleitoral).

Importa referir, também, que a mencionada violação do sigilo, por óbvio, diz respeito à urna convencional. O método eletrônico tem sua violação incriminada no art. 72 da Lei nº 9.504/97, cujas sanções são ainda mais severas, podendo variar entre cinco a dez anos de reclusão.

• *Sujeito ativo:* Qualquer pessoa poderá ser o sujeito ativo do crime, na medida em que o crime reveste a natureza comum.

• *Sujeito passivo:* Na espécie, o sujeito passivo imediato (primário ou principal) do delito é o eleitor. O sujeito passivo mediato (secundário) é o próprio Estado.

• *Consumação:* O estado consumativo do ilícito é alcançado com a mera violação, independentemente de o violador haver manejado ou tomado conhecimento do conteúdo do material ali constante.

• *Tentativa:* Por expressa disposição legal, admite-se a forma tentada.

5.6. Efetuar a contagem dos votos da urna quando qualquer eleitor houver votado sob impugnação

Art. 318. Efetuar a mesa receptora a contagem dos votos da urna quando qualquer eleitor houver votado sob impugnação (art. 190):

Pena – detenção até um mês ou pagamento de 30 a 60 dias-multa.

Comentários descomplicados

• *Objeto jurídico:* A higidez da administração eleitoral e dos serviços por ela prestados, sobretudo a segurança e o sigilo do voto.

• *Conduta típica:* O art. 190 do Código Eleitoral estabelece que não será efetuada a contagem dos votos pela mesa: *(a)* se esta não se julgar suficientemente garantida (quando não houver a devida segurança para o ato); ou *(b)* se qualquer eleitor houver votado sob impugnação, devendo a mesa, em um ou outro caso, proceder na forma determinada para as demais, das zonas em que a contagem não foi autorizada.

O desrespeito ao comando referido na segunda parte do dispositivo acima mencionado implica ao transgressor as sanções deste artigo 318 do Código Eleitoral, ou seja, o delito configurar-se-á no caso de a mesa receptora efetuar a contagem dos votos da urna quando qualquer eleitor houver votado sob impugnação.

A propósito, colhe-se da doutrina: "Enfrenta o art. 318 o crime comissivo praticado pelo dirigente de mesa receptora, que esteja autorizado para trabalho de contagem de votos, que realiza a abertura de urna apesar de ter havido tempestiva impugnação sobre o exercício de voto por algum eleitor. Prevê a lei que havendo objeção ao recebimento de voto de algum eleitor, deverá a apuração da seção ser deslocada para a autoridade judiciária. De sorte que o crime focalizado decorre do comportamento conflitante a essa regra legal impeditiva. Tornada incompetente a mesa receptora à vista da impugnação durante os trabalhos de votação, fica impedida de realizar a contagem de votos da seção, e se ainda assim o faz enquadra-se, a exata, na espécie em exame".[52]

Segundo observa Vinicius Cordeiro e Anderson Claudino da Silva, "essa norma penal foi construída visando a possibilidade de que a Mesa Receptora pudesse se transformar em Mesa Apuradora, o que é facultado pelo Código Eleitoral (arts. 188 a 196), constituindo o ilícito em frontal descumprimento ao art. 190 do CE.

A título de ilustração, as eleições de 1992 no Município do Rio de Janeiro adotaram esse sistema, com fundamento na Lei nº 8.214/91, não mais repetido, sobretudo pela dificuldade de fiscalização e despreparo dos integrantes das Mesas. E que somente poderia ocorrer com o voto convencional, repita-se".[53]

Nada obstante, importa referir que, no contexto atual de modernização do voto, mediante o emprego da urna eletrônica para o exercício do sufrágio, ora estudado passou a ser de difícil configuração.

• *Sujeito ativo:* Na espécie, exige-se do agente criminoso a qualidade específica de integrante da mesa receptora, possuindo caráter de crime próprio.

• *Sujeito passivo:* O sujeito passivo do ilícito é o Estado.

• *Consumação:* Hipótese de crime formal, cuja consumação é atingida independentemente da produção de um resultado naturalístico, a saber, a ocorrência de abstenção do sufrágio ou de sua realização forçada.

• *Tentativa:* Admite-se a forma tentada.

---

[52] RIBEIRO, Fávila. *Direito eleitoral.* 5. ed. Rio de Janeiro: Forense, 1998, p. 604.

[53] CORDEIRO, Vinicius; SILVA, Anderson Claudino da. *Crimes Eleitorais e seu Processo.* Rio de Janeiro: Forense, 2006, p. 144-145.

6. Dos crimes contra a administração da justiça eleitoral

6.1. Deixar, o funcionário postal, de dar prioridade postal aos partidos políticos durante os 60 (sessenta) dias anteriores à realização das eleições, para remessa de material de propaganda de seus candidatos registrados

Art. 338. Não assegurar o funcionário postal a prioridade prevista no Art. 239:

Pena – Pagamento de 30 a 60 dias-multa.

Comentários descomplicados

• *Objeto jurídico:* Proteção à igualdade de condições entre os partidos políticos no respeitante à promoção da propaganda eleitoral.

• *Conduta típica:* Segundo o comando contido no art. 239 do Código Eleitoral, aos partidos políticos é assegurada a prioridade postal durante os 60 (sessenta) dias anteriores à realização das eleições, para remessa de material de propaganda de seus candidatos registrados.

Não assegurar o funcionário postal essa prioridade, poderá constituir crime deste art. 338, punível com pagamento de 30 a 60 dias-multa. No entanto, importante atentar para o fato de que a conduta somente será considerada criminosa acaso venha a ser cometida durante os sessenta dias anteriores à realização das eleições.

• *Sujeito ativo:* Na realidade experimentada atualmente, o sujeito ativo do delito é o empregado público da Empresa Brasileira de Correios e Telégrafos – ECT –, eis que incumbida dos serviços postais em âmbito nacional (art. 21, inciso X, da CF/88). Na dicção de Suzana de Camargo Gomes, "não comete esse crime, exclusivamente, o funcionário da empresa de Correios e Telégrafos, mas, também, aqueles que prestam serviços junto às empresas que executam os serviços de endereçamento postal, mediante delegação".[54]

---

[54] GOMES, Suzana de Camargo. *Crimes eleitorais.* 3. ed. rev., atual. e ampl. São Paulo: Revista dos Tribunais, 2008, p. 150.

Exige-se do agente criminoso, portanto, uma qualidade específica, a saber, que esteja investido das funções postais, o que faz do crime constante do art. 338 do Código Eleitoral hipótese de crime próprio.

• *Sujeito passivo:* Na espécie, o sujeito passivo imediato (primário ou principal) do delito é o detentor da garantia legal violada, qual seja, o partido político. O sujeito passivo mediato (secundário) é o Estado.

• *Consumação:* Consiste em crime omissivo, ou seja, consuma-se com a mera inobservância da prioridade constante do artigo 239 do diploma eleitoral.

• *Tentativa:* Diante da natureza omissiva da infração, inadmite-se a forma tentada.

6.2. Destruir, suprimir ou ocultar urna

Art. 339. Destruir, suprimir ou ocultar urna contendo votos, ou documentos relativos à eleição:

Pena – reclusão de dois a seis anos e pagamento de 5 a 15 dias-multa.

Parágrafo único. Se o agente é membro ou funcionário da Justiça Eleitoral e comete o crime prevalecendo-se do cargo, a pena é agravada.

Comentários descomplicados

• *Objeto jurídico:* Proteção ao livre exercício do voto e o sigilo que este demanda.

• *Conduta típica:* Constitui crime punível com pena de reclusão de dois a seis anos, além de pagamento de 5 a 15 dias-multa – passível de exasperação se porventura o agente trata-se de membro ou funcionário da Justiça Eleitoral e cometer o crime prevalecendo-se do cargo –, a conduta de destruir (quebrar, danificar, inutilizar), suprimir (subtrair, retirar) ou ocultar (esconder, encobrir, sonegar) urna contendo votos – inclusive urna eletrônica –, ou documentos relativos à eleição. Conforme anota a doutrina, "a preservação da urna e documentos relativos à eleição, mais do que importante é absolutamente necessária para apuração da vontade popular. Tal o cuidado dispensado que o legislador pune criminalmente aquele que venha a praticar atos que prejudiquem sua integridade, bem como todos os documentos relativos à eleição".[55] No entanto, impõe consignar que o vocábulo "documentos relativos à eleição" não compreende quaisquer espécies de documentos, mas tão somente aqueles que dizem respeito à segunda

---

[55] FELTRIN, Sebastião Oscar. *14. Eleitoral*. In: FRANCO, Alberto Silva, e STOCO, Rui (coords.) Leis Penais Especiais e sua Interpretação Judicial. 7. ed., São Paulo: RT, 2001, p. 1661.

fase do processo eleitoral,[56] como, a título de exemplo, a ficha de eleitores, a ata de eleição, as cédulas e boletins de urna.

Sublinhe-se que as condutas descritas no tipo devem ser realizadas, necessariamente, visando a causar dano (prejuízo) eleitoral, sob pena de subsunção do fato aos crimes de furto e dano, ambos previstos, respectivamente, nos artigos 155 e 163 do Código Penal, cuja competência recai sobre a Justiça Comum.

• *Sujeito ativo:* Consiste em crime comum, ou seja, praticável por qualquer pessoa.

• *Sujeito passivo:* O Estado.

• *Consumação:* O estado consumativo é alcançado com a efetiva destruição, supressão ou ocultação de urna contendo votos, ou documentos relativos à eleição. Trata-se de crime formal, sendo desnecessário qualquer outro resultado além daquele referido no tipo.

• *Tentativa:* Admite-se a forma tentada, vez que a execução é passível de interrupção por circunstâncias alheiais à vontade do agente.

Jurisprudência pertinente

"INQUÉRITO POLICIAL. APURAÇÃO DE FATOS SUPOSTAMENTE TIPIFICADOS NO ART. 339 DO CÓDIGO ELEITORAL. INEXISTÊNCIA DE INDÍCIOS OU PROVAS DA MATERIALIDADE DE DELITO DE NATUREZA ELEITORAL. ARQUIVAMENTO. DECISÃO UNÂNIME". (TRE-AL, Acórdão nº 5871, Rel. Francisco Malaquias de Almeida Júnior)

"Recurso Criminal. Destruição de urna eletrônica. Art. 339 do CE. Confissão de autoria. Reparação do dano. Redução de pena e de pagamento de multa. Substituição da pena de reclusão. Art. 44, § 2º, 2ª parte do Código Penal. Provimento parcial. Dá-se provimento parcial a recurso, a fim de minorar a sanção cominada para 02 anos e meio de reclusão e 10 dias-multa e, em seguida, substituí-las pelas penas restritivas de direito consistentes em prestação de serviços à comunidade e limitação de fim de semana ao recorrente". (TRE-BA, RC nº 293, Acórdão nº 14, Rel. Antonio Cunha Cavalcanti)

"ELEITORAL. RECURSOS CRIMINAIS. INFRAÇÃO AOS ARTS. 250, § 1º, II, "B", DO CÓDIGO PENAL, E 339 DO CÓDIGO ELEITORAL. MATERIALIDADE SUFICIENTEMENTE PROVADA. DETERMINAÇÃO DA AUTORIA ENTRE OS DENUNCIADOS. CONCURSO FORMAL IMPERFEITO. APLICAÇÃO CUMULATIVA DAS PENAS. PROVIMENTO PARCIAL. 1 – Preliminar de nulidade da sentença por ausência de individualização da pena. É válida a sentença de Primeiro Grau que fundamentou genericamente a fixação da pena base no mínimo legal, ante a possibilidade de que a individualização venha a exarcerbar a sanção, causando maiores prejuízos aos condenados. 2 – Mérito configurada a materialidade e determinada, entre os denunciados, a autoria dos delitos praticados em concurso formal imperfeito, reforma-se parcialmente a sentença recorrida para aplicar aos autores comprovados, cumulativamente, as penas dos crimes descritos na inicial". (TRE-BA, RC nº 228, Acórdão nº 113, Rel. Waldemar Ferreira Martinez)

---

[56] FELTRIN, Sebastião Oscar. *14. Eleitoral*. In: FRANCO, Alberto Silva, e STOCO, Rui (coords.) Leis Penais Especiais e sua Interpretação Judicial. 7ª ed., São Paulo: RT, 2001, p. 1661.

"RECURSO CRIMINAL. ELEIÇÕES DE 1994. PRÁTICA DO CRIME PREVISTO NO ART. 339 DO CÓDIGO: DESTRUIÇÃO DE URNA ELEITORAL. DECISÃO DE PRIMEIRA INSTANCIA QUE, JULGANDO PARCIALMENTE PROCEDENTE A DENÚNCIA OFERECIDA, EXCLUIU DA CONDENAÇÃO UM DOS ACUSADOS, POR AUSÊNCIA DE PROVA DE SUA PARTICIPAÇÃO. 1- Preliminar: e de três dias o prazo para interposição de recursos em materia eleitoral. Impõe-se, portanto, o não-conhecimento da manifestação de inconformidade serodiamente apresentada. 2- Mérito: relativamente ao elemento excluído da condenação pelo douto magistrado 'a quo', a existência de indícios de sua participação no ilícito apurado mostra-se insuficiente para, *de per si*, provocar a aplicação de sanção criminal, uma vez que, comprovadamente, em nenhum momento esteve ele presente no interior da seção eleitoral cuja urna fora destruida. 3- Recurso desprovido. Maioria de votos". (TRE-MG, Recurso Ordinario nº 3A/97, Acórdão nº 236, Rel. ANTÔNIO FRANCISCO PEREIRA)

6.3. Produzir ou utilizar, indevidamente, materiais de uso exclusivo da Justiça Eleitoral

Art. 340. Fabricar, mandar fabricar, adquirir, fornecer, ainda que gratuitamente, subtrair ou guardar urnas, objetos, mapas, cédulas ou papéis de uso exclusivo da Justiça Eleitoral:
Pena – reclusão até três anos e pagamento de 3 a 15 dias-multa.
Parágrafo único. Se o agente é membro ou funcionário da Justiça Eleitoral e comete o crime prevalecendo-se do cargo, a pena é agravada.

Comentários descomplicados

• *Objeto jurídico:* Proteção à autenticidade dos documentos e materiais de uso exclusivo da Justiça Eleitoral.

• *Conduta típica:* Por força deste artigo 340 do Código Eleitoral, constitui crime fabricar, mandar fabricar, adquirir, fornecer, ainda que gratuitamente, subtrair ou guardar urnas, objetos, mapas, cédulas ou papéis de uso exclusivo da Justiça Eleitoral.

Note-se que o objeto do ilícito deverá ser de uso exclusivo da Justiça Eleitoral, sendo atípica a conduta daquele que pratica qualquer dos verbos envolvendo materiais de uso compartilhado por outros órgãos públicos. Isso porque, conforme adverte a doutrina de Paulo Fernando dos Santos, "a finalidade do legislador é exatamente resguardar a lisura das eleições, que depende de uma guarda eficiente de todo o material necessário para a sua realização".[57] Ainda quanto ao objeto, cumpre esclarecer para o fato de que, para fins do disposto neste dispositivo, os materiais evolvidos deverão possui origem lícita, sob pena de a conduta subsumir-se ao tipo descrito no artigo 354 do CE.

Igualmente digna de atenção, é a previsão constante do parágrafo único deste dispositivo, o qual prevê o agravamento da pena do agente eventualmente incurso nas sanções do ilícito, se porventura se tratar de membro ou funcionário da Justiça Eleitoral e cometer o crime prevalecendo-se do cargo.

---

[57] SANTOS, Paulo Fernando dos. *Crimes Eleitorais – Comentados*. São Paulo: Leud, 2008, p. 128.

• *Sujeito ativo:* Consiste em crime comum, ou seja, praticável por qualquer pessoa. No entanto, exige-se do agente a qualidade especial de funcionário da Justiça Eleitoral para fins da exasperação mencionada no parágrafo único do dispositivo. Neste último caso, trata-se de hipótese de crime próprio.

• *Sujeito passivo:* O Estado.

• *Consumação:* Consiste em crime formal ou de mera conduta, cuja consumação é atingida com a realização de qualquer das condutas previstas no dispositivo, prescindindo da ocorrência de qualquer dano à Justiça Eleitoral.

• *Tentativa:* Admite-se a forma tentada.

Jurisprudência pertinente:

"SENTENÇA JUDICIAL QUE ABSOLVEU O RECORRIDO, NOS TERMOS DO ARTIGO 386, II DO CPP, DAS PENAS DO ARTIGO 340 DO CÓDIGO ELEITORAL. ORIGEM: PROCESSO Nº 102/97. – Inexistente o crime tipificado no art. 340 do Código Eleitoral. – No caso em exame, ficou constatada a atipicidade comportamental *ex vi* do artigo 386, inciso III do CPP. – Negado provimento ao Recurso. Decisão unânime." (TRE-RJ, RC nº 60, Acórdão nº 21.920, Rel. Márcio Aloisio Pacheco de Mello)

"RECURSO CRIMINAL ELEITORAL. CONCURSO MATERIAL DE CRIMES. ART. 69 DO CÓDIGO PENAL. NOVA DEFINIÇÃO JURÍDICA DOS FATOS. NULIDADE DA SENTENÇA. INOCORRÊNCIA. RECEBIMENTO E GUARDA DE FORMULÁRIOS DE ALISTAMENTO ELEITORAL. INTERMEDIAÇÃO DE TRANSFERÊNCIA FRAUDULENTA DE TÍTULO ELEITORAL. TIPICIDADE DAS CONDUTAS. CONCURSO DE PESSOAS. REQUISITOS PRESENTES. OCORRÊNCIA. PROVAS MATERIAL E PESSOAL DOS FATOS ALEGADOS NA DENÚNCIA. CONDENAÇÃO MANTIDA. APENAÇÃO NA MEDIDA DA CULPABILIDADE. PEDIDO DE REDUÇÃO AO MÍNIMO LEGAL. IMPOSSIBILIDADE MANTIDA. SUSPENSÃO CONDICIONAL DO CUMPRIMENTO DA PENA. REQUISITOS AUSENTES. NEGADA. CUMPRIMENTO ALTERNATIVO EM REGIME DE PRISÃO ALBERGUE DOMICILIAR. POSSIBILIDADE. EXAME DO PEDIDO PELO JUÍZO DA EXECUCÃO. TRANSFERÊNCIA FRAUDULENTA DE TÍTULO ELEITORAL. ENQUADRAMENTO NO CONCEITO DO ART. 289 DO CÓDIGO ELEITORAL. CONDUTA TÍPICA. PRELIMINAR REJEITADA. RECURSOS IMPROVIDOS. 1. Não ha falar em nova definição jurídica dos fatos quando o juiz reconhece, na sentença, o concurso material de crimes de que trata o art. 69 do Código Penal. 2. Comete os crimes dos artigos 340 e 290, do Código Eleitoral, o agente que recebe e guarda formulários de alistamento eleitoral e depois intermedeia, fraudulentamente, a transferência de títulos eleitorais. 3. Ocorre concurso de pessoas se um dos réus entrega formulários de alistamento eleitoral para outros, que deles fazem uso para fins ilicítos. 4. Se a pena aplicada e necessária e suficiente para reprimenda, na justa medida da culpabilidade do réu, não se defere o pedido de redução ao mínimo legal. 5. Descabe a suspensão condicional da pena se ausentes os requisitos autorizadores. 6. O pedido alternativo de cumprimento da reprimenda no regime de prisão albergue domiciliar não pode ser deferida em sede de recurso. Exame deferido ao juízo da execução. 7. Tanto se inscreve eleitor em determinada zona a pessoa que faz a sua primeira inscrição como aquela que transfere o seu título". (TRE-MS, Recurso Ordinario nº 1/95, Acórdão nº 2336, Rel. Jean Marcos Ferreira)

6.4. Retardar ou não publicar atos da Justiça Eleitoral

Art. 341. Retardar a publicação ou não publicar, o diretor ou qualquer outro funcionário de órgão oficial federal, estadual, ou municipal, as decisões, citações ou intimações da Justiça Eleitoral:

Pena – detenção até um mês ou pagamento de 30 a 60 dias-multa.

Comentários descomplicados

• *Objeto jurídico:* O dispositivo penal eleitoral busca proteger o processo e a regularidade dos serviços prestados pela Justiça Eleitoral.

• *Conduta típica:* O artigo 341 capitula como crime eleitoral, punível com pena de detenção de até um mês ou pagamento de 30 a 60 dias-multa, a conduta de retardar a publicação ou não publicar, o diretor ou qualquer outro funcionário de órgão oficial federal, estadual, ou municipal, as decisões, citações ou intimações da Justiça Eleitoral. Conforme explicado alhures, dentre os órgãos que compõem o Poder Judiciário encontra-se a Justiça Eleitoral. Segundo dispõe o art. 12 do diploma eleitoral (Lei nº 4.737/65), a Justiça Eleitoral está estruturada da seguinte forma: I – O Tribunal Superior Eleitoral, com sede na Capital da República e jurisdição em todo o País; II – um Tribunal Regional, na Capital de cada Estado, no Distrito Federal e, mediante proposta do Tribunal Superior, na Capital de Território; III – juntas eleitorais; e IV – juízes eleitorais.

Como é consabido, dentre os diversos atos resultantes do exercício da atividade jurisdicional, indiscutivelmente manifestam maior proeminência as citações, intimações e decisões.

Segundo dispõe o art. 213 do Código de Processo Civil, a citação é o ato pelo qual se chama a juízo o réu ou o interessado a fim de se defender. Somente a partir desse ato processual que a relação angular entre as partes é estabelecida, e o processo efetivamente é formado, dando-se prosseguimento às demais fases que o sucedem. Conquanto absolutamente distintos, não raras vezes esse instituto processual é confundido com o ato de intimação. Se por um lado aquele consiste no ato pelo qual se chama a juízo o réu ou interessado a fim de se defender, por outro a intimação trata-se de ato posterior, pelo qual se dá ciência a alguém dos atos e termos do processo, para que faça ou deixe de fazer alguma coisa (art. 234 do CPC).

Diametralmente oposto, temos o ato da decisão judicial. Consiste no ato do juiz pelo qual este põe fim ao processo, com ou sem o julgamento do mérito da causa, ou, se interlocutória, resolve questão incidente no curso do processo.

Os comandos contidos nestes atos somente produzirão efeito no mundo jurídico com sua efetiva publicação no órgão oficial, momento em que de rigor as partes ficam obrigadas.

• *Sujeito ativo:* O sujeito ativo do delito é o diretor ou funcionário de órgão oficial federal, estadual, ou municipal, responsável pela publicação das decisões, citações ou intimações da Justiça Eleitoral. Trata-se de hipótese de crime próprio.

• *Sujeito passivo:* O Estado.

• *Consumação:* O estado consumativo é atingido a partir do momento em que escoa o prazo legal para a realização da prublicação do ato.

• *Tentativa:* Admite-se a forma tentada.

6.5. Deixar de apresentar denúncia ou de promover a execução de sentença

Art. 342. Não apresentar o órgão do Ministério Público, no prazo legal, denúncia ou deixar de promover a execução de sentença condenatória:

Pena – detenção até dois meses ou pagamento de 60 a 90 dias-multa.

Comentários descomplicados

• *Objeto jurídico:* Salvaguarda do regular andamento do processo eleitoral.

• *Conduta típica:* O art. 357 do Código Eleitoral, inserto no capítulo atinente ao processo das infrações, dispõe que, verificada a ocorrência infração penal pelo Ministério Público, este oferecerá a denúncia dentro do prazo de 10 (dez) dias, sob pena de responsabilização penal em vitude da omissão. O delito descrito neste artigo 342 consiste em faltar o representante do *Parquet* com a obrigação de oferecer a denúncia – ou promover a execução de sentença condenatória – no prazo legal, forte no princípio processual penal da obrigatoriedade da promoção da ação penal pública. Nos dizeres de Fávila Ribeiro, "está o princípio da obrigatoriedade consagrado em toda plenitude no processo penal eleitoral, em se haver reservado ao Ministério Público a condição de único titular da ação penal. Isso resulta do disposto no art. 355 do Código Eleitoral, no sentido de serem as infrações eleitorais de natureza pública.

Ficou com o próprio Estado, representado pelo Ministério Público, a responsabilidade pela persecução criminal em matéria eleitoral.

O caráter público afasta a possibilidade em que haja a participação de terceiros como auxiliares da acusação, nem eleitores, nem candidatos e nem mesmo os partidos políticos. É uma atividade a ser cumprida apenas pelo Ministério Público. Torna-se, assim, uma atividade eminentemente oficial".[58]

Nunca é demais lembrar que a inércia do representante do órgão ministerial dá azo ao oferecimento de ação penal privada subsidiária da pública, em conformidade com o comando contido no artigo 5°, inciso LIX, da Carta Política.

---

[58] RIBEIRO, Fávila. *Direito eleitoral.* 5. ed. Rio de Janeiro: Forense, 1998, p. 707.

• **Sujeito ativo:** O sujeito ativo do delito é o representante do Ministério Público. Observa-se, portanto, exige-se do agente criminoso uma qualidade específica, a saber, que esteja na condição de representante do órgão ministerial incumbido das atribuições eleitorais. Trata-se de hipótese de crime próprio.

• **Sujeito passivo:** O Estado.

• **Consumação:** Consiste em crime omissivo, cuja consumação é atingida com o descumprimento da norma congente entabulada no *caput* do artigo 357 do Código Eleitoral.

• **Tentativa:** Diante da natureza omissiva do ilícito, incabível a forma tentada.

6.6. Descumprir o juiz o disposto no § 3º do Art. 357 desta lei

Art. 343. Não cumprir o juiz o disposto no § 3º do Art. 357:

Pena – detenção até dois meses ou pagamento de 60 a 90 dias-multa.

Comentários descomplicados

• **Objeto jurídico:** Salvaguarda do regular andamento do processo eleitoral.

• **Conduta típica:** Identicamente ao afirmado acima, o art. 357 do Código Eleitoral, inserto no capítulo atinente ao processo das infrações, dispõe que, verificada a ocorrência infração penal pelo Ministério Público, este oferecerá a denúncia dentro do prazo de 10 (dez) dias, sob pena de responsabilização penal em vitude da omissão. Se por um lado o delito descrito no artigo 342 do C.E. pune a conduta do representante do órgão ministerial que falta com a obrigação de oferecer a denúncia no prazo legal, forte no princípio processual penal da obrigatoriedade da promoção da ação penal pública, por outro o crime deste artigo 343 consiste em deixar a autoridade judiciária competente de promover a representação contra o membro do *Parquet* que descumpriu as regras ditas acima.

• **Sujeito ativo:** O sujeito ativo do delito é a autoridade judiciária. Observa-se, portanto, exige-se do agente criminoso uma qualidade específica, a saber, que esteja na condição de juiz investido de jurisdição eleitoral. Trata-se de hipótese de crime próprio.

• **Sujeito passivo:** O Estado.

• **Consumação:** Consiste em crime omissivo, cuja consumação é atingida com o descumprimento da norma congente entabulada no § 3º do artigo 357 do Código Eleitoral.

• **Tentativa:** Diante da natureza omissiva do ilícito, incabível a forma tentada.

6.7. Recusar ou abandonar o serviço eleitoral

Art. 344. Recusar ou abandonar o serviço eleitoral sem justa causa:
Pena – detenção até dois meses ou pagamento de 90 a 120 dias-multa.

Comentários descomplicados

• *Objeto jurídico:* O livre exercício do voto, bem como a higidez dos serviços eleitorais.

• *Conduta típica:* O regramento proibitivo deste artigo 344 consiste em recusar ou abandonar o serviço eleitoral sem que o agente possua um motivo justificável. Trata-se de norma que atinge tão somente aqueles cidadãos recrutados anualmente para compor as juntas eleitorais as quais aludem os artigos 36 a 40 do Código Eleitoral.

Conforme dito alhures, à Justiça Eleitoral não foi conferida um quadro próprio de membros (juízes) para atender as atribuições que lhe foram acometidas por lei. Nada obstante isso, é certo que dispõe de funcionários concursados para atender às atividades administrativas do próprio órgão, podendo, outrossim, requisitar servidores de outras repartições a fim de auxiliar em casos de necessidade. Nestes últimos casos, eventuais faltas para com os serviços eleitorais poderão constituir faltas disciplinares, as quais deverão ser apuradas conforme dispõe o estatuto da respectiva classe.

Sublinhe-se que a conduta do agente porventura incidente no ilítico somente é punível quando estiver despida de justa causa. Dessa forma, não subsume ao tipo a conduta daquele que, convocado para compor a mesa receptora de votos, deixar de comparecer em virtude de doença própria, falecimento de algum parente ou, conforme o caso, de moléstia de integrante da família. Nada impede, no entanto, a aplicação a sanção administrativa constante do artigo 124 do *Codex* eleitoral, acaso reste reconhecida a atipicidade do crime previsto neste artigo 344.

• *Sujeito ativo:* Trata-se de crime comum, ou seja, praticável por qualquer pessoa, desde que tenha sido incumbida de prestar serviços à Justiça Eleitoral qualquer que seja a natureza.

• *Sujeito passivo:* O Estado.

• *Consumação:* O estado consumativo é alcançado com a efetiva recusa ou abandono, sem justa causa, dos serviços eleitorais ao agente porventura incumbos. Trata-se de crime formal, sendo desnecessário qualquer outro resultado além daquele referido no tipo.

• *Tentativa:* Em via de princípio, admite-se a forma tentada, embora de difícil ocorrência na prática.

Jurisprudência pertinente

"*HABEAS CORPUS.* CONDENAÇÃO TRANSITADA EM JULGADO. CRIME PREVISTO NO ART. 344 DO CÓDIGO ELEITORAL. NÃO COMPARECIMENTO DO MESÁRIO CON-

VOCADO. MODALIDADE ESPECIAL DO CRIME DE DESOBEDIÊNCIA. PREVISÃO DE SANÇÃO ADMINISTRATIVA. ART. 124 DO CÓDIGO ELEITORAL. AUSÊNCIA DE RESSALVA DE CUMULAÇÃO COM SANÇÃO PENAL. ORDEM CONCEDIDA. 1. O Supremo Tribunal Federal tem reconhecido, nos casos em que a decisão condenatória transitou em julgado, a excepcionalidade de manejo do habeas corpus, quando se busca o exame de nulidade ou de questão de direito, que independe da análise do conjunto fático-probatório. Precedentes. 2. O não comparecimento de mesário no dia da votação não configura o crime estabelecido no art. 344 do CE, pois prevista punição administrativa no art. 124 do referido diploma, o qual não contém ressalva quanto à possibilidade de cumulação com sanção de natureza penal. 3. Ordem concedida". (TSE, Habeas Corpus nº 638, Rel. Min. Marcelo Henriques Ribeiro de Oliveira)

"RECUROS ELEITORAL. ABANDONO DO SERVIÇO ELEITORAL. JUSTIFICATIVA TARDIA. APLICAÇÃO DE MULTA. ART. 124. § 4º, DO CÓDIGO ELEITORAL. POSSIBILIDADE DE COEXISTÊNCIA COM CRIME PREVISTO NO ART. 344, DO CÓDIGO ELEITORAL. 1- As justificativas da recorrente, além de terem sido ofertadas fora do prazo estabelecido, não têm apoio em qualquer elemento de prova, impondo-se a aplicação da multa prevista no art. 124, § 4º, do Código Eleitoral. 2- A imposição da sanção administrativa prevista no art. 124, do Código Eleitoral, não impede que o agente responda também pelo crime eleitoral tipificado no art. 344, no mesmo diploma, até porque as esferas administrativa e criminal são independentes entre si e, por definirem requisitos e penalidades diferentes, não configuram bis in idem. 3- Recurso Eleitoral conhecido e desprovido". (TRE-GO, Recurso Eleitoral nº 3529, Acórdão nº 3529, Rel. Elizabeth Maria da Silva)

"FEITO ADMINISTRATIVO. ELEIÇÕES (2002). MAGISTRADOS. TRABALHOS ELEITORAIS. TRIBUNAL. SECRETARIA DE INFORMÁTICA. COMISSÃO APURADORA. TOTALIZAÇÃO E APURAÇÃO. CONTATOS. DIFICULDADES. – A ausência para alimentação ou a saída do juiz eleitoral para supervisionar o andamento da votação não caracteriza o tipo penal de recusa ou abandono ao serviço eleitoral (Art. 344 do Código Eleitoral)". (TRE-PE, Feito Administrativo nº 11203, Rel. Antônio de Pádua C. Camarotti Filho)

"RECURSO. FALTA DE COMPARECIMENTO PARA COMPOR MESA RECEPTORA DE VOTOS. Decisão que rejeitou a denúncia, limitando-se à aplicação de multa administrativa à mesária faltosa. Conduta que não se subsume ao tipo penal descrito no art. 344 do Código Eleitoral. Ausência de dolo específico, consistente no propósito de recusa ou abandono do serviço eleitoral sem justa causa. Reduzido, de ofício, o quantum da sanção pecuniária arbitrada ao mínimo legal, para adequar-se à condição econômica da eleitora. Inteligência do artigo 367, inciso I, do Código Eleitoral. Provimento negado". (TRE-RS, Recurso Criminal nº 262007, Rel. Katia Elenise Oliveira da Silva)

"RECURSO – MESÁRIO FALTOSO – AUSÊNCIA DE JUSTIFICATIVA – PRELIMINAR DE NULIDADE DA DECISÃO AFASTADA – INFRAÇÃO ADMINISTRATIVA PREVISTA NO ART. 124 DO CÓDIGO ELEITORAL – CONFIGURAÇÃO – APLICAÇÃO DE MULTA – POSSIBILIDADE, TAMBÉM, DE O AGENTE RESPONDER PELO CRIME DESCRITO NO ART. 344 DO CÓDIGO ELEITORAL – REMESSA DE PEÇAS À AUTORIDADE POLICIAL, PARA INSTAURAÇÃO DE INQUÉRITO – PROVIMENTO. A imposição da sanção administrativa prevista no art. 124 do Código Eleitoral não impede que o agente responda também pelo crime eleitoral tipificado no art. 344 do mesmo diploma. As esferas cível e criminal são independentes entre si e, por definirem requisitos e penalidades diferentes, não configuram bis in idem". (TRE-SC, Recurso Contra Decisoes de Juizes Eleitorais nº 1877, Acórdão nº 21658, Rel. Joao Eduardo Souza Varella)

"RECURSO – MESÁRIO FALTOSO – AUSÊNCIA DE JUSTIFICATIVA – APLICAÇÃO DO ART. 124 DO CÓDIGO ELEITORAL – IMPOSIÇÃO DE MULTA – APURAÇÃO DOS FATOS PARA POSSÍVEL CONFIGURAÇÃO DO CRIME ELEITORAL PREVISTO NO ART. 344 DO CÓDIGO ELEITORAL – POSSIBILIDADE – REMESSA DE PEÇAS À POLÍCIA FEDERAL – PROVIMENTO. A cominação da sanção administrativa prevista no art. 124 do Código Eleitoral não impede seja a conduta também configuradora do tipo penal descrito no art. 344 do mesmo diploma legal, porquanto as esferas cível e criminal são independentes entre si, não havendo entre elas relação de prejudicialidade, até porque definem requisitos e penalidades diferentes". (TRE-SC, Recurso Contra Decisoes de Juizes Eleitorais nº 1876, Acórdão nº 21601, Relator NEWTON VARELLA JÚNIOR)

6.8. Descumprir, juiz ou qualquer funcionário da Justiça Eleitoral, deveres impostos pelo Código Eleitoral

Art. 345. Não cumprir a autoridade judiciária, ou qualquer funcionário dos órgãos da Justiça Eleitoral, nos prazos legais, os deveres impostos por êste Código, se a infração não estiver sujeita a outra penalidade:

Pena – pagamento de trinta a noventa dias-multa.

Comentários descomplicados

• *Objeto jurídico:* Garantia da higidez dos serviços eleitorais, notadamente do exercício jurisdicional dos órgãos desta seara.

• *Conduta típica:* Diante da celeridade que reclama a atividade eleitoral, sobremaneira na época de eleições, a prestação dos serviços eleitorais, notadamente o exercício da tutela jurisdicional de modo satisfatório é requisito essencial para a garantia da cidadania. Bastaria imaginar a extensão dos prejuízos que causaria a atuação extemporânea do juiz investido de jurisdição eleitoral no cenário de disputa partidária, no qual o desrespeito às regras do jogo são quase que diárias.

Nada mais razoável que o legislador tenha previsto sanções àqueles que, acometidos de funções tão nobres, não as prestem dentro do tempo que a lei determina.

• *Sujeito ativo:* O sujeito ativo do delito é o membro (juiz) ou servidor público da Justiça Eleitoral. Observa-se, portanto, exige-se do agente criminoso uma qualidade específica, a saber, que esteja na condição de juiz investido de jurisdição eleitoral ou então que se trate de servidor público de órgão eleitoral. Trata-se de hipótese de crime próprio.

• *Sujeito passivo:* O Estado.

• *Consumação:* Consiste em crime de mera conduta, de natureza omissiva, cuja consumação é atingida com o efetivo descumprimento pelo juiz ou servidor público das obrigações impostas pela legislação eleitoral, no prazo previsto em lei, prescindindo da ocorrência de qualquer dano à parte.

• *Tentativa:* Diante da natureza omissiva da infração, inadmite-se a forma tentada.

6.9. Utilizar, direta ou indiretamente, serviços de repartições públicas ou similares, para beneficiar partido ou organização política

Art. 346. Violar o disposto no art. 377:

Pena – detenção até seis meses e pagamento de 30 a 60 dias-multa.

Parágrafo único. Incorrerão na pena, além da autoridade responsável, os servidores que prestarem serviços e os candidatos, membros ou diretores de partido que derem causa à infração.

Comentários descomplicados

• *Objeto jurídico:* Salvaguarda da igualdade de condições que deve subsistir entre os diversos candidatos, partidos ou organizações políticas participantes da atividade política no país.

• *Conduta típica:* O descumprimento do comando contido no artigo 377 do diploma eleitoral é passível de punição com pena detenção até seis meses e pagamento de trinta a sessenta dias-multa. Nos termos do mencionado artigo, o serviço de qualquer repartição, federal, estadual, municipal, autarquia, fundação do Estado, sociedade de economia mista, entidade mantida ou subvencionada pelo Poder Público, ou que realiza contrato com este, inclusive o respectivo prédio e suas dependências, não poderá ser utilizado para beneficiar partido ou organização de caráter político. O vocábulo "serviço" entabulado na lei, segundo anota a doutrina, "encampa toda e qualquer utilização de funcionários oriundos das repartições públicas ou mesmo de suas máquinas, impressos, veículos ou até mesmo créditos".[59]

Sem embargo disso, cumpre mencionar que a lei comporta algumas exceções, a exemplo do que ocorre com a utilização de escolas públicas ou casas legislativas pelos partidos políticos para realização de suas reuniões e convenções (art. 51 da Lei nº 9.096/95), bem assim com a utilização de prédios públicos para realização de convenção para escolha de candidato (art. 8º, § 2º, da Lei nº 9.504/97).

Os dispositivos 346 e 377 do Código Eleitoral "visam coibir o uso efetivo e abusivo de serviços ou dependências de entes públicos ou de entidades mantidas

---

[59] SANTOS, Paulo Fernando dos. *Crimes Eleitorais – Comentados.* São Paulo: Leud, 2008, p. 140.

ou subvencionadas pelo poder público, ou que com este contrata, em benefício de partidos ou organização de caráter político".[60]

• **Sujeito ativo:** Trata-se de crime comum, ou seja, praticável por qualquer pessoa, prevendo o parágrafo único, ainda, "incorrerão nas penas deste ilícito, além da autoridade responsável, os servidores que prestarem serviços e os candidatos, membros ou diretores de partido que derem causa à infração".

• **Sujeito passivo:** O Estado.

• **Consumação:** O delito consumar-se-á com o uso efetivo das instalações, não se exigindo na espécie a existência de potencialidade do ato. Trata-se de crime formal. O escólio de Vinicius Cordeiro e Anderson Claudino da Silva aponta que "o momento da consumação não será apenas o período eleitoral, visto que visa impedir o favoritismo partidário, independendo ou não se ocorre a eleição".[61]

• **Tentativa:** Admite-se a forma tentada.

Jurisprudência pertinente

"CRIME ELEITORAL. ART. 346 C.C. O ART. 377 DO CÓDIGO ELEITORAL. VEDAÇÃO DE USO DE PRÉDIOS PÚBLICOS FEDERAIS, ESTADUAIS E MUNICIPAIS PARA PROPAGANDA ELEITORAL E BENEFÍCIO A CANDIDATO OU PARTIDO POLÍTICO. CONDUTA DO DENUNCIADO QUE SE SUBSUME, EM TESE, AO TIPO PROIBIDO, HAVENDO, A RESPEITO, INDÍCIOS SUFICIENTES DE AUTORIA E MATERIALIDADE PARA O RECEBIMENTO DA DENÚNCIA. A norma do art. 77 da Lei nº 9.504/97, de natureza específica aos candidatos à reeleição e proibitiva até da participação nos três meses que antecedem o pleito, não altera e nem afasta a incidência da vedação genérica do art. 377 do Código Eleitoral. Considerações sobre os textos legais. Denúncia recebida". (TRE-SP, Processo Crime de Competencia do Tribunal nº 1053, Acórdão nº 154244, Rel. Eduardo Augusto Muylaert Antunes)

"CORRUPÇÃO ELEITORAL. USO DA MÁQUINA ADMINISTRATIVA. UTILIZAÇÃO DE SERVIÇO DE SOCIEDADE DE ECONOMIA MISTA PARA BENEFICIAR CANDIDATO A ELEIÇÃO MAJORITÁRIA. CRIME PREVISTO NO ART. 346 DO CE. REDUÇÃO DE PENA AO MINIMO LEGAL. 1. O sistema de comunicação por intermédio de microcomputadores ligados em rede, constituindo-se numa utilidade fruível pelos respectivos operadores, caracteriza-se como serviço, ainda que o seu uso seja exclusivamente interno. 2. A utilização de tal serviço, existente em sociedade de economia mista, para beneficiar um candidato a eleição majoritária, beneficia, automaticamente o partido político a que pertence o referido candidato, configurando assim, o crime previsto no art. 346 Combinado com o art. 377 Ambos do codigo eleitoral. 3. Para a caracterização do crime, basta que o agente tenha a vontade consciente de beneficiar partido político ou organização de caráter político, sendo irrelevante que resulte, da utilização de tal serviço, efetivo benefício para as mencionadas entidades. 4. A primariedade do réu, seus bons antecedentes e a inexistência de circuns-

---

[60] TSE, Agravo Regimental em Recurso Especial Eleitoral nº 25983, Acórdão de 13/02/2007, Relator Min. José Gerardo Grossi, Publicação: DJ – Diário de justiça, Data 5/3/2007, p. 169.

[61] CORDEIRO, Vinicius; SILVA, Anderson Claudino da. *Crimes Eleitorais e seu Processo*. Rio de Janeiro: Forense, 2006, p. 181.

tancias agravantes recomendam a fixação da pena no seu mínimo legal". (TRE-PR, Recurso Eleitoral nº 183, Acórdão nº 2228, Rel. Altair Patitucci)

"INQUÉRITO POLICIAL. LANÇAMENTO DE CANDIDATURA A DEPUTADO ESTADUAL, NAS DEPENDÊNCIAS DE SALA DE REUNIÃO DA PREFEITURA MUNICIPAL COM IN-FRINGÊNCIA AO DISPOSTO NO ART. 377, CE, O QUE CARACTERIZARIA O DELITO PREVISTO NO ART. 346, DO MESMO DIPLOMA LEGAL. Elementos insuficientes a formalização de acusação. Impossibilidade de alteração do quadro probatório de forma a tornar procedente a ação. Pedido de arquivamento, pelo Ministério Público Regional. Acolhimento do parecer ministerial. Arquivamento dos autos". (TRE-PR, Processo nº 001, Acórdão nº 16668, Rel. Dr. Egas Dirceu Moniz de Aragão)

6.10. Recusar cumprimento ou obediência a diligências ou opor embaraços à execução de atos da Justiça Eleitoral

Art. 347. Recusar alguém cumprimento ou obediência a diligências, ordens ou instruções da Justiça Eleitoral ou opor embaraços à sua execução:
Pena – detenção de três meses a um ano e pagamento de 10 a 20 dias-multa.

Comentários descomplicados

• *Objeto jurídico:* O dispositivo penal eleitoral busca proteger o processo e a regularidade dos serviços prestados pela Justiça Eleitoral.

• *Conduta típica:* O agir criminoso entabulado neste dispositivo guarda semelhança com aquele inserto no artigo 330 do Código Penal, norma que descreve o crime de desobediência.

No entanto, a conduta ali descrita mira exclusivamente a esfera eleitoral, na medida em que prevê sanções para quem recusar cumprimento ou obediência a diligências, ordens ou instruções da Justiça Eleitoral, assim como àquele que opor embaraços à sua execução. O tipo penal eleitoral deste dispositivo refere-se à desobediência ou oposição às ordens ou diligências emanadas da Justiça Eleitoral ou de um de seus membros. Conforme observa a doutrina e a jurisprudência pátrias, "não é crime o desrespeito a quaisquer resoluções genéricas da Justiça Eleitoral, como por exemplo, a proibição de tomar bebida alcoólica no dia da eleição, tendo de ser uma ordem específica e dirigida à pessoa determinada que aí, a descumpre".[62]

De tal sorte, somente "o descumprimento de ordem judicial direta e individualizada é suficiente para caracterizar o crime de desobediência previsto no art. 347 do Código Eleitoral".[63]

---

[62] CORDEIRO, Vinicius; SILVA, Anderson Claudino da. *Crimes Eleitorais e seu Processo*. Rio de Janeiro: Forense, 2006, p. 182.

[63] TSE, Recurso em Habeas Corpus nº 42, Acórdão nº 42 de 02/04/2002, Relator Min. Ellen Gracie Northfleet, Publicação: DJ – Diário de Justiça, Volume 1, Data 24/05/2002, Página 144 RJTSE – Revista de Jurisprudência do TSE, Volume 13, Tomo 3, Página 17.

- **Sujeito ativo:** Trata-se de crime comum, ou seja, praticável por qualquer pessoa.

- **Sujeito passivo:** O Estado.

- **Consumação:** O estado consumativo é alcançado com a efetiva recusa ou oposição de embaraços ao cumprimento ou obediência a diligências, ordens ou instruções da Justiça Eleitoral. Trata-se de crime formal, sendo desnecessário qualquer outro resultado além daquele referido no tipo.

- **Tentativa:** Somente quanto à oposição comissiva de embaraços a diligências, ordens ou instruções provenientes da Justiça Eleitoral, descabida na modalidade "recursar cumprimento".

Jurisprudência pertinente

"CRIME DE DESOBEDIÊNCIA. TRANSAÇÃO PENAL. – Tendo sido a determinação judicial de observância de regras de propaganda eleitoral dirigida a partidos e coligações, não se pode imputar a candidatos – que não foram notificados a esse respeito – a prática do crime de desobediência previsto no art. 347 do Código Eleitoral. Ordem concedida a fim de trancar o procedimento consistente na oferta de transação penal". (TSE, HABEAS CORPUS nº 579, Rel. Min. Arnaldo Versiani Leite Soares)

"DESOBEDIÊNCIA – CRIME – RESOLUÇÕES DA JUSTIÇA ELEITORAL. O fato de se ter como olvidada resoluçao da Justiça Eleitoral não revela o tipo do artigo 347 do Código Eleitoral, que pressupõe ordem ou instrução formalizadas de maneira específica, ou seja, direcionadas ao agente. O teor abstrato das resoluções gera, no caso de inobservância, simples transgressão eleitoral, longe ficando de alcançar a prática do crime de desobe-diência, no que como tipo subjetivo o dolo, isto e, a vontade livre e consciente de desobede-cer ordem legal direcionada – Precedentes: Recurso em *Habeas Corpus* n. 233, Acórdão publicado no DJ de 17/6/94 página 15.759, Relator Ministro Torquato Jardim e Acórdão n. 13.429, do Recurso n. 9.415, Publicado no DJ de 10/12/93 página 27.155, Relator Ministro Carlos Velloso". (TSE, HABEAS CORPUS nº 240, Acórdão nº 240, Rel. Min. Marco Aurélio Mendes de Farias Mello)

"RECURSO ESPECIAL ELEITORAL. ELEIÇÕES 2006. PROPAGANDA IRREGULAR. MURO. BEM TOMBADO. DENÚNCIA RECEBIDA. CRIME DE DESOBEDIÊNCIA. ART. 347 DO CÓDIGO ELEITORAL. DEPUTADO ESTADUAL. NÃO-PROVIMENTO. 1. Conquanto tenha sido devidamente intimado da irregularidade, o recorrente não retirou a propaganda eleitoral irregular no prazo legal, ou seja, descumpriu ordem judicial em processo eleitoral. 2. Não há de se cogitar de vis atrativa para se definir como prevalente o foro de maior graduação, sob pena de confundir o mérito da presente demanda criminal com o mérito da representação por propaganda eleitoral irregular na qual figuram como representados Vítor Penido de Barros e o ora Recorrente. 3. A competência dos Tribunais Regionais Eleitorais para julgar as ações relativas às eleições estaduais não acarreta qualquer nulidade na notificação expedida pelo Juízo Eleitoral do Município de Pedro Leopoldo/MG para a retirada da propaganda irregular, pois o magistrado agiu no exercício do poder de polícia que lhe é conferido pelo art. 61 da Res.-TSE nº 22.261/2006. 4. Nos termos da jurisprudência do TSE, o juízo de admissibilidade manifestado no recebimento da denúncia não oportuniza o enfrentamento do mérito posto na inicial acusatória (REspe nº 27800/PI, Rel. Min. Carlos

Ayres Britto, DJ de 9.11.2007). 5. Recurso especial eleitoral não provido". (TSE, Recurso Especial Eleitoral nº 28518, Acórdão, Rel. Min. José Augusto Delgado)

6.11. Falsificação ou alteração de documento público para fins eleitorais

Art. 348. Falsificar, no todo ou em parte, documento público, ou alterar documento público verdadeiro, para fins eleitorais:

Pena – reclusão de dois a seis anos e pagamento de 15 a 30 dias-multa.

§ 1º Se o agente é funcionário público e comete o crime prevalecendo-se do cargo, a pena é agravada.

§ 2º Para os efeitos penais, equipara-se a documento público o emanado de entidade paraestatal inclusive Fundação do Estado.

Comentários descomplicados

• *Objeto jurídico:* O tipo penal visa proteger a fé pública e a autenticidade dos documentos públicos.

• *Conduta típica:* O crime de falsidade documental, descrito neste artigo 348, guarda semelhança com aquele previsto no artigo 297 do Código Penal, havendo sido devidamente adaptado, obviamente, à esfera eleitoral.

Nas palavras de Fernando Capez, "o conceito de documento público é trazido pela doutrina. Divide-se em a) *documento formal e substancialmente público,* por exemplo: documentos emanados de atos do Executivo, Legislativo e Judiciário, bem como qualquer outro, expedido por funcionário público, desde que represente interesses do Estado. É o caso do CPF/MF (Cadastro de Pessoas Físicas do Ministério da Fazenda), CNH (Carteira Nacional de Habilitação), Carteira de Trabalho, CRV (Certificado de Registro de Veículo), título de eleitor, RG etc.; b) *documento formalmente público, mas substancialmente privado,* por exemplo, uma escritura pública de transferência de propriedade imóvel, cujo interesse envolvido é particular. Menciona-se que são considerados documentos públicos: *o original, a cópia (translado e certidões), o documento emitido por autoridade estrangeira, e os documentos legalmente equiparados ao público"*,[64] a saber, "os emanados de autarquias, empresas públicas, sociedade de economia mista, fundações instituídas pelo Poder Público e os serviços sociais autônomos".[65]

O delito de falsificação ou alteração de documento público para fins eleitorais consiste em espécie de falso material, ou seja, o agente, mediante o emprego de determinada técnica, imita a verdade, mediante a fabricação ou a adulteração de documento público verdadeiro, incutindo nele manifestação volitiva eivada

---

[64] CAPEZ, Fernando. PRADO, Stela. *Código Penal Comentado.* Porto Alegre: Verbo Jurídico, 2007, p. 522.

[65] Idem, p. 526.

de relevância jurídica. Não se confunde com falsidade formal (ideológica), na qual, embora o documento seja materialmente verdadeiro, o sujeito adultera o conteúdo das informações ali constantes, omitindo declaração que dele devia constar, ou nele inserindo declaração falsa ou diversa da que devia ser escrita (vide comentários ao artigo 350 do Código Eleitoral).

A falsificação do documento público deve, necessariamente, visar a fins eleitorais (dolo específico), eis que, do contrário, a conduta estará subsumida àquela descrita no artigo 297 do Código Penal, cuja apuração é da competência da Justiça Comum. Mas não somente isso. A falsificação deverá possuir, ao menos, a potencialidade de causar danos ao processo eleitoral.

Nos termos do artigo 158 do Código de Processo Penal, os delitos de falsidade documental, por deixarem vestígios, imprescindem, para a comprovação da materialidade delitiva, da realização do exame de corpo de delito, direto ou indireto, não podendo supri-lo a confissão do acusado. Portanto, indispensável a realização de perícia e oferecimento de laudo nos autos do processo.

Acaso não seja possível o exame de corpo de delito, por haverem desaparecido os vestígios, a prova testemunhal poderá suprir-lhe a falta, conforme dispõe o artigo 167 do Código de Processo Penal brasileiro.

• *Sujeito ativo:* Trata-se de crime comum, ou seja, praticável por qualquer pessoa.

• *Sujeito passivo:* O Estado.

• *Consumação:* Dá-se a consumação com a efetiva falsificação material do documento público. Trata-se de crime de natureza formal, ou seja, prescinde da produção de resultado naturalístico para sua consumação. Basta, para sua perfectibilização, a realização de qualquer das condutas descritas no tipo, sendo exigível, no entanto, que estas possuam potencialidade de causar dano.

• *Tentativa:* Admite-se a forma tentada.

Jurisprudência pertinente

"RECURSO ORDINÁRIO EM *HABEAS CORPUS*. FALSIDADE DOCUMENTAL. Hipótese em que, ao serem reproduzidas em panfletos informações contidas em certidão expedida pela Comarca de Boa Esperança, foram feitas alterações que não tiveram o condão de modificar o conteúdo do texto original. Atipicidade da conduta, uma vez que não houve modificação no original do documento, circunstância necessária para caracterizar o delito tipificado no art. 348 do Código Eleitoral. O crime de falsidade deve ter potencialidade para gerar erro ou prejuízo à fé pública ou a terceiro. Precedentes. Recurso conhecido e provido". (TRE-MG, RHC nº 52, Rel. Ellen Gracie Northfleet)

"RECURSO CRIMINAL. ADULTERAÇÃO DE CHEQUE E USO DO DOCUMENTO FALSIFICADO. CONDENAÇÕES POR INCURSÕES NAS SANÇÕES DOS ARTIGOS 348, § 1º, E 353, DO CÓDIGO ELEITORAL. Ausência, nos autos, do original do documento supostamente falsificado, bem como de cópia autenticada deste, inexistindo, assim, objeto material capaz de tipificar o crime de falsificação de documento público. Alteração do cheque, ademais, não relacionada à sua destinação normal e jurídica como ordem de pagamento à vista, mas objetivando a propaganda eleitoral – o que evidencia a equivocada qualificação legal do delito. Igualmente prejudicado, por conseguinte, o enquadramento dos demais fatos descritos na exordial no supramencionado artigo 353. Provimento para, aplicando a emendatio libelli, dar aos fatos definição jurídica diversa da que consta na denúncia e na sentença condenatória, de forma a enquadrá-los no artigo 323 do Código Eleitoral, reduzindo a pena aplicada aos recorrentes". (TRE-RS, RC nº 32003, Rel. Nylson Paim de Abreu)

"RECURSO CRIMINAL. ALTERAÇÃO DE DOCUMENTO PÚBLICO PARA FINS ELEITORAIS. Réu confesso quanto a autoria. Materialidade da infração não apurada. Falsificação sem potencialidade lesiva. Crime não configurado. Recurso provido". (TRE-SP, RECC nº 1301, Acórdão nº 128302, Rel. Djalma Lofrano)

6.12. Falsificação ou alteração de documento particular para fins eleitorais

Art. 349. Falsificar, no todo ou em parte, documento particular ou alterar documento particular verdadeiro, para fins eleitorais:

Pena – reclusão até cinco anos e pagamento de 3 a 10 dias-multa.

Comentários descomplicados

• *Objeto jurídico:* O dispositivo penal eleitoral visa a resguardar a fé pública e a autenticidade dos documentos particulares.

• *Conduta típica:* Igualmente ao que ocorre com o delito previsto no artigo 348 do Código Eleitoral, o crime de falsidade documental, descrito neste artigo 349, guarda semelhança com aquele previsto no artigo 298 do Código Penal, havendo sido devidamente adaptado, obviamente, à esfera eleitoral.

Segundo observa a melhor doutrina, "documento particular é todo aquele formado 'sem a intervenção do oficial ou funcionário público, ou de pessoa investiga de fé pública', por exemplo, um contrato de promessa de compra e venda ou de locação, um instrumento particular de doação, uma carta em que se confessa uma dívida, um recibo de venda etc.".[66]

No mesmo sentido são os ensinamentos de Celso Delmanto, que sustenta o caráter residual do documento particular em relação ao público, ao afirmar: "é o documento particular, considerando-se como tal o que não está compreendido como documento público (art. 297, *caput*), ou que não é a este equiparado para fins penais (art. 297, § 2º). O próprio documento público, quando nulo por falta de formalidade legal, poderá ser considerado documento particular".[67]

Percebe-se, portanto, que o crime de falsificação ou alteração de documento particular para fins eleitorais consiste em espécie de falso material, ou seja, o agente, mediante o emprego de determinada técnica, imita a verdade, mediante a

---

[66] CAPEZ, Fernando. PRADO, Stela. *Código Penal comentado*. Porto Alegre: Verbo Jurídico, 2007, p. 528.

[67] DELMANTO, Celso. DELMANTO, Roberto. DELMANTO JR., Roberto. DELMANTO, Fabio M. de Almeida. *Código Penal comentado*. 8. ed. São Paulo: Saraiva, 2010, p. 298.

fabricação ou a adulteração de documento particular verdadeiro, incutindo nele manifestação volitiva eivada de relevância jurídica. Não se confunde com falsidade formal (ideológica), na qual, embora o documento seja materialmente verdadeiro, o sujeito adultera o conteúdo das informações ali constantes, omitindo declaração que dele devia constar, ou nele inserindo declaração falsa ou diversa da que devia ser escrita (vide comentários ao artigo 350 do Código Eleitoral).

A falsificação do documento particular deve, necessariamente, visar a fins eleitorais (dolo específico), eis que, do contrário, a conduta estará subsumida àquela descrita no artigo 298 do Código Penal, cuja apuração é da competência da Justiça Comum. Mas não somente isso. A falsificação deverá possuir, ao menos, a potencialidade de causar danos ao processo eleitoral.

Nos termos do artigo 158 do Código de Processo Penal, os delitos de falsidade documental, por deixarem vestígios, imprescindem, para a comprovação da materialidade delitiva, da realização do exame de corpo de delito, direto ou indireto, não podendo supri-lo a confissão do acusado. Portanto, indispensável a realização de perícia e oferecimento de laudo nos autos do processo.

De sublinhar, entrementes, que não sendo possível o exame de corpo de delito, por haverem desaparecido os vestígios, a prova testemunhal poderá suprir-lhe a falta, conforme dispõe o artigo 167 do Código de Processo Penal brasileiro.

• *Sujeito ativo:* Trata-se de crime comum, ou seja, praticável por qualquer pessoa.

• *Sujeito passivo:* O Estado.

• *Consumação:* Dá-se a consumação com a efetiva falsificação material do documento particular. Trata-se de crime de natureza formal, ou seja, prescinde da produção de resultado naturalístico para sua consumação. Basta, para sua perfectibilização, a realização de qualquer das condutas descritas no tipo, sendo exigível, no entanto, que estas possuam potencialidade de causar dano.

• *Tentativa:* Admite-se a forma tentada.

Jurisprudência pertinente:

"RECURSO ELEITORAL. SENTENÇA QUE JULGOU PROCEDENTE A PRETENSÃO PUNITIVA ESTATAL CONDENANDO OS RECORRENTES NAS SANÇÕES DO ART. 353 C/C O ART. 349 DA LEI 4.737/65. SENTENÇA MANTIDA. RECURSO DESPROVIDO. Para a configuração do delito previsto no art. 353 c/c o art. 349 da Lei 4.737/65 há de ser demonstrada a materialidade do crime retratada na comprovação da falsidade do documento particular; bem como de sua autoria. As provas trazidas aos autos são conclusivas na demonstração da falsidade do documento distribuído, bem como da autoria da conduta prevista no art. 353 c/c 349 do Código Eleitoral. A comprovação da distribuição da carta pelos recorrentes caracteriza o dolo previsto no elemento subjetivo do tipo, posto que os acusados tinham plena consciência da gravidade das informações trazidas no referido documento particular e mesmo assim assumiram o risco de o distribuírem. Caracterizada também a vantagem eleitoral decorrente da distribuição do documento falso, posto que sua divulgação ocorreu às vésperas da eleição municipal. Por sua vez, a pena aplicada pelo

Juízo de Primeiro Grau observou todas as circunstâncias previstas no art. 59 do código eleitoral, averbando devidamente a reprimenda de acordo com os reflexos sociais e eleitorais consequentes das condutas dos agentes. Recurso conhecido e desprovido, mantendo-se incólume a sentença recorrida". (TRE-ES, RE nº 37, Acórdão nº 12, Rel. Aroldo Limonge)

"RECURSO – CRIME ELEITORAL – FALSIFICAÇÃO DE DOCUMENTO PARTICULAR – ATA – CONVENÇÃO – INSERÇÃO POSTERIOR DE INFORMAÇÃO RELATIVA A VALORES A SEREM DESPENDIDOS NA CAMPANHA PARA PREFEITO -INEXISTÊNCIA DE DANO POTENCIAL – PROVIMENTO DO RECURSO. Para configurar-se o crime previsto no art. 349 do Código Eleitoral, a conduta deve possuir ao menos potencialidade de dano, sem a qual o tipo não se realiza. Não havendo obrigação legal de que sejam informados na ata da convenção partidária os valores de gastos com a campanha, a inserção de tal dado, em momento posterior à assinatura dos convencionais, não representa, nem em tese, prejuízo a estes". (TRE-SC, Acórdão nº 21121, Rel. Henry Goy Petry Junior)

"RECURSO CRIMINAL – ALEGADA INFRAÇÃO DOS ART. 349 DO CÓDIGO ELEITORAL, POR TRÊS VEZES, NA FORMA DO ART. 71 DO CÓDIGO PENAL – FALSIFICAÇÃO DE DOCUMENTO PARTICULAR COM FINS ELEITORAIS – COMPROVAÇÃO DE AUTORIA E MATERIALIDADE DELITIVAS – CONDENAÇÃO MANTIDA – Recurso parcialmente provido pela maioria, para conceder *sursis* pelo prazo de 2 anos, sem condições especiais, consoante visto declarado em apartado pelo revisor, que foi autor do voto vencedor". (TRE-SP, RC nº 1777, Acórdão nº 148917, Rel. Paulo Sunao Shintate)

"CRIMES ELEITORAIS. ARTIGOS 349 E 290 DO CÓDIGO ELEITORAL. CONSUNÇÃO. PRESCRIÇÃO. 1. Na falsificação de documento particular com o intuito de viabilizar a indução de transferência de título eleitoral, o crime-fim da indução absorve o crime-meio de falso. 2. Reconhece-se a prescrição da pretensão punitiva quando a pena máxima fixada é de dois anos e decorrem mais de quatro anos entre os fatos e o recebimento da denúncia". (TRE-PR, AP nº 52, Acórdão nº 37.649, Rel. Auracyr Azevedo de Moura Cordeiro)

"AÇÃO PENAL. FALSIFICAÇÃO DE DOCUMENTO PARTICULAR. CONTRAFAÇÃO. Utilização do documento, com finalidade eleitoral. A falsificação, crime eleitoral previsto no artigo 349, da Lei n. 4.737/65 (Codigo Eleitoral), compreende a contrafação que consiste na fabricação, no todo ou parte, de um documento falso. É a denominada falsidade formal, que evidencia a criação total ou parcial de seu conteúdo, isto é, do seu teor (manifestação ou declaração de vontade) e de sua individualização ou identificação do respectivo autor. E se completa com o uso, isto é, como verdadeiro e por qualquer modo, do papel falso, em cuja falsificação não tenha tomado parte o agente. O dolo esta na vontade consciente de fazer falsificação para tornar possível o engano acerca do autor ou conteúdo do documento. Consuma-se, após a contrafação, com o primeiro ato de seu uso ou utilização, com a finalidade eleitoral. Recurso improvido". (TRE-SP, RE nº 3-131, Acórdão nº 20431, Rel. Wilson Reback)

"RECURSO – CRIME ELEITORAL – FALSIFICAÇÃO DE DOCUMENTO PARTICULAR – ATA – CONVENÇÃO – INSERÇÃO POSTERIOR DE INFORMAÇÃO RELATIVA A VALORES A SEREM DESPENDIDOS NA CAMPANHA PARA PREFEITO -INEXISTÊNCIA DE DANO POTENCIAL – PROVIMENTO DO RECURSO. Para configurar-se o crime previsto no art. 349 do Código Eleitoral, a conduta deve possuir ao menos potencialidade de dano, sem a qual o tipo não se realiza. Não havendo obrigação legal de que sejam informados na ata da convenção partidária os valores de gastos com a campanha, a inserção de tal dado, em momento posterior à assinatura dos convencionais, não representa, nem em tese, prejuízo a estes". (TRE-SC, Acórdão nº 21121, Rel. Henry Goy Petry Junior)

6.13. Falsidade ideológica para fins eleitorais

Art. 350. Omitir, em documento público ou particular, declaração que dêle devia constar, ou nele inserir ou fazer inserir declaração falsa ou diversa da que devia ser escrita, para fins eleitorais:

Pena – reclusão até cinco anos e pagamento de 5 a 15 dias-multa, se o documento é público, e reclusão até três anos e pagamento de 3 a 10 dias-multa se o documento é particular.

Parágrafo único. Se o agente da falsidade documental é funcionário público e comete o crime prevalecendo-se do cargo ou se a falsificação ou alteração é de assentamentos de registro civil, a pena é agravada.

Comentários descomplicados

• *Objeto jurídico:* Protege a norma a fé pública e a autenticidade dos documentos públicos e particulares.

• *Conduta típica:* Consiste em conduta típica semelhante àquela descrita no art. 299 do Código Penal, devidamente adaptada à matéria eleitoral. Não se trata de falsidade material, no qual o autor do delito frauda a própria forma do documento original, alterando-a, no todo ou em parte, ou forjando uma semelhante. O crime descrito neste art. 350 refere-se à falsidade ideológica, ou formal, na qual o agente *omite, insere* ou *faz inserir* em documento, público ou paricular, verdadeiro/original, declaração falsa ou diversa da que devia ser escrita. Sublinhe-se que, conforme o entendimento dos Tribunais, para a adequação do tipo penal previsto neste dispositivo é necessário que a declaração falsa prestada para fins eleitorais seja firmada pelo próprio eleitor interessado, e não por terceiro (TSE, REspe nºs 25.417 e 25.418).

• *Sujeito ativo:* Trata-se de crime de mão própria, cuja prática somente é possível pelo eleitor. Acaso o autor do falso venha a receber auxílio de terceiro, este último ficará restrito ao crime elencado no art. 290 do Código Eleitoral (Induzir à inscrição indevida de eleitor).

• *Sujeito passivo:* O Estado.

• *Consumação:* Trata-se de crime de natureza formal, ou seja, prescinde da produção de resultado naturalístico para sua consumação. Basta, para sua perfectibilização, a omissão ou inserção de declaração em documentos público ou particular, para fins eleitorais.

• *Tentativa:* Admite-se a modalidade tentada somente quanto às condutas de *"inserir"* e *"fazer inserir"*.

Jurisprudência pertinente

"RECURSO ESPECIAL. ELEIÇÕES DE 2002. TRANSFERÊNCIA ELEITORAL. DECLARAÇÃO. TERCEIRO. FALSIDADE. 1. A jurisprudência do TSE entende que 'para a adequação do tipo penal previsto no art. 350 do Código Eleitoral é necessário que a declaração falsa prestada para fins eleitorais seja firmada pelo próprio eleitor interessado, e não por terceiro' (REspe nº 15.033/GO, rel. Min. Maurício Corrêa, DJ de 24.10.97). 2. Recurso conhecido e provido para reformar o acórdão recorrido e julgar improcedente a denúncia." *(TSE, RESPE nº 25.417, Rel. José Augusto Delgado)*

"RECURSO – CRIME ELEITORAL – JUÍZO ELEITORAL DA 80ª ZONA (BARRA VELHA) – IRRESIGNAÇÃO CONTRA DECRETO CONDENATÓRIO – ARTIGOS 340, 350 E 290 DO CÓDIGO ELEITORAL – ALEGAÇÃO PRELIMINAR DE NULIDADE DO PROCESSO POR IRREGULARIDADES PROCEDIMENTAIS E ILEGITIMIDADE DE PARTE – REJEI-ÇÃO. ABSORÇÃO DO CRIME-MEIO PELO CRIME-FIM: DO CRIME DE FALSO PELO CRIME DE INDUÇÃO A INSCRIÇÃO FRAUDULENTA – REDUÇÃO DA PENA – CONCES-SÃO DO BENEFÍCIO DA SUSPENSÃO CONDICIONAL DA PENA – CONHECIMENTO E PROVIMENTO PARCIAL DO APELO. A existência de prova inequívoca da materialidade e autoria de lesão ao funcionamento do serviço eleitoral cometido por particular (subtração de fae's), de falsidade de documentos públicos para fins eleitorais (inserção de dados inverídicos nos formulários), e de fraude eleitoral (indução a inscrição fraudulenta), previstos, respectivamente, nos artigos 340, 350 e 290 do Código Eleitoral justificam o decreto condenatório. Nos casos em que o sujeito ativo falsificar documento para com ele induzir terceiro em erro, e obter vantagem eleitoral ilícita, há de prevalecer o crime-fim (indução a inscrição fraudulenta), em prejuízo do crime-meio (falso), que e por aquele absorvido. Presentes as condições impostas pelo artigo 77 do Código penal, concede-se o sursis." *(TRE-SC, Acórdão n. 12.401-SC, Rel. Leonardo Alves Nunes).*

"RECURSO CRIMINAL ELEITORAL. Denúncia com base nos arts. 350 e 354 do Código Eleitoral. Suspensão Condicional do Processo. Descumprimento de condição por parte de um dos denunciados. Revogação da Suspensão. Desclassificação. Condenação nas penas do art. 348 do Código Eleitoral. Recurso. Falsidade Material e Falsidade Ideológica. Distinção. Atipicidade da conduta. Absolvição. Extensão dos efeitos aos co-réus. Aplicação subsidiária do art. 580 do Código de Processo Penal. 1. A falsificação de um documento pode se dar de duas maneiras, a saber, a falsidade material, que se refere ao aspecto exterior, e a falsidade ideológica, que diz respeito ao seu conteúdo. 2. Uma vez que a conduta imputada ao recorrente não constitui ilícito tipificado no Código Eleitoral, não há como condená-lo pela prática do crime previsto nesse estatuto legal, sendo, pois, imperioso a sua absolvição, consoante o disposto no art. 386,III, do Código de Processo Penal,aplicado subsidiariamente. 3. Havendo a absolvição do recorrente por motivo que não seja de caráter exclusivamente pessoal, qual seja, a atipicidade da conduta a ele imputada, os efeitos dessa absolvição devem se estender aos demais denunciados, ainda que eles não tenham sido condenados na primeira instância, em virtude da suspensão condicional do processo, cosoante o art. 580 do CPP. 4. Recurso conhecido e provido, estendendo-se os efeitos da absolvição aos demais denunciados." (TRE-PB, Acórdão nº 1851, Rel. Harrison Targino)

6.14. Figuras equiparadas

Art. 351. Equipara-se a documento (348, 349 e 350) para os efeitos penais, a fotografia, o filme cinematográfico, o disco fonográfico ou fita de ditafone a que se incorpore declaração ou imagem destinada à prova de fato juridicamente relevante.

Comentários descomplicados

Por meio do artigo 351 do Código Eleitoral, buscou o legislador ampliar o alcance do vocábulo "documento", equiparando, para os efeitos penais dos artigos 348, 349 e 350, a fotografia, o filme cinematográfico, o disco fonográfico ou fita de ditafone a que se incorpore declaração ou imagem destinada à prova de fato juridicamente relevante. Sem embargo disso, cabe frisar que o dispositivo está adaptado à época da edição do Código Eleitoral, o que tornou os instrumentos equiparados ali descritos ultrapassados frente à nova realidade tecnológica.

6.15. Reconhecer indevidamente firma ou letra para fins eleitorais

Ar. 352. Reconhecer, como verdadeira, no exercício da função pública, firma ou letra que o não seja, para fins eleitorais:

Pena – reclusão até cinco anos e pagamento de 5 a 15 dias-multa se o documento é público, e reclusão até três anos e pagamento de 3 a 10 dias-multa se o documento é particular.

Comentários descomplicados

• *Objeto jurídico:* A fé pública e a autenticidade dos documentos públicos e particulares.

• *Conduta típica:* O crime de falso reconhecimento de firma ou letra, descrito neste artigo 352, guarda semelhança com aquele previsto no artigo 300 do Código Penal, havendo sido devidamente adaptado, obviamente, à esfera eleitoral. Trata-se de crime praticável somente por quem detiver fé pública, como, por exemplo, tabeliães e notários. A conduta típica, punível com reclusão de até cinco anos e pagamento de cinco a quinze dias-multa – se o documento é público –, e reclusão de até três anos e pagamento de três a dez dias-multa – se o documento é particular –, consiste em reconhecer, como verdadeira, no exercício da função pública, firma ou letra que o não seja, para fins eleitorais. Revela-se imprescindível que o reconhecimento indevido de firma ou de letra possua prescipuamente a finalidade eleitoral (dolo específico), sob pena de a conduta subsumir-se àquela constante do Código Penal (art. 300 do Estatuto Repressivo).

• *Sujeito ativo:* O sujeito ativo do delito é o servidor que desempenhe função pública relacionada ao reconhecimento de firma ou letra. Exige-se do agente criminoso uma qualidade específica, a saber, que esteja no *exercício de função pública*. Trata-se de hipótese de crime próprio.

• *Sujeito passivo:* O Estado.

• *Consumação:* O delito atinge o momento consumativo a partir do instante em que o agente, no exercício de sua função pública, apõe no documento apresentado – público ou particular – a certificação de autenticidade da firma ou letra nele registrada. Trata-se de crime de natureza formal, ou seja, prescinde da produção de resultado naturalístico para sua consumação. Dessa forma, basta que o reconhecimento indevido ponha em risco, de qualquer forma, o processo eleitoral, despicienda a ocorrência de efetivo prejuízo.

• *Tentativa:* Admite-se a forma tentada.

6.16. Fazer uso de documentos falsificados ou alterados

Art. 353. Fazer uso de qualquer dos documentos falsificados ou alterados, a que se referem os artigos. 348 a 352:

Pena – a cominada à falsificação ou à alteração.

Comentários descomplicados

• *Objeto jurídico:* O legislador buscou resguardar a fé pública e a autenticidade dos documentos públicos e particulares.

• *Conduta típica:* No crime de uso de documento falso (artigo 353), pune--se a conduta de quem utiliza quaisquer documentos, públicos ou particulares, material ou ideologicamente falsos, referidos nos artigos 348 a 352 do Código Eleitoral. Neste tipo penal eleitoral, as sanções, conforme o caso, serão idênticas àquelas aplicadas aos autores dos delitos de falsificação previstos nos artigos 348 a 352 do Código Eleitoral. Dessa forma, aquele que empregar documento público materialmente falso, sofrerá as penas descritas no artigo 348; utilizando documento particular materialmente falso, restará incurso nas sanções do artigo 349; servindo o particular de documento, público ou particular, ideologicamente falso (falsidade formal), as penas serão aquelas previstas no artigo 350; por fim, se o emprego para fins eleitorais for de documento cuja firma ou letra tenha sido indevidamente reconhecida como verdadeira, no exercício da função pública, o corretivo será aquele entabulado no artigo 352.

Sublinhe-se que, por força do artigo 351 do Código Eleitoral, equipara-se a documento, para os efeitos penais dos artigos 348, 349 e 350, a fotografia, o filme cinematográfico, o disco fonográfico ou fita de dita fone a que se incorpore declaração ou imagem destinada à prova de fato juridicamente relevante.

• *Sujeito ativo:* Trata-se de crime comum, ou seja, praticável por qualquer pessoa.

• *Sujeito passivo:* O Estado.

• *Consumação:* A consumação é atingida com o efetivo emprego do documento falso. No entanto, segundo o entendimento do Tribunal Superior Eleitoral, o documento empregado deverá possuir potencialidade lesiva à fé pública, sob pena de atipicidade da conduta.

• *Tentativa:* Admite-se a forma tentada.

Jurisprudência pertinente:

"RECURSO ESPECIAL. USO DE DOCUMENTO FALSIFICADO. FOTOCÓPIAS NÃO AUTENTICADAS. ATIPICIDADE. DOCUMENTO ORIGINAL. EXAME GRAFOTÉCNICO. AUSÊNCIA. AFERIÇÃO DA FALSIDADE. IMPOSSIBILIDADE. REEXAME DE FATOS E PROVAS. INVIABILIDADE. SÚMULAS STF Nº 279 E STJ Nº 7. 1. O uso de fotocópia não autenticada de documento é conduta atípica porque ausente o potencial para causar dano à fé pública. 2. A não realização de exame grafotécnico em documento original impossibilita a aferição de sua falsidade. 3. É inviável o reexame de fatos e provas em sede de recurso especial, a teor das Súmulas STF nº 279 e STJ nº 7. 4. Recurso especial a que se nega provimento." (TSE, RESPE nº 28129, Rel. Fernando Gonçalves)

"RECURSO ESPECIAL. CRIME ELEITORAL. ARTS. 350 E 353 DO CÓDIGO ELEITORAL. FALSIFICAÇÃO. DOCUMENTO PÚBLICO. USO. DOCUMENTO FALSO. INSTRUÇÃO. REPRESENTAÇÃO ELEITORAL. CANDIDATO ELEITO. PREFEITO. COMPROVAÇÃO. FINALIDADE ELEITORAL. Dolo, materialidade e autoria comprovados. Irrelevância. Término. Eleições. Denúncia. Ministério Público. Decurso de prazo. Inexistência. Ofensa. Art. 357 do CE. Ausência. prequestionamento. Art. 299 do CE. Dissídio jurisprudencial. Inocorrência. Desprovido. – Fazer inserir declaração falsa em documento público, no caso escritura pública, com o objetivo de instruir representação eleitoral em desfavor de candidato, caracteriza o crime descrito no art. 350 do CE. – A finalidade eleitoral – elemento subjetivo do tipo – ficou comprovada, pois a declaração falsa foi capaz de criar uma situação jurídica em detrimento da verdade sobre fato juridicamente relevante, tendo a fé pública sido abalada. – Ademais, tal declaração teve potencialidade lesiva, recaindo sobre fato juridicamente relevante para o direito eleitoral, ou seja, com capacidade de enganar. Dissídio jurisprudencial não caracterizado. – Recurso especial a que se nega provimento." (TSE, RESPE nº 28520, Rel. Marcelo Henriques Ribeiro de Oliveira)

"*HABEAS CORPUS*. TIPICIDADE. DISTRIBUIÇÃO DE PANFLETOS ANONIMAMENTE IMPRESSOS. DELITO DE USO DE DOCUMENTO PARTICULAR. INADEQUAÇÃO. DESCLASSIFICAÇÃO. ARTIGO 323 DO CÓDIGO ELEITORAL. 1. É cabivel *habeas corpus* para alterar a qualificação jurídica do delito quando os fatos apurados na instrução criminal e fixados na sentença são incontroversos. Precedentes. 2. Delito de falso previsto no artigo 353 do Código Eleitoral. Panfletos anonimamente impressos. Não caracterização. Desclassificação para o tipo do artigo 323 do Código Eleitoral: divulgação de fatos que o agente sabe inverídicos, em relação a partidos ou candidatos, capazes de exercer influência perante o eleitorado. 3. Adequação da conduta delituosa ao tipo penal. Penalidade abstratamente considerada. Data do recebimento da denúncia. Conseqüência: extinção da puniblidade pela ocorrencia da prescrição. Ordem de *habeas corpus* deferida." (TSE, HC nº 369, Rel. Maurício José Corrêa)

6.17. Obter documento falso para fins eleitorais

Art. 354. Obter, para uso próprio ou de outrem, documento público ou particular, material ou ideologicamente falso para fins eleitorais:

Pena – a cominada à falsificação ou à alteração.

Comentários descomplicados

• *Objeto jurídico:* A fé pública e a autenticidade dos documentos públicos e particulares.

• *Conduta típica:* No crime de obtenção de documento falso (artigo 354), pune-se a conduta de quem adquire, para uso próprio ou de outra pessoa, documento público ou particular, material ou ideologicamente falso para fins eleitorais. Neste tipo penal eleitoral, as sanções, conforme o caso, serão as mesmas aplicadas aos autores dos delitos de falsificação previstos nos artigos 348, 349 e 350 do Código Eleitoral. Dessa forma, aquele que obter documento público materialmente falso, sofrerá as penas descritas no artigo 348; adquirindo documento particular materialmente falso, restará incurso nas sanções do artigo 349; por fim, em sendo adquirido documento, público ou particular, ideologicamente falso (falsidade formal), as penas serão aquelas previstas no artigo 350.

Subsumir-se-á ao tipo previsto no artigo 354 aquele que tão somente obter o documento falso, ainda que não venha a fazer o uso deste.

• *Sujeito ativo:* Trata-se de crime comum, ou seja, praticável por qualquer pessoa.

• *Sujeito passivo:* O Estado.

• *Consumação:* Para sua perfectibilização basta a aquisição do documento falso, para fins eleitorais, prescindindo da produção de outro resultado afora do previsto no tipo penal eleitoral.

• *Tentativa:* Admite-se a forma tentada.

Jurisprudência pertinente

"RECURSO ESPECIAL. CRIME ELEITORAL. ARTIGO 354 DO CÓDIGO ELEITORAL. INFRAÇÃO NÃO CONFIGURADA. REEXAME DE FATOS E PROVAS. 1. Para a tipificação do crime previsto no artigo 354 do Código Eleitoral exige-se a participação dolosa do agente. 2. O exame dessa participação implica revolvimento de fatos e provas, inconcebível nesta instância superior. Súmulas n. 07 do STJ e 279 do STF. Recurso especial nao conhecido." (TSE, RESPE nº 16250, Rel. Maurício José Corrêa)

"RECURSO CRIMINAL. ART. 354 DO CÓDIGO ELEITORAL. OBTENÇÃO DE DOCUMENTO FALSO PARA FINS ELEITORAIS. CONDENAÇÃO. Autoria e materialidade provadas. Improvimento do recurso." (TRE-SP, RC nº 1861, Acórdão nº 154702, Rel. Paulo Henrique dos Santos Lucon)

"RECURSO – CRIMES ELEITORAIS – ARTIGOS 290 E 354 DO CÓDIGO ELEITORAL – AUTORIA E MATERIALIDADE COMPROVADAS – CONJUNTO PROBATÓRIO HARMÔNICO – IMPROVIMENTO DO RECURSO. A conduta de induzir eleitor a realizar transferência mediante comprovante de residência falso caracteriza o tipo penal previsto no artigo 290 do Código Eleitoral. A obtenção de comprovante de residência falsificado, para uso de outrem, com a finalidade de viabilizar transferência eleitoral irregular, caracteriza o crime descrito no artigo 354 do Código Eleitoral. Demonstrados os delitos a partir de um conjunto probatório harmônico, impõe-se a manutenção da sentença. Improvimento do recurso." (TRE-RN, Acórdão nº 7831, Rel. Lena Rocha)

7. Lei nº 6.091, de 15 de agosto de 1974

Dispõe sobre o Fornecimento Gratuito de Transporte,
em Dias de Eleição, a Eleitores Residentes nas
Zonas Rurais, e dá outras Providências.

O PRESIDENTE DA REPÚBLICA:

Faço saber que o Congresso Nacional decreta e eu sanciono a seguinte Lei:

[...]

Art. 11. Constitui crime eleitoral:

I – descumprir, o responsável por órgão, repartição ou unidade do serviço público, o dever imposto no Art. 3, ou prestar informação inexata que vise a elidir, total ou parcialmente, a contribuição de que ele trata:

Pena – detenção de quinze dias a seis meses e pagamento de 60 a 100 dias-multa;

A legislação eleitoral impõe aos responsáveis por todas as repartições, órgãos e unidades do serviço público federal, estadual e municipal a obrigação de oficiar à Justiça Eleitoral, até cinquenta dias antes da data do pleito, informando o número, a espécie e lotação dos veículos e embarcações de sua propriedade. A medida visa a dar cumprimento ao disposto no artigo 1º da Lei do Transporte de Eleitores – Lei nº 6.091/74 –, ou seja, garantir que os veículos e embarcações dos órgãos públicos, excluídos os de uso militar, fiquem à disposição da Justiça Eleitoral para o transporte gratuito de eleitores em zonas rurais, em dias de eleição. Somente os veículos e embarcações em número justificadamente indispensável ao funcionamento de serviço público insusceptível de interrupção ficam excluídos dessa regra (art. 1º, § 1º).

O regramento congente atinge a todos os responsáveis por qualquer entidade pública federal, estadual o municipal, sendo seu desrespeito punível com pena de detenção de quinze dias a seis meses, assim como ao pagamento de sessenta a cem dias-multa.

II – desatender à requisição de que trata o Art. 2:

Pena – pagamento de 200 a 300 dias-multa, além da apreensão do veículo para o fim previsto;

O artigo 2º da Lei do Transporte de Eleitores determina que acaso a utilização de veículos pertencentes à União, aos Estados, Territórios e Municípios e suas respectivas autarquias e sociedades de economia mista, excluídos os de uso militar, não for suficiente para atender as necessidades da Justiça Eleitoral, esta requisitará veículos e embarcações a particulares, de preferência os de aluguel, os quais serão pagos por conta do Fundo Partidário, até trinta dias depois do pleito, a preços que correspondam aos critérios da localidade. Se porventura a requisição administrativa for desatendida pelo particular, este incorrerá nas sanções deste inciso, a saber, pagamento de 200 a 300 dias multa. Demais disso, aquele que negar ao pedido da Justiça Eleitoral, além de incorrer na pena de multa, terá seu veículo apreendido para o fim previsto.

III – descumprir a proibição dos artigos 5, 8 e 10:

Pena – reclusão de quatro a seis anos e pagamento de 200 a 300 dias multa (Art. 302 do Código Eleitoral);

Segundo dispõe o artigo 5º referido neste inciso III, nenhum veículo ou embarcação poderá fazer transporte de eleitores desde o dia anterior até o posterior à eleição. Sem embargo disso, encontra-se no referido dispositivo a flexibilização dessa regra, na medida em que permite o emprego dos meios de transporte nas hipóteses em que estes estiverem a serviço da Justiça Eleitoral, revestirem a qualidade de transporte coletivo de linhas regulares e não fretados, consistirem em veículo de uso individual do proprietário, para o exercício do próprio voto e dos membros da sua família, ou então se tratar de serviço normal, sem finalidade eleitoral, de veículos de aluguel não atingidos pela requisição de meios de transporte realizada pela Justiça Eleitoral nos casos de necessidade (art. 2º).

De igual sorte, o estatuto vedou por expressa disposição legal o fornecimento de refeições aos eleitores da zona rural, possível somente pela Justiça Eleitoral, quando imprescindível, em face da sua absoluta carência de recursos.

No que pertine aos eleitores da zona urbana, o legislador foi claro ao atestar que é vedado aos candidatos ou órgãos partidários, ou a qualquer pessoa, o fornecimento de transporte ou refeições (art. 10).

Conclui-se, portanto, que o delito tipificado no art. 11, III, da Lei nº 6.091/74, é de mera conduta, sendo suficiente o descrumprimento de alguma das proibições acima para sua configuração. No entanto, o entendimento dos Tribunais tem sido no sentido de que se exige, para a configuração do crime, que a conduta do agente esteja imbuída de dolo específico, que é, no caso, a intenção de obter vantagem eleitoral, pois o que pretende a lei impedir é o transporte de eleitores com fins de aliciamento.

Por consequência, o crime de transporte ilegal de eleitores somente se configura quando estiver efetivamente provado a finalidade eleitoral do agente, consistente no nítido propósito de aliciamento de eleitores (art. 8°, parágrafo único, da Resolução TSE n° 9.641/74).

IV – obstar, por qualquer forma, a prestação dos serviços previstos nos artigos 4 e 8 desta Lei, atribuídos à Justiça Eleitoral:

Pena – reclusão de 2 (dois) a 4 (quatro) anos;

O inciso IV remete o leitor aos artigos 4 e 8 da Lei de Transporte de Eleitores, os quais prescrevem que a Justiça Eleitoral divulgará, quinze dias antes do pleito, pelo órgão competente, o quadro geral de percursos e horários programados para o transporte de eleitores, que somente será feito dentro dos limites territoriais do respectivo município e quando das zonas rurais para as mesas receptoras distar pelo menos dois quilômetros.

O legislador impôs à Justiça Eleitoral a atuação e controle do fornecimento de transportes aos eleitores, a fim de resguardar o livre exercício da cidadania. Dessa forma, aquele que obstar, por qualquer forma, a prestação dos serviços de transporte de eleitor previstos nos artigos 4° e 8° da Lei n° 6.091/74 incorrerá nas sanções deste inciso.

Sublinhe-se que, nos termos do artigo 8° dessa lei, somente a Justiça Eleitoral poderá, quando imprescindível, em face da absoluta carência de recursos de eleitores da zona rural, fornecer-lhes refeições, correndo, nesta hipótese, as despesas por conta do Fundo Partidário.

No entanto, da análise do artigo 44 da Lei n° 9.096/95, o qual define as hipóteses de aplicação dos recursos do Fundo Partidário, depreende-se inexistir qualquer alusão ao custeio de refeição a eleitores da zona rural. Dessa forma, o disposto neste artigo estaria revogado tacitamente, conforme já decidiu o Tribunal Superior Eleitoral (Resolução n° 22.008/2005).

V – utilizar em campanha eleitoral, no decurso dos 90 (noventa) dias que antecedem o pleito, veículos e embarcações pertencentes à União, Estados, Territórios, Municípios e respectivas autarquias e sociedades de economia mista:

Pena – cancelamento do registro do candidato ou de seu diploma, se já houver sido proclamado eleito.

Parágrafo único. O responsável, pela guarda do veículo ou da embarcação, será punido com a pena de detenção, de 15 (quinze) dias a 6 (seis) meses, e pagamento de 60 (sessenta) a 100 (cem) dias-multa.

A norma proíbe o uso em campanha eleitoral, no decurso dos 90 (noventa) dias que antecedem o pleito, veículos e embarcações pertencentes à União, Estados, Territórios, Municípios e respectivas autarquias e sociedades de economia mista, sob pena de cancelamento do registro do candidato ou de seu diploma, se já houver sido proclamado eleito, ou então de detenção de quinze dias a seis meses e pagamento de multa pelo responsável pela guarda do veículo ou embarcação empregado.

O preceito cuida de reprimir o uso indevido de veículos públicos com vistas a beneficiar a campanha eleitoral de candidato a cargo eleitoral, o que, decerto, ocasiona desigualdade de oportunidades entre os concorrentes ao mesmo cargo no pleito eleitoral.

Cumpre anotar que não é necessário o prévio conhecimento do beneficiado com a utilização indevida de veículos, na medida em que não se trata de propaganda irregular eleitoral, mas de ato que inequivocadamente provoca desequilíbrio na disputa política.

8. Lei complementar nº 64, de 18 de maio de 1990

Estabelece, de acordo com o art. 14, § 9º da Constituição Federal, casos de inelegibilidade, prazos de cessação, e determina outras providências.

O PRESIDENTE DA REPÚBLICA, faço saber que o Congresso Nacional decreta e eu sanciono a seguinte lei:

[...]

Art. 25. Constitui crime eleitoral a argüição de inelegibilidade, ou a impugnação de registro de candidato feito por interferência do poder econômico, desvio ou abuso do poder de autoridade, deduzida de forma temerária ou de manifesta má-fé:

Pena: detenção de 6 (seis) meses a 2 (dois) anos, e multa de 20 (vinte) a 50 (cinqüenta) vezes o valor do Bônus do Tesouro Nacional (BTN) e, no caso de sua extinção, de título público que o substitua.

O artigo 25 da Lei Complementar nº 64/90 contemplou a conduta criminosa consistente na "argüição de inelegibilidade, ou a impugnação de registro de candidato feito por interferência do poder econômico, desvio ou abuso do poder de autoridade, deduzida de forma temerária ou de manifesta má-fé".

Com efeito, estabelece o art. 3º da LC nº 64/90 que caberá a qualquer candidato, a partido político, coligação ou ao Ministério Público, no prazo de 5 (cinco) dias, contados da publicação do pedido de registro do candidato, impugná-lo em petição fundamentada. Na inicial impugnatória o autor deverá alegar a ausência de alguma das condições de elegibilidade ou casos de inelegibilidade, constantes na Carta Magna e legislação infraconstitucional.[68]

---

[68] No artigo 14, § 3º, da Carta Magna encontramos as exigências essenciais a serem satisfeitas por quem almeja concorrer determinado mandato eletivo (condições de elegibilidade). São elas: I – a nacionalidade brasileira; II – o pleno exercício dos direitos políticos; III – o alistamento eleitoral; IV – o domicílio eleitoral na circunscrição; V – a filiação partidária; VI – a idade mínima de: a) trinta e cinco anos para Presidente e Vice-Presidente da República e Senador; b) trinta anos para Governador e Vice-Governador de Estado e do Distrito Federal; c) vinte e um anos para Deputado Federal, Deputado Estadual ou Distrital, Prefeito, Vice-Prefeito e juiz de paz; d) dezoito anos para Vereador. Infraconstitucionalmente, deparamo-nos, ainda, com outras condições, v.g., as elencadas nos artigos art. 27 e 29 da Resolução 22.717/2008 (indicação em convenção partidária e quitação eleitoral). Quanto aos casos de inelegibilidade, apresentam-se inseridos no artigo 14, §§ 4º a 7º, da Constituição (inalistáveis, analfabetos, decorrente do exercício de função pública, em razão da existência de vínculos de

---

Crimes Eleitorais – conhecê-los para não cometê-los   **119**

Nos dizeres Marino Pazzaglini Filho, "elegibilidade é a capacidade jurídica do eleitor para concorrer a um mandato eletivo".[69]

O festejado autor ensina que a elegibilidade "constitui direito público político subjetivo de qualquer cidadão (eleitor), que ostenta, de um lado, todas as condições legais de elegibilidade. E, de outro, que não incorra em causa de inelegibilidade estabelecida na Carta Magna ou em Lei Complementar Federal".[70]

Neste afã, colhe-se da doutrina o conceito de inelegibilidade: "A inelegibilidade consiste na ausência de capacidade eleitoral passiva, ou seja, da condição de ser candidato e, conseqüentemente, poder ser votado, constituindo-se, portanto, em condição obstativa ao exercício passivo da cidadania. Sua finalidade é proteger a normalidade e legitimidade das eleições contra a influência do poder econômico ou do abuso do exercício de função, cargo ou emprego na administração direta ou indireta, conforme expressa previsão constitucional (art. 14, § 9°)".[71]

Vê-se, pois, que a "averiguação da existência dos requisitos de elegibilidade precede logicamente a averiguação da existência de inelegibilidades, sendo uma de resultado contrário à outra. As inelegibilidades só constituem problema relevante e autônomo, como circunstâncias inibitórias da eleição, depois de admitida uma capacidade de base".[72]

Segundo observa Suzana de Camargo Gomes, uma vez caracterizada a ausência de condições de elegibilidade ou a presença de causas de inelegibilidade "poderão levar a uma decisão que obste o registro da candidatura pleiteada.

Verifica-se, portanto, que a arguição de inelegibilidade realizada sem embasamento fático legal, que se apresente despropositada, temerária, eivada de má-fé, é de suma gravidade, posto que pode causar a não admissão da candidatura pleiteada ou, quando não, o retardamento dos trabalhos eleitorais, diante do incidente infundado que fora provocado. É por isso que a norma penal considera crime a conduta daquele que deduz pretensão no sentido de arguir a inelegibilidade ou de impugnar candidatura, quando o móvel determinante seja a má-fé ou a lesividade, ou decorra da interferência do poder econômico, de desvio ou abuso do poder de autoridade.

Ora, nessas hipóteses, a motivação da conduta é repulsiva, dado que o agente não busca o cumprimento das normas constitucionais e legais pertinentes à matéria, referidas no articulado anterior, e que levam a ser admitidos como candidatos somente aqueles que preenchem os requisitos mínimos de honorabili-

---

casamento, parentesco ou afinidade e decorrente da condição de militar) e, em nível infraconstitucional, na Lei Complementar n° 64/90.

[69] PAZZAGLINI FILHO, Marino. *Eleições gerais 2010*: elegibilidade e inelegibilidades, registro de candidatos... São Paulo: Atlas, 2010, p. 23.

[70] Idem, ibidem.

[71] MORAES, Alexandre de. *Direito Constitucional*. 23. ed. São Paulo: Atlas, 2008, p. 233.

[72] MIRANDA, Jorge. *Manual de direito constitucional: estrutura constitucional da democracia*. Coimbra: Coimbra Editora, 2007, t. 7, p. 136 *apud* PAZZAGLINI FILHO, Marino. *Eleições gerais 2010*. Op. cit., p. 23.

dade e moralidade contemplados no ordenamento jurídico, mas está, isto sim, agindo por razões escusas.

Tem-se, assim, que a objetividade jurídica do crime em consideração está expressa na tutela ao direito de ser votado, bem como no resguardo do processo eleitoral".[73]

---

[73] GOMES, Suzana de Camargo. *Crimes eleitorais*. 3. ed. rev., atual. e ampl. São Paulo: RT, 2008, p. 165-166.

Bibliografia

ACCIOLI, Wilson. *Comissões parlamentares de inquérito:* instrumentos de ação política, 1980 (edição independente).

AMORIM, Aderbal Torres de. *O Novo Recurso Extraordinário.* Porto Alegre: Livraria do Advogado, 2010.

——. *Recursos Cíveis Ordinários.* Porto Alegre: Livraria do Advogado, 2005.

ARISTÓTELES. *A Política.* Rio de Janeiro: Ediouro, [s.d.].

BARACHO, José Alfredo de Oliveira. *Teoria geral das comissões parlamentares:* comissões parlamentares de inquérito. 2ª ed. Rio de Janeiro: Forense, 2001.

BARROSO, Luis Roberto. "Comissões Parlamentares de Inquérito – Limite de sua Competência – Sentido da Expressão Constitucional 'Poderes de Investigação Próprios das Autoridades Judiciais – Inadmissibilidade de Busca e Apreensão sem Mandado Judicial". *Revista Forense,* v. 335/165.

BROZOZA, Edson. *CPI – Comissão Parlamentar de Inquérito descomplicada:* orientações para parlamentares federais, estaduais e municipais. Porto Alegre: Livraria do Advogado, 2010.

BULOS, Uadi Lammêgo. *Comissão Parlamentar de Inquérito – técnica e prática.* São Paulo: Saraiva, 2001.

CANOTILHO, José Joaquim Gomes. *Direito Constitucional e Teoria da Constituição.* Almedina: Coimbra, 1998.

CAPEZ, Fernando. PRADO, Stela. *Código Penal Comentado.* Porto Alegre: Verbo Jurídico, 2007.

CARNEIRO, Athos Gusmão. *Jurisdição e competência.* 4ª ed. São Paulo: Saraiva: 1991.

COÊLHO, Marcus Vinicius Furtado. *Direito eleitoral e processo eleitoral – Direito penal eleitoral e direito político.* Rio de Janeiro: Renovar, 2008.

COMPARATO, Fábio Konder. Comissões Parlamentares de Inquérito – Limites. *Revista Trimestral de Direito Público,* v. 5/66.

CORDEIRO, Vinicius; SILVA, Anderson Claudino da. *Crimes Eleitorais e seu Processo.* Rio de Janeiro: Forense, 2006.

COSTA, Adriano Soares da. *Instituições de Direito Eleitoral.* 8ª ed. Lumen Juris: Rio de Janeiro, 2009.

COSTA, Tito. *Recursos em matéria eleitoral.* 4ª ed. São Paulo: Revista dos Tribunais, 1992.

DELMANTO, Celso; DELMANTO, Roberto; DELMANTO JR., Roberto; DELMANTO, Fabio M. de Almeida. *Código Penal comentado.* 8ª ed. São Paulo: Saraiva, 2010.

FELTRIN, Sebastião Oscar. *14. Eleitoral.* In: FRANCO, Alberto Silva e STOCO, Rui (coords.). Leis Penais Especiais e sua Interpretação Judicial. 7ª ed. São Paulo: RT, 2001.

GOMES, Luiz Flavio; FARIA, Cássio Juvenal. "Poderes e limites das CPI's". *Boletim do Instituto Brasileiro de Ciências Criminais,* n° 79, junho de 1999.

GOMES, Suzana de Camargo. *Crimes eleitorais.* 3ª ed. rev., atual. e ampl. São Paulo: Revista dos Tribunais, 2008.

GRINOVER, Ada Pellegrini; GOMES FILHO, Antonio Magalhães; FERNANDES, Antonio Scarance; GOMES, Luiz Flávio. *Juizados especiais criminais:* comentários à Lei 9.099 de 26.09.1995. 5ª ed. rev., atual. e ampl. São Paulo: Revista dos Tribunais, 2005.

HORTA, Raul Machado. "Limitações constitucionais dos poderes de investigação". *Revista de Direito Público.* n. 5, 1968.

JESUS, Damásio de. "Ação penal sem crime". São Paulo: Complexo Jurídico Damásio de Jesus, Disponível em: www.damasio.com.br. Acesso em nov. 2000.

KIMURA, Alexandre Issa. *CPI:* teoria e prática. São Paulo: Juares de Oliveira, 2001.

MAXIMILIANO, Carlos. *Hermenêutica a Aplicação do Direito.* 16ª ed. Rio de Janeiro: Forense, 1996.

MEIRELLES, Hely Lopes. *Direito Municipal Brasileiro*, 10ª ed. atual. São Paulo: Malheiros, 1998.

MONTESQUIEU, Charles de Secondat Baron de. *O Espírito das leis.* Tradução: Pedro Vieira Mota. São Paulo: Ediouro, 1987.

MORAES, Alexandre de. *Direito Constitucional.* 13ª ed. São Paulo: Atlas, 2008.

NUCCI, Guilherme de Souza. *Código de Processo Penal Comentado.* 8ª ed. rev. atual. e ampl. São Paulo: Revista dos Tribunais, 2008.

———. *Leis Penais e Processuais Penais Comentadas.* 3ª ed. rev. atual. e ampl. São Paulo: Revista dos Tribunais, 2008.

PAZZAGLINI FILHO, Marino. *Eleições gerais 2010:* elegibilidade e inelegibilidades, registro de candidatos... São Paulo: Atlas, 2010.

PONTE, Antonio Carlos da. *Crimes eleitorais.* São Paulo: Saraiva, 2008.

RIBEIRO, Fávila. *Direito eleitoral.* 5ª ed. Rio de Janeiro: Forense, 1998.

———. *Direito eleitoral.* Rio de Janeiro: Forense, 1976.

SALGADO, Plínio. *Comissões Parlamentares de Inquérito:* doutrina, jurisprudência e legislação. Belo Horizonte: Del Rey, 2001.

SAMPAIO, Nelson de Souza. *Do Inquérito Parlamentar.* Rio de Janeiro: Fundação Getúlio Vargas, 1964.

SANDOVAL, Ovídio Rocha Barros. *CPI ao Pé da Letra.* São Paulo: Millennium, 2001.

SANSEVERINO, Francisco de Assis Vieira. *Direito eleitoral.* 2ª ed. Porto Alegre: Verbo Jurídico, 2008.

SANTOS, Paulo Fernando dos. *Crimes Eleitorais – Comentados.* São Paulo: Leud, 2008.

SCHIER. Paulo Ricardo. *Comissões Parlamentares de Inquérito e o Conceito de Fato Determinado.* Rio de Janeiro: Lumen Juris, 2005.

SILVA, De Plácido e. *Vocabulário Jurídico.* 4º vol. 7. ed. Rio de Janeiro: Forense, 1982.

SILVA, Francisco Rodrigues da. *CPI's federais, estaduais e municipais. Poderes e Limitações.* Recife: Bargaço, 2000.

SILVA, José Afonso. *Curso de Direito Constitucional Positivo.* 9ª ed. São Paulo: Malheiros, 1992.

SPROESSER, Andyara Klopstock. *A Comissão Parlamentar de Inquérito – CPI no Ordenamento Jurídico Brasileiro.* São Paulo: Assembléia Legislativa do Estado de São Paulo, 2008.

TAVARES, André Ramos. *Curso de direito constitucional positivo.* São Paulo: Saraiva, 2006.

TAYLOR, Telfor. *Grand inquest:* the story for congressional investigations, 1955.

TOURINHO FILHO, Fernando da Costa. *Processo penal.* 19ª ed. rev. e atual. São Paulo: Saraiva, 1997.

WELZEL, Hans. *Direito Penal.* Tradução de Afonso Celso Rezende. Campinas: Romana, 2003. p. 119.

Anexo – Legislação

TRIBUNAL SUPERIOR ELEITORAL

RESOLUÇÃO Nº 23.222

Dispõe sobre a apuração de crimes eleitorais.

O Tribunal Superior Eleitoral, usando das atribuições que lhe conferem o artigo 23, inciso IX, do Código Eleitoral e o artigo 105 da Lei nº 9.504, de 30 de setembro de 1997, resolve expedir a seguinte instrução:

CAPÍTULO I
DA POLÍCIA JUDICIÁRIA ELEITORAL

Art. 1º O Departamento de Polícia Federal ficará à disposição da Justiça Eleitoral sempre que houver eleições, gerais ou parciais, em qualquer parte do Território Nacional (Decreto-Lei nº 1.064/68, art. 2º e Resolução-TSE nº 11.218/82).

Art. 2º A Polícia Federal exercerá, com prioridade sobre suas atribuições regulares, a função de polícia judiciária em matéria eleitoral, limitada às instruções e requisições do Tribunal Superior Eleitoral, dos Tribunais Regionais ou dos Juízes Eleitorais (Resolução-TSE nº 8.906/70 e Lei nº 9.504/97, art. 94, § 3º).

Parágrafo único. Quando no local da infração não existirem órgãos da Polícia Federal, a Polícia Estadual terá atuação supletiva (Resolução-TSE nº 11.494/82 e Acórdãos nos 16.048, de 16 de março de 2000 e 439, de 15 de maio de 2003).

CAPÍTULO II
DA NOTÍCIA-CRIME ELEITORAL

Art. 3º Qualquer pessoa do povo que tiver conhecimento da existência de infração penal eleitoral em que caiba ação pública deverá, verbalmente ou por escrito, comunicá-la ao Juiz Eleitoral local (Código Eleitoral, art. 356 e Código de Processo Penal, art. 5º, § 3º).

Art. 4º Recebida a notícia-crime, o Juiz Eleitoral a encaminhará ao Ministério Público ou, quando necessário, à polícia judiciária eleitoral, com requisição para instauração de inquérito policial (Código de Processo Penal, art. 356, § 1º).

Art. 5º Verificada a incompetência do juízo, a autoridade judicial a declarará nos autos e os encaminhará ao juízo competente (Código de Processo Penal, art. 78, IV).

Art. 6º Quando tiver conhecimento da prática da infração penal eleitoral, a autoridade policial deverá informar imediatamente o Juiz Eleitoral competente (Resolução-TSE nº 11.218/82).

Parágrafo único. Se necessário, a autoridade policial adotará as medidas acautelatórias previstas no artigo 6º do Código de Processo Penal (Resolução-TSE nº 11.218/82).

Art. 7º As autoridades policiais e seus agentes deverão prender quem quer que seja encontrado em flagrante delito pela prática de infração eleitoral, comunicando o fato ao juiz eleitoral competente em até 24 horas (Resolução-TSE nº 11.218/82).

Parágrafo único. Quando a infração for de menor potencial ofensivo, a autoridade policial elaborará termo circunstanciado de ocorrência e providenciará o encaminhamento ao Juiz Eleitoral competente (Resolução-TSE nº 11.218/82).

CAPÍTULO III
DO INQUÉRITO POLICIAL ELEITORAL

Art. 8º O inquérito policial eleitoral somente será instaurado mediante requisição do Ministério Público ou da Justiça Eleitoral, salvo a hipótese de prisão em flagrante, quando o inquérito será instaurado independentemente de requisição (Resoluções-TSE nos 8.906/70 e 11.494/82 e Acórdão nº 439, de 15 de maio de 2003).

Art. 9º O inquérito policial eleitoral será concluído em até 10 dias, se o indiciado tiver sido preso em flagrante ou preventivamente, contado o prazo a partir do dia em que se executar a ordem de prisão, ou em até 30 dias, quando estiver solto (Acórdão nº 330, de 10 de agosto de 1999 e Código de Processo Penal, art. 10, § 3º).

§ 1º A autoridade policial fará minucioso relatório do que tiver sido apurado e enviará os autos ao Juiz Eleitoral competente (Código de Processo Penal, art. 10, § 1º).

§ 2º No relatório, poderá a autoridade policial indicar testemunhas que não tiverem sido inquiridas, mencionando o lugar onde possam ser encontradas (Código de Processo Penal, art. 10, § 2º).

§ 3º Quando o fato for de difícil elucidação, e o indiciado estiver solto, a autoridade poderá requerer ao Juiz a devolução dos autos, para ulteriores diligências, que serão realizadas no prazo marcado pelo Juiz (Código de Processo Penal, art. 10, § 3º).

Art. 10. O Ministério Público poderá requerer novas diligências, desde que necessárias ao oferecimento da denúncia (Acórdão nº 330, de 10 de agosto de 1999).

Art. 11. Quando o inquérito for arquivado por falta de base para o oferecimento da denúncia, a autoridade policial poderá proceder a nova investigação se de outras provas tiver notícia, desde que haja nova requisição, nos termos dos artigos 4º e 6º desta resolução.

Art. 12. Aplica-se subsidiariamente ao inquérito policial eleitoral o disposto no Código de Processo Penal (Resolução-TSE nº 11.218/82).

Art. 13. Esta resolução entra em vigor na data de sua publicação.

Brasília, 4 de março de 2010.

TRIBUNAL SUPERIOR ELEITORAL
RESOLUÇÃO Nº 23.191

Dispõe sobre a propaganda eleitoral e as condutas vedadas em campanha eleitoral (Eleições de 2010).

O Tribunal Superior Eleitoral, usando das atribuições que lhe conferem o artigo 23, inciso IX, do Código Eleitoral e o artigo 105 da Lei nº 9.504, de 30 de setembro de 1997, resolve expedir a seguinte instrução:

CAPÍTULO I
DISPOSIÇÕES PRELIMINARES

Art. 1º A propaganda eleitoral nas eleições gerais de 2010 obedecerá ao disposto nesta resolução.

Art. 2º A propaganda eleitoral somente será permitida a partir de 6 de julho de 2010 (Lei nº 9.504/97, art. 36, *caput* e § 2º).

§ 1º Ao postulante a candidatura a cargo eletivo é permitida a realização, na quinzena anterior à escolha pelo partido político, de propaganda intrapartidária com vista à indicação de seu nome, inclusive mediante a fixação de faixas e cartazes em local próximo da convenção, com mensagem aos convencionais, vedado o uso de rádio, televisão e *outdoor* (Lei nº 9.504/97, art. 36, § 1º).

§ 2º A propaganda de que trata o parágrafo anterior deverá ser imediatamente retirada após a respectiva convenção.

§ 3º A partir de 1º de julho de 2010, não será veiculada a propaganda partidária gratuita prevista na Lei nº 9.096/95, nem permitido qualquer tipo de propaganda política paga no rádio e na televisão (Lei nº 9.504/97, art. 36, § 2º).

§ 4º A violação do disposto neste artigo sujeitará o responsável pela divulgação da propaganda e o beneficiário, quando comprovado o seu prévio conhecimento, à multa no valor de R$ 5.000,00 (cinco mil reais) a R$ 25.000,00 (vinte e cinco mil reais) ou equivalente ao custo da propaganda, se este for maior (Lei nº 9.504/97, art. 36, § 3º).

Art. 3º Não será considerada propaganda eleitoral antecipada (Lei nº 9.504/97, art. 36-A, incisos I a IV):

I – a participação de filiados a partidos políticos ou de pré-candidatos em entrevistas, programas, encontros ou debates no rádio, na televisão e na internet, inclusive com a exposição de plataformas e projetos políticos, desde que não haja pedido de votos, observado pelas emissoras de rádio e de televisão o dever de conferir tratamento isonômico;

II – a realização de encontros, seminários ou congressos, em ambiente fechado e a expensas dos partidos políticos, para tratar da organização dos processos eleitorais, planos de governos ou alianças partidárias visando às eleições;

III – a realização de prévias partidárias e sua divulgação pelos instrumentos de comunicação intrapartidária; ou

Crimes Eleitorais – conhecê-los para não cometê-los

IV – a divulgação de atos de parlamentares e debates legislativos, desde que não se mencione a possível candidatura, ou se faça pedido de votos ou de apoio eleitoral.

Art. 4º É vedada, desde 48 horas antes até 24 horas depois da eleição, a veiculação de qualquer propaganda política no rádio ou na televisão – incluídos, entre outros, as rádios comunitárias e os canais de televisão que operam em UHF, VHF e por assinatura –, e, ainda, a realização de comícios ou reuniões públicas (Código Eleitoral, art. 240, parágrafo único).

CAPÍTULO II
DA PROPAGANDA EM GERAL

Art. 5º A propaganda, qualquer que seja a sua forma ou modalidade, mencionará sempre a legenda partidária e só poderá ser feita em língua nacional, não devendo empregar meios publicitários destinados a criar, artificialmente, na opinião pública, estados mentais, emocionais ou passionais (Código Eleitoral, art. 242, *caput*).

Parágrafo único. Sem prejuízo do processo e das penas cominadas, a Justiça Eleitoral adotará medidas para impedir ou fazer cessar imediatamente a propaganda realizada com infração do disposto neste artigo (Código Eleitoral, art. 242, parágrafo único).

Art. 6º É permitido ao partido político utilizar na propaganda eleitoral de seus candidatos em âmbito regional, inclusive no horário eleitoral gratuito, a imagem e a voz de candidato ou militante de partido político que integre a sua coligação em âmbito nacional (Lei nº 9.504/97, art. 45, § 6º).

Art. 7º Na propaganda para eleição majoritária, a coligação usará, obrigatoriamente e de modo legível, sob sua denominação, as legendas de todos os partidos políticos que a integram; na propaganda para eleição proporcional, cada partido político usará apenas sua legenda sob o nome da coligação (Lei nº 9.504/97, art. 6º, § 2º).

Parágrafo único. A denominação da coligação não poderá coincidir, incluir ou fazer referência a nome ou número de candidato, nem conter pedido de voto para partido político (Lei nº 9.504/97, art. 6º, § 1º-A).

Art. 8º Da propaganda dos candidatos a Presidente da República, a Governador de Estado ou do Distrito Federal e a Senador, deverá constar, também, o nome do candidato a Vice-Presidente, a Vice-Governador e a suplente de Senador, de modo claro e legível, em tamanho não inferior a 10% (dez por cento) do nome do titular (Lei nº 9.504/97, art. 36, § 4º).

Art. 9º A realização de qualquer ato de propaganda partidária ou eleitoral, em recinto aberto ou fechado, não depende de licença da polícia (Lei nº 9.504/97, art. 39, *caput*).

§ 1º O candidato, o partido político ou a coligação que promover o ato fará a devida comunicação à autoridade policial com, no mínimo, 24 horas de antecedência, a fim de que esta lhe garanta, segundo a prioridade do aviso, o direito contra quem pretenda usar o local no mesmo dia e horário (Lei nº 9.504/97, art. 39, § 1º).

§ 2º A autoridade policial tomará as providências necessárias à garantia da realização do ato e ao funcionamento do tráfego e dos serviços públicos que o evento possa afetar (Lei nº 9.504/97, art. 39, § 2º).

Art. 10. É assegurado aos partidos políticos e às coligações o direito de, independentemente de licença da autoridade pública e do pagamento de qualquer contribuição (Código Eleitoral, art. 244, I e II, e Lei nº 9.504/97, art. 39, §§ 3º e 5º):

I – fazer inscrever, na fachada de suas sedes e dependências, o nome que os designe, pela forma que melhor lhes parecer;

II – instalar e fazer funcionar, no período compreendido entre o início da propaganda eleitoral e a véspera da eleição, das 8 horas às 22 horas, alto-falantes ou amplificadores de som, nos locais referidos, assim como em veículos seus ou à sua disposição, em território nacional, com observância da legislação comum e dos §§ 1º e 2º deste artigo;

III – comercializar material de divulgação institucional, desde que não contenha nome e número de candidato, bem como cargo em disputa.

§ 1º São vedados a instalação e o uso de alto-falantes ou amplificadores de som em distância inferior a 200 metros (Lei nº 9.504/97, art. 39, § 3º, I a III):

I – das sedes dos Poderes Executivo e Legislativo da União, dos Estados, do Distrito Federal e dos Municípios, das sedes dos órgãos judiciais, dos quartéis e de outros estabelecimentos militares;

II – dos hospitais e casas de saúde;

III – das escolas, bibliotecas públicas, igrejas e teatros, quando em funcionamento.

§ 2º Pode ser utilizada a aparelhagem de sonorização fixa e trio elétrico durante a realização de comícios no horário compreendido entre as 8 horas e as 24 horas (Lei nº 9.504/97, art. 39, §§ 4º e 10).

§ 3º São vedadas na campanha eleitoral a confecção, utilização, distribuição por comitê, candidato, ou com a sua autorização, de camisetas, chaveiros, bonés, canetas, brindes, cestas básicas ou quaisquer outros bens ou materiais que possam proporcionar vantagem ao eleitor (Lei nº 9.504/97, art. 39, § 6º).

§ 4º São proibidas a realização de showmício e de evento assemelhado para promoção de candidatos e a apresentação, remunerada ou não, de artistas com a finalidade de animar comício e reunião eleitoral (Lei nº 9.504/97, art. 39, § 7º).

§ 5º A proibição de que trata o parágrafo anterior se estende aos candidatos profissionais da classe artística – cantores, atores e apresentadores – durante todo o período vedado.

§ 6º Até as 22 horas do dia que antecede a eleição, serão permitidos distribuição de material gráfico, caminhada, carreata, passeata ou carro de som que transite pela cidade divulgando *jingles* ou mensagens de candidatos (Lei nº 9.504/97, art. 39, § 9º).

Art. 11. Nos bens cujo uso dependa de cessão ou permissão do poder público, ou que a ele pertençam, e nos de uso comum, inclusive postes de iluminação pública e sinalização de tráfego, viadutos, passarelas, pontes, paradas de ônibus e outros equipamentos urbanos, é vedada a veiculação de propaganda de qualquer natureza, inclusive pichação, inscrição a tinta, fixação de placas, estandartes, faixas e assemelhados (Lei nº 9.504/97, art. 37, *caput*).

§ 1º Quem veicular propaganda em desacordo com o disposto no *caput* será notificado para, no prazo de 48 horas, removê-la e restaurar o bem, sob pena de multa no valor de R$ 2.000,00 (dois mil reais) a R$ 8.000,00 (oito mil reais), ou defender-se (Lei nº 9.504/97, art. 37, § 1º).

§ 2º Bens de uso comum, para fins eleitorais, são os assim definidos pelo Código Civil e também aqueles a que a população em geral tem acesso, tais como cinemas, clubes, lojas, centros comerciais, templos, ginásios, estádios, ainda que de propriedade privada (Lei nº 9.504/97, art. 37, § 4º).

§ 3º Nas árvores e nos jardins localizados em áreas públicas, bem como em muros, cercas e tapumes divisórios, não é permitida a colocação de propaganda eleitoral de qualquer natureza, mesmo que não lhes cause dano (Lei nº 9.504/97, art. 37, § 5º).

Crimes Eleitorais – conhecê-los para não cometê-los

§ 4º É permitida a colocação de cavaletes, bonecos, cartazes, mesas para distribuição de material de campanha e bandeiras ao longo das vias públicas, desde que móveis e que não dificultem o bom andamento do trânsito de pessoas e veículos (Lei nº 9.504/97, art. 37, § 6º).

§ 5º A mobilidade referida no parágrafo anterior estará caracterizada com a colocação e a retirada dos meios de propaganda entre as 6 horas e as 22 horas (Lei nº 9.504/97, art. 37, § 7º).

§ 6º Nas dependências do Poder Legislativo, a veiculação de propaganda eleitoral ficará a critério da Mesa Diretora (Lei nº 9.504/97, art. 37, § 3º).

Art. 12. Em bens particulares, independe de obtenção de licença municipal e de autorização da Justiça Eleitoral a veiculação de propaganda eleitoral por meio da fixação de faixas, placas, cartazes, pinturas ou inscrições, desde que não excedam a 4m² (quatro metros quadrados) e não contrariem a legislação eleitoral, sujeitando-se o infrator às penalidades previstas no § 1º do art. anterior (Lei nº 9.504/97, art. 37, § 2º).

Parágrafo único. A veiculação de propaganda eleitoral em bens particulares deve ser espontânea e gratuita, sendo vedado qualquer tipo de pagamento em troca de espaço para esta finalidade (Lei nº 9.504/97, art. 37, § 8º).

Art. 13. Independe da obtenção de licença municipal e de autorização da Justiça Eleitoral a veiculação de propaganda eleitoral pela distribuição de folhetos, volantes e outros impressos, os quais devem ser editados sob a responsabilidade do partido político, da coligação ou do candidato (Lei nº 9.504/97, art. 38).

Parágrafo único. Todo material impresso de campanha eleitoral deverá conter o número de inscrição no Cadastro Nacional da Pessoa Jurídica (CNPJ) ou o número de inscrição no Cadastro de Pessoas Físicas (CPF) do responsável pela confecção, bem como de quem a contratou, e a respectiva tiragem (Lei nº 9.504/97, art. 38, § 1º).

Art. 14. Não será tolerada propaganda (Código Eleitoral, art. 243, I a IX e Lei nº 5.700/71):

I – de guerra, de processos violentos para subverter o regime, a ordem política e social, ou de preconceitos de raça ou de classes;

II – que provoque animosidade entre as Forças Armadas ou contra elas, ou delas contra as classes e as instituições civis;

III – de incitamento de atentado contra pessoa ou bens;

IV – de instigação à desobediência coletiva ao cumprimento da lei de ordem pública;

V – que implique oferecimento, promessa ou solicitação de dinheiro, dádiva, rifa, sorteio ou vantagem de qualquer natureza;

VI – que perturbe o sossego público, com algazarra ou abuso de instrumentos sonoros ou sinais acústicos;

VII – por meio de impressos ou de objeto que pessoa inexperiente ou rústica possa confundir com moeda;

VIII – que prejudique a higiene e a estética urbana;

IX – que caluniar, difamar ou injuriar qualquer pessoa, bem como atingir órgãos ou entidades que exerçam autoridade pública;

X – que desrespeite os símbolos nacionais.

Art. 15. O ofendido por calúnia, difamação ou injúria, sem prejuízo e independentemente da ação penal competente, poderá demandar, no juízo cível, a reparação do dano moral, respondendo por este o ofensor e, solidariamente, o partido político deste, quando responsável por ação ou omissão, e quem quer que, favorecido pelo crime, haja de qualquer modo contribuído para ele (Código Eleitoral, art. 243, § 1º).

Art. 16. Aos Juízes Eleitorais designados pelos Tribunais Regionais Eleitorais, nas Capitais e nos Municípios onde houver mais de uma Zona Eleitoral, e aos Juízes Eleitorais, nas demais localidades, competirá julgar as reclamações sobre a localização dos comícios e tomar providências sobre a distribuição equitativa dos locais aos partidos políticos e às coligações (Código Eleitoral, art. 245, § 3º).

Art. 17. O candidato cujo registro esteja *sub judice* poderá efetuar todos os atos relativos à sua campanha eleitoral, inclusive utilizar o horário eleitoral gratuito para sua propaganda, no rádio e na televisão (Lei nº 9.504/97, art. 16-A).

CAPÍTULO III
DA PROPAGANDA ELEITORAL EM OUTDOOR

Art. 18. É vedada a propaganda eleitoral por meio de *outdoors*, sujeitando-se a empresa responsável, os partidos, as coligações e os candidatos à imediata retirada da propaganda irregular e ao pagamento de multa no valor de R$ 5.320,50 (cinco mil trezentos e vinte reais e cinquenta centavos) a R$ 15.961,50 (quinze mil novecentos e sessenta e um reais e cinquenta centavos) (Lei nº 9.504/97, art. 39, § 8º).

CAPÍTULO IV
DA PROPAGANDA ELEITORAL NA INTERNET

Art. 19. É permitida a propaganda eleitoral na internet após o dia 5 de julho do ano da eleição (Lei nº 9.504/97, art. 57-A).

Art. 20. A propaganda eleitoral na internet poderá ser realizada nas seguintes formas (Lei nº 9.504/97, art. 57-B, incisos I a IV):

I – em sítio do candidato, com endereço eletrônico comunicado à Justiça Eleitoral e hospedado, direta ou indiretamente, em provedor de serviço de internet estabelecido no País;

II – em sítio do partido ou da coligação, com endereço eletrônico comunicado à Justiça Eleitoral e hospedado, direta ou indiretamente, em provedor de serviço de internet estabelecido no País;

III – por meio de mensagem eletrônica para endereços cadastrados gratuitamente pelo candidato, partido ou coligação;

IV – por meio de *blogs*, redes sociais, sítios de mensagens instantâneas e assemelhados, cujo conteúdo seja gerado ou editado por candidatos, partidos ou coligações ou de iniciativa de qualquer pessoa natural.

Art. 21. Na internet, é vedada a veiculação de qualquer tipo de propaganda eleitoral paga (Lei nº 9.504/97, art. 57-C, *caput*).

§ 1º É vedada, ainda que gratuitamente, a veiculação de propaganda eleitoral na internet, em sítios (Lei nº 9.504/97, art. 57-C, § 1º, I e II):

I – de pessoas jurídicas, com ou sem fins lucrativos;

Crimes Eleitorais – conhecê-los para não cometê-los

II – oficiais ou hospedados por órgãos ou entidades da administração pública direta ou indireta da União, dos Estados, do Distrito Federal e dos Municípios.

§ 2º A violação do disposto neste artigo sujeita o responsável pela divulgação da propaganda e, quando comprovado seu prévio conhecimento, o beneficiário à multa no valor de R$ 5.000,00 (cinco mil reais) a R$ 30.000,00 (trinta mil reais) (Lei nº 9.504/97, art. 57-C, § 2º).

Art. 22. É livre a manifestação do pensamento, vedado o anonimato durante a campanha eleitoral, por meio da rede mundial de computadores – internet, assegurado o direito de resposta, nos termos das alíneas *a, b* e *c* do inciso IV do § 3º do art. 58 e do art. 58-A da Lei nº 9.504/97, e por outros meios de comunicação interpessoal mediante mensagem eletrônica (Lei nº 9.504/97, art. 57-D, *caput*).

Parágrafo único. A violação do disposto neste artigo sujeitará o responsável pela divulgação da propaganda e, quando comprovado seu prévio conhecimento, o beneficiário à multa no valor de R$ 5.000,00 (cinco mil reais) a R$ 30.000,00 (trinta mil reais) (Lei nº 9.504/97, art. 57-D, § 2º).

Art. 23. São vedadas às pessoas relacionadas no art. 24 da Lei nº 9.504/97 a utilização, doação ou cessão de cadastro eletrônico de seus clientes, em favor de candidatos, partidos ou coligações (Lei nº 9.504/97, art. 57-E, *caput*).

§ 1º É proibida a venda de cadastro de endereços eletrônicos (Lei nº 9.504/97, art. 57-E, § 1º).

§ 2º A violação do disposto neste artigo sujeita o responsável pela divulgação da propaganda e, quando comprovado seu prévio conhecimento, o beneficiário à multa no valor de R$ 5.000,00 (cinco mil reais) a R$ 30.000,00 (trinta mil reais) (Lei nº 9.504/97, art. 57-E, § 2º).

Art. 24. Aplicam-se ao provedor de conteúdo e de serviços multimídia que hospeda a divulgação da propaganda eleitoral de candidato, de partido ou de coligação as penalidades previstas nesta resolução, se, no prazo determinado pela Justiça Eleitoral, contado a partir da notificação de decisão sobre a existência de propaganda irregular, não tomar providências para a cessação dessa divulgação (Lei nº 9.504/97, art. 57-F, *caput*).

§ 1º O provedor de conteúdo ou de serviços multimídia só será considerado responsável pela divulgação da propaganda se a publicação do material for comprovadamente de seu prévio conhecimento (Lei nº 9.504/97, art. 57-F, parágrafo único).

§ 2º O prévio conhecimento de que trata o parágrafo anterior poderá, sem prejuízo dos demais meios de prova, ser demonstrado por meio de cópia de notificação, diretamente encaminhada e entregue pelo interessado ao provedor de internet, na qual deverá constar de forma clara e detalhada a propaganda por ele considerada irregular.

Art. 25. As mensagens eletrônicas enviadas por candidato, partido ou coligação, por qualquer meio, deverão dispor de mecanismo que permita seu descadastramento pelo destinatário, obrigado o remetente a providenciá-lo no prazo de 48 horas (Lei nº 9.504/97, art. 57-G, *caput*).

Parágrafo único. Mensagens eletrônicas enviadas após o término do prazo previsto no *caput* sujeitam os responsáveis ao pagamento de multa no valor de R$ 100,00 (cem reais), por mensagem (Lei nº 9.504/97, art. 57-G, parágrafo único).

Art. 26. Sem prejuízo das demais sanções legais cabíveis, será punido, com multa de R$ 5.000,00 (cinco mil reais) a R$ 30.000,00 (trinta mil reais), quem realizar propaganda eleitoral na internet, atribuindo indevidamente sua autoria a terceiro, inclusive a candidato, partido ou coligação (Lei nº 9.504/97, art. 57-H).

CAPÍTULO V
DA PROPAGANDA ELEITORAL NA IMPRENSA

Art. 27. São permitidas, até a antevéspera das eleições, a divulgação paga, na imprensa escrita, e a reprodução na internet do jornal impresso, de até 10 (dez) anúncios de propaganda eleitoral, por veículo, em datas diversas, para cada candidato, no espaço máximo, por edição, de 1/8 (um oitavo) de página de jornal padrão e de 1/4 (um quarto) de página de revista ou tabloide (Lei nº 9.504/97, art. 43, *caput*).

§ 1º Deverá constar do anúncio, de forma visível, o valor pago pela inserção (Lei nº 9.504/97, art. 43, § 1º).

§ 2º A inobservância do disposto neste artigo sujeita os responsáveis pelos veículos de divulgação e os partidos, coligações ou candidatos beneficiados à multa no valor de R$ 1.000,00 (mil reais) a R$ 10.000,00 (dez mil reais) ou equivalente ao da divulgação da propaganda paga, se este for maior (Lei nº 9.504/97, art. 43, § 2º).

§ 3º Ao jornal de dimensão diversa do padrão e do tabloide aplica-se a regra do *caput*, de acordo com o tipo de que mais se aproxime.

§ 4º Não caracterizará propaganda eleitoral a divulgação de opinião favorável a candidato, a partido político ou a coligação pela imprensa escrita, desde que não seja matéria paga, mas os abusos e os excessos, assim como as demais formas de uso indevido do meio de comunicação, serão apurados e punidos nos termos do art. 22 da Lei Complementar nº 64/90.

§ 5º É autorizada a reprodução virtual das páginas do jornal impresso na internet, desde que seja feita no sítio do próprio jornal, independentemente do seu conteúdo, devendo ser respeitado integralmente o formato gráfico e o conteúdo editorial da versão impressa, atendido, nesta hipótese, o disposto no caput deste artigo.

CAPÍTULO VI
DA PROGRAMAÇÃO NORMAL E DO
NOTICIÁRIO NO RÁDIO E NA TELEVISÃO

Art. 28. A partir de 1º de julho de 2010, é vedado às emissoras de rádio e televisão, em sua programação normal e noticiário (Lei nº 9.504/97, art. 45, I a VI):

I – transmitir, ainda que sob a forma de entrevista jornalística, imagens de realização de pesquisa ou qualquer outro tipo de consulta popular de natureza eleitoral em que seja possível identificar o entrevistado ou em que haja manipulação de dados;

II – usar trucagem, montagem ou outro recurso de áudio ou vídeo que, de qualquer forma, degradem ou ridicularizem candidato, partido político ou coligação, bem como produzir ou veicular programa com esse efeito;

III – veicular propaganda política ou difundir opinião favorável ou contrária a candidato, partido político ou coligação, a seus órgãos ou representantes;

IV – dar tratamento privilegiado a candidato, partido político ou coligação;

V – veicular ou divulgar filmes, novelas, minisséries ou qualquer outro programa com alusão ou crítica a candidato ou partido político, mesmo que dissimuladamente, exceto programas jornalísticos ou debates políticos;

Crimes Eleitorais – conhecê-los para não cometê-los

VI – divulgar nome de programa que se refira a candidato escolhido em convenção, ainda quando preexistente, inclusive se coincidente com o nome do candidato ou o nome por ele indicado para uso na urna eletrônica, e, sendo o nome do programa o mesmo que o do candidato, fica proibida a sua divulgação, sob pena de cancelamento do respectivo registro.

§ 1º A partir do resultado da convenção, é vedado, ainda, às emissoras transmitir programa apresentado ou comentado por candidato escolhido em convenção (Lei nº 9.504/97, art. 45, § 1º).

§ 2º Entende-se por trucagem todo e qualquer efeito realizado em áudio ou vídeo que degradar ou ridicularizar candidato, partido político ou coligação, ou que desvirtuar a realidade e beneficiar ou prejudicar qualquer candidato, partido político ou coligação (Lei nº 9.504/97, art. 45, § 4º).

§ 3º Entende-se por montagem toda e qualquer junção de registros de áudio ou vídeo que degradar ou ridicularizar candidato, partido político ou coligação, ou que desvirtuar a realidade e beneficiar ou prejudicar qualquer candidato, partido político ou coligação (Lei nº 9.504/97, art. 45, § 5º).

§ 4º Sem prejuízo do disposto no parágrafo único do art. 45 desta resolução, a inobservância do disposto neste artigo sujeita a emissora ao pagamento de multa no valor de R$ 21.282,00 (vinte e um mil duzentos e oitenta e dois reais) a R$ 106.410,00 (cento e seis mil quatrocentos e dez reais), duplicada em caso de reincidência (Lei nº 9.504/97, art. 45, § 2º).

Seção I

Dos Debates

Art. 29. Os debates, transmitidos por emissora de rádio ou televisão, serão realizados segundo as regras estabelecidas em acordo celebrado entre os partidos políticos e a pessoa jurídica interessada na realização do evento, dando-se ciência à Justiça Eleitoral (Lei nº 9.504/97, art. 46, § 4º).

§ 1º Para os debates que se realizarem no primeiro turno das eleições, serão consideradas aprovadas as regras que obtiverem a concordância de pelo menos 2/3 (dois terços) dos candidatos aptos no caso de eleição majoritária, e de pelo menos 2/3 (dois terços) dos partidos ou coligações com candidatos aptos, no caso de eleição proporcional (Lei nº 9.504/97, art. 46, § 5º).

§ 2º Considera-se candidato apto, para os fins previstos no parágrafo anterior, aquele cujo registro tenha sido requerido na Justiça Eleitoral.

Art. 30. Inexistindo acordo, os debates transmitidos por emissora de rádio ou televisão, deverão obedecer às seguintes regras (Lei nº 9.504/97, art. 46, I, a e b, II e III):

I – nas eleições majoritárias, a apresentação dos debates poderá ser feita:

a) em conjunto, estando presentes todos os candidatos a um mesmo cargo eletivo;

b) em grupos, estando presentes, no mínimo, 3 candidatos;

II – nas eleições proporcionais, os debates deverão ser organizados de modo que assegurem a presença de número equivalente de candidatos de todos os partidos políticos e coligações a um mesmo cargo eletivo, podendo desdobrar-se em mais de 1 dia;

III – os debates deverão ser parte de programação previamente estabelecida e divulgada pela emissora, fazendo-se mediante sorteio a escolha do dia e da ordem de fala de cada candidato.

§ 1º Na hipótese deste artigo, é assegurada a participação de candidatos dos partidos políticos com representação na Câmara dos Deputados, e facultada a dos demais.

§ 2º Para efeito do disposto no parágrafo anterior, considera-se a representação de cada partido político na Câmara dos Deputados a resultante da eleição.

Art. 31. Em qualquer hipótese, deverá ser observado o seguinte:

I – é admitida a realização de debate sem a presença de candidato de algum partido político ou de coligação, desde que o veículo de comunicação responsável comprove tê-lo convidado com a antecedência mínima de 72 horas da realização do debate (Lei nº 9.504/97, art. 46, § 1º);

II – é vedada a presença de um mesmo candidato à eleição proporcional em mais de um debate da mesma emissora (Lei nº 9.504/97, art. 46, § 2º);

III – o horário destinado à realização de debate poderá ser destinado à entrevista de candidato, caso apenas este tenha comparecido ao evento (Acórdão nº 19.433, de 25.6.2002);

IV – o debate não poderá ultrapassar o horário de meia-noite dos dias 30 de setembro de 2010, primeiro turno, e 29 de outubro de 2010, no caso de segundo turno (Resolução nº 22.452, de 17.10.2006).

Art. 32. O descumprimento do disposto nesta Seção sujeita a empresa infratora à suspensão, por 24 horas, da sua programação, com a transmissão, a cada 15 minutos, da informação de que se encontra fora do ar por desobediência à legislação eleitoral; em cada reiteração de conduta, o período de suspensão será duplicado (Lei nº 9.504/97, art. 46, § 3º, e art. 56, §§ 1º e 2º).

CAPÍTULO VII
DA PROPAGANDA ELEITORAL GRATUITA NO RÁDIO E NA TELEVISÃO

Art. 33. A propaganda eleitoral no rádio e na televisão se restringirá ao horário gratuito, vedada a veiculação de propaganda paga, respondendo o candidato, o partido político e a coligação pelo seu conteúdo (Lei nº 9.504/97, art. 44).

§ 1º A propaganda eleitoral gratuita na televisão deverá utilizar a Linguagem Brasileira de Sinais (Libras) ou o recurso de legenda, que deverão constar obrigatoriamente do material entregue às emissoras (Lei nº 9.504/97, art. 44, § 1º).

§ 2º No horário reservado para a propaganda eleitoral, não se permitirá utilização comercial ou propaganda realizada com a intenção, ainda que disfarçada ou subliminar, de promover marca ou produto (Lei nº 9.504/97, art. 44, § 2º).

§ 3º Será punida, nos termos do § 1o do art. 37 da Lei nº 9.504/97, a emissora que, não autorizada a funcionar pelo poder competente, veicular propaganda eleitoral (Lei nº 9.504/97, art. 44, § 3º).

Art. 34. As emissoras de rádio, inclusive as rádios comunitárias, as emissoras de televisão que operam em VHF e UHF e os canais de televisão por assinatura sob a responsabilidade do Senado Federal, da Câmara dos Deputados, das Assembleias Legislativas e da Câmara Legislativa do Distrito Federal reservarão, no período de 17 de agosto a 30 de setembro de 2010, horário destinado à divulgação, em rede, da propaganda eleitoral gratuita, a ser feita da seguinte forma (Lei nº 9.504/97, art. 47, § 1º, I e II, a e b, III a V, c e d, e art. 57):

I – na eleição para Presidente da República, às terças e quintas-feiras e aos sábados:

a) das 7h às 7h25 e das 12h às 12h25, no rádio;

b) das 13h às 13h25 e das 20h30 às 20h55, na televisão;

Crimes Eleitorais – conhecê-los para não cometê-los

II – nas eleições para Deputado Federal, às terças e quintas-feiras e aos sábados:

a) das 7h25 às 7h50 e das 12h25 às 12h50, no rádio;

b) das 13h25 às 13h50 e das 20h55 às 21h20, na televisão;

III – nas eleições para Governador de Estado e do Distrito Federal, às segundas, quartas e sextas-feiras:

a) das 7h às 7h18 e das 12h às 12h18, no rádio;

b) das 13h às 13h18 e das 20h30 às 20h48, na televisão;

IV – nas eleições para Deputado Estadual e Deputado Distrital, às segundas, quartas e sextas-feiras:

a) das 7h18 às 7h35 e das 12h18 às 12h35, no rádio;

b) das 13h18 às 13h35 e das 20h48 às 21h05, na televisão;

V – na eleição para Senador, às segundas, quartas e sextas-feiras:

a) das 7h35 às 7h50 e das 12h35 às 12h50, no rádio;

b) das 13h35 às 13h50 e das 21h05 às 21h20, na televisão.

Parágrafo único. Na veiculação da propaganda eleitoral gratuita, será considerado o horário de Brasília-DF.

Art. 35. O Tribunal Superior Eleitoral e os Tribunais Regionais Eleitorais distribuirão os horários reservados à propaganda de cada eleição entre os partidos políticos e as coligações que tenham candidato, observados os seguintes critérios (Lei nº 9.504/97, art. 47, § 2º, I e II; Ac.-TSE nº 8.427, de 30.10.86):

I – um terço, igualitariamente;

II – dois terços, proporcionalmente ao número de representantes na Câmara dos Deputados, considerado, no caso de coligação, o resultado da soma do número de representantes de todos os partidos políticos que a integrarem.

§ 1º Para efeito do disposto neste artigo, a representação de cada partido político na Câmara dos Deputados é a resultante da eleição (Lei nº 9.504/97, art. 47, § 3º).

§ 2º O número de representantes de partido político que tenha resultado de fusão ou a que se tenha incorporado outro corresponderá à soma dos representantes que os partidos políticos de origem possuíam na data mencionada no parágrafo anterior (Lei nº 9.504/97, art. 47, § 4º).

§ 3º Se o candidato a Presidente, a Governador ou a Senador deixar de concorrer, em qualquer etapa do pleito, e não havendo substituição, será feita nova distribuição do tempo entre os candidatos remanescentes (Lei nº 9.504/97, art. 47, § 5º).

§ 4º As coligações sempre serão tratadas como um único partido político.

§ 5º Para fins de divisão do tempo reservado à propaganda, não serão consideradas as frações de segundo, e as sobras que resultarem desse procedimento serão adicionadas no programa de cada dia ao tempo destinado ao último partido político ou coligação.

§ 6º Aos partidos políticos e às coligações que, após a aplicação dos critérios de distribuição referidos no *caput*, obtiverem direito a parcela do horário eleitoral inferior a 30 segundos será assegurado o direito de acumulá-lo para uso em tempo equivalente (Lei nº 9.504/97, art. 47, § 6º).

§ 7º A Justiça Eleitoral, os representantes das emissoras de rádio e televisão e os representantes dos partidos políticos, por ocasião da elaboração do plano de mídia, compensarão sobras e excessos, respeitando-se o horário reservado para propaganda eleitoral gratuita.

Art. 36. Se houver segundo turno, as emissoras de rádio, inclusive as rádios comunitárias, as emissoras de televisão que operam em VHF e UHF e os canais de televisão por assinatura sob a responsabilidade do Senado Federal, da Câmara dos Deputados, das Assembleias Legislativas e da Câmara Legislativa do Distrito Federal reservarão, a partir de 48 horas da proclamação dos resultados do primeiro turno e até 29 de outubro de 2010, horário destinado à divulgação da propaganda eleitoral gratuita, dividido em dois períodos diários de 20 minutos para cada eleição, inclusive aos domingos, iniciando-se às 7h e às 12h, no rádio, e às 13h e às 20h30, na televisão, horário de Brasília-DF (Lei nº 9.504/97, art. 49, *caput*).

§ 1º Em circunscrição onde houver segundo turno para Presidente e Governador, o horário reservado à propaganda deste se inicia imediatamente após o término do horário reservado ao primeiro (Lei nº 9.504/97, art. 49, § 1º).

§ 2º O tempo de cada período diário será dividido igualitariamente entre os candidatos (Lei nº 9.504/97, art. 49, § 2º).

Art. 37. O Tribunal Superior Eleitoral e os Tribunais Regionais Eleitorais efetuarão, até 15 de agosto de 2010, sorteio para a escolha da ordem de veiculação da propaganda de cada partido político ou coligação no primeiro dia do horário eleitoral gratuito; a cada dia que se seguir, a propaganda veiculada por último, na véspera, será a primeira, apresentando-se as demais na ordem do sorteio (Lei nº 9.504/97, art. 50).

Art. 38. Durante os períodos mencionados nos arts. 34 e 36 desta resolução, as emissoras de rádio, inclusive as rádios comunitárias, as emissoras de televisão que operam em VHF e UHF e os canais de televisão por assinatura sob a responsabilidade do Senado Federal, da Câmara dos Deputados, das Assembleias Legislativas e da Câmara Legislativa do Distrito Federal reservarão, ainda, 30 minutos diários, inclusive aos domingos, para a propaganda eleitoral gratuita, a serem usados em inserções de até 60 segundos, a critério do respectivo partido político ou coligação, assinadas obrigatoriamente pelo partido político ou coligação, e distribuídas, ao longo da programação veiculada entre as 8 horas e as 24 horas, nos termos do art. 35 desta resolução, obedecido o seguinte (Lei nº 9.504/97, art. 51, I, III e IV e art. 57):

I – o tempo será dividido em partes iguais – 6 minutos para cada cargo – para a utilização nas campanhas dos candidatos às eleições majoritárias e proporcionais, bem como de suas legendas partidárias ou das que componham a coligação, quando for o caso;

II – a distribuição levará em conta os blocos de audiência entre as 8 horas e as 12 horas; as 12 horas e as 18 horas; as 18 horas e as 21 horas; as 21 horas e as 24 horas, de modo que o número de inserções seja dividido igualmente entre eles;

III – na veiculação das inserções, são vedadas a utilização de gravações externas, montagens ou trucagens, computação gráfica, desenhos animados e efeitos especiais, e a veiculação de mensagens que possam degradar ou ridicularizar candidato, partido político ou coligação.

§ 1º As inserções no rádio e na televisão serão calculadas à base de 30 segundos e poderão ser divididas em módulos de 15 segundos, ou agrupadas em módulos de 60 segundos, a critério de cada partido político ou coligação; em qualquer caso é obrigatória a identificação do partido político ou da coligação (Resolução nº 20.698, de 15.8.2000).

§ 2º As emissoras de rádio e televisão deverão evitar a veiculação de inserções idênticas no mesmo intervalo da programação normal.

§ 3º Se houver segundo turno, o tempo diário reservado às inserções será de 30 minutos, sendo 15 minutos para campanha de Presidente da República e 15 minutos para campanha de Governador, divididos igualitariamente entre os candidatos; se, após proclamados os resultados, não houver segundo turno para Presidente da República, o tempo será integralmente destinado à eleição de Governador, onde houver (Resolução-TSE nº 20.377, de 6.10.98).

Art. 39. A partir do dia 8 de julho de 2010, o Tribunal Superior Eleitoral e os Tribunais Regionais Eleitorais convocarão os partidos políticos e a representação das emissoras de televisão e de rádio para elaborarem o plano de mídia, nos termos do artigo anterior, para o uso da parcela do horário eleitoral gratuito a que tenham direito, garantida a todos participação nos horários de maior e menor audiência (Lei nº 9.504/97, art. 52).

Parágrafo único. Caso os representantes dos partidos políticos e das emissoras não cheguem a acordo, a Justiça Eleitoral deverá elaborar o plano de mídia, utilizando o sistema desenvolvido pelo Tribunal Superior Eleitoral (Resolução nº 21.725, de 27.4.2004).

Art. 40. Os partidos políticos e as coligações deverão apresentar mapas de mídia diários ou periódicos às emissoras, observados os seguintes requisitos (Resolução nº 20.329, de 25.8.98):

I – nome do partido político ou da coligação;

II – título ou número do filme a ser veiculado;

III – duração do filme;

IV – dias e faixas de veiculação;

V – nome e assinatura de pessoa credenciada pelos partidos políticos e pelas coligações para a entrega das fitas com os programas que serão veiculados.

§ 1º Sem prejuízo do prazo para a entrega das fitas, os mapas de mídia deverão ser apresentados até as 14 horas da véspera de sua veiculação.

§ 2º Para as transmissões previstas para sábados, domingos e segundas-feiras, os mapas deverão ser apresentados até as 14 horas da sexta-feira imediatamente anterior.

§ 3º As emissoras ficam eximidas de responsabilidade decorrente de transmissão de programa em desacordo com os mapas de mídia apresentados, quando não observado o prazo estabelecido nos §§ 1º e 2º deste artigo.

§ 4º Os partidos políticos e as coligações deverão comunicar ao Tribunal Superior Eleitoral, aos Tribunais Regionais Eleitorais e às emissoras, previamente, as pessoas autorizadas a apresentar o mapa de mídia e as fitas com os programas que serão veiculados, bem como informar o número de telefone em que poderão ser encontradas em caso de necessidade, devendo a substituição das pessoas indicadas ser feita com 24 horas de antecedência.

§ 5º As emissoras estarão desobrigadas do recebimento de mapas de mídia e material que não forem encaminhados pelas pessoas credenciadas.

§ 6º As emissoras deverão fornecer à Justiça Eleitoral, aos partidos políticos e às coligações, previamente, a indicação dos endereços, telefones, números de fac-símile e os nomes das pessoas responsáveis pelo recebimento de fitas e mapas de mídia, após a comunicação de que trata o § 4º deste artigo.

Art. 41. Os programas de propaganda eleitoral gratuita deverão ser gravados em meio de armazenamento compatível com as condições técnicas da emissora geradora.

§ 1º As gravações deverão ser conservadas pelo prazo de 20 dias depois de transmitidas pelas emissoras de até 1 quilowatt e pelo prazo de 30 dias pelas demais (Lei nº 4.117/62, art. 71, § 3º, com alterações do Decreto-Lei nº 236, de 28.2.67).

§ 2º As emissoras e os partidos políticos ou coligações acordarão, sob a supervisão do Tribunal Eleitoral, sobre a entrega das gravações, obedecida a antecedência mínima de 4 horas do horário previsto para o início da transmissão de programas divulgados em rede, e de 12 horas do início do primeiro bloco no caso de inserções, sempre no local da geração.

§ 3º A propaganda eleitoral a ser veiculada no programa de rádio que for ao ar às 7 horas deve ser entregue até as 22 horas do dia anterior.

§ 4º Em cada fita a ser encaminhada à emissora, o partido político ou a coligação deverá incluir a denominada claquete, na qual deverão estar registradas as informações constantes dos incisos I a IV do *caput* do artigo anterior, que servirão para controle interno da emissora, não devendo ser veiculada ou computada no tempo reservado para o programa eleitoral.

§ 5º A fita para a veiculação da propaganda eleitoral deverá ser entregue à emissora geradora pelo representante legal do partido ou da coligação, ou por pessoa por ele indicada, a quem será dado recibo após a verificação da qualidade técnica da fita.

§ 6º Caso o material e/ou o mapa de mídia não sejam entregues no prazo ou pelas pessoas credenciadas, as emissoras veicularão o último material por elas exibido, independentemente de consulta prévia ao partido político ou à coligação.

§ 7º Durante os períodos mencionados no § 1º deste artigo, as gravações ficarão no arquivo da emissora, mas à disposição da autoridade eleitoral competente, para servir como prova dos abusos ou dos crimes porventura cometidos.

§ 8º A inserção cuja duração ultrapasse o estabelecido no plano de mídia terá a sua parte final cortada.

§ 9º Na propaganda em bloco, as emissoras deverão cortar de sua parte final o que ultrapasse o tempo determinado e, caso a duração seja insuficiente, o tempo será completado pela emissora geradora com a veiculação dos seguintes dizeres: "Horário reservado à propaganda eleitoral gratuita – Lei nº 9.504/97".

Art. 42. Não serão admitidos cortes instantâneos ou qualquer tipo de censura prévia nos programas eleitorais gratuitos (Lei nº 9.504/97, art. 53, *caput*).

§ 1º É vedada a veiculação de propaganda que possa degradar ou ridicularizar candidatos, sujeitando-se o partido político ou a coligação infratores à perda do direito à veiculação de propaganda no horário eleitoral gratuito do dia seguinte ao da decisão (Lei nº 9.504/97, art. 53, § 1º).

§ 2º Sem prejuízo do disposto no parágrafo anterior, a requerimento de partido político, coligação ou candidato, a Justiça Eleitoral impedirá a reapresentação de propaganda ofensiva à honra de candidato, à moral e aos bons costumes (Lei nº 9.504/97, art. 53, § 2º).

§ 3º A reiteração de conduta que já tenha sido punida pela Justiça Eleitoral poderá ensejar a suspensão temporária do programa.

Art. 43. É vedado aos partidos políticos e às coligações incluir no horário destinado aos candidatos às eleições proporcionais propaganda das candidaturas a eleições majoritárias, ou vice-versa, ressalvada a utilização, durante a exibição do programa, de legendas com referência aos candidatos majoritários, ou, ao fundo, de cartazes ou fotografias desses candidatos (Lei nº 9.504/97, art. 53-A, *caput*).

§ 1º É facultada a inserção de depoimento de candidatos a eleições proporcionais no horário da propaganda das candidaturas majoritárias e vice-versa, registrados sob o mesmo partido ou coligação, desde que o depoimento consista exclusivamente em pedido de voto ao candidato que cedeu o tempo (Lei nº 9.504/97, art. 53-A, § 1º).

§ 2º É vedada a utilização da propaganda de candidaturas proporcionais como propaganda de candidaturas majoritárias e vice-versa (Lei nº 9.504/97, art. 53-A, § 2º).

§ 3º O partido político ou a coligação que não observar a regra contida neste artigo perderá, em seu horário de propaganda gratuita, tempo equivalente no horário reservado à propaganda da eleição disputada pelo candidato beneficiado (Lei nº 9.504/97, art. 53-A, § 3º).

Art. 44. Dos programas de rádio e televisão destinados à propaganda eleitoral gratuita de cada partido político ou coligação poderá participar, em apoio aos candidatos, qualquer cidadão não filiado a outro partido político ou a partido político integrante de outra coligação, sendo vedada a participação de qualquer pessoa mediante remuneração (Lei nº 9.504/97, art. 54, *caput*).

Parágrafo único. No segundo turno das eleições, não será permitida, nos programas de que trata este artigo, a participação de filiados a partidos políticos que tenham formalizado apoio a outros candidatos (Lei nº 9.504/97, art. 54, parágrafo único).

Art. 45. Na propaganda eleitoral gratuita, aplicam-se ao partido político, coligação ou candidato as seguintes vedações (Lei nº 9.504/97, art. 55, *caput*, c.c. o art. 45, I e II):

I – transmitir, ainda que sob a forma de entrevista jornalística, imagens de realização de pesquisa ou qualquer outro tipo de consulta popular de natureza eleitoral em que seja possível identificar o entrevistado ou em que haja manipulação de dados;

II – usar trucagem, montagem ou outro recurso de áudio ou vídeo que, de alguma forma, degradem ou ridicularizem candidato, partido político ou coligação, ou produzir ou veicular programa com esse efeito.

Parágrafo único. A inobservância do disposto neste artigo sujeita o partido político ou a coligação à perda de tempo equivalente ao dobro do usado na prática do ilícito, no período do horário gratuito subsequente, dobrada a cada reincidência, devendo, no mesmo período, exibir-se a informação de que a não veiculação do programa resulta de infração da Lei nº 9.504/97 (Lei nº 9.504/97, art. 55, parágrafo único).

Art. 46. Durante toda a transmissão pela televisão, em bloco ou em inserções, a propaganda deverá ser identificada pela legenda "propaganda eleitoral gratuita".

Parágrafo único. A identificação de que trata o caput é de responsabilidade dos partidos políticos e das coligações.

Art. 47. Competirá aos partidos políticos e às coligações distribuir entre os candidatos registrados os horários que lhes forem destinados pela Justiça Eleitoral.

Art. 48. Na divulgação de pesquisas no horário eleitoral gratuito devem ser informados, com clareza, o período de sua realização e a margem de erro, não sendo obrigatória a menção aos concorrentes, desde que o modo de apresentação dos resultados não induza o eleitor em erro quanto ao desempenho do candidato em relação aos demais.

CAPÍTULO VIII
DAS PERMISSÕES E VEDAÇÕES NO DIA DA ELEIÇÃO

Art. 49. É permitida, no dia das eleições, a manifestação individual e silenciosa da preferência do eleitor por partido político, coligação ou candidato, revelada exclusivamente pelo uso de bandeiras, broches, dísticos e adesivos (Lei nº 9.504/97, art. 39-A, *caput*).

§ 1º São vedados, no dia do pleito, até o término do horário de votação, a aglomeração de pessoas portando vestuário padronizado e os instrumentos de propaganda referidos no *caput*, de modo a caracterizar manifestação coletiva, com ou sem utilização de veículos (Lei nº 9.504/97, art. 39-A, § 1º).

§ 2º No recinto das seções eleitorais e juntas apuradoras, é proibido aos servidores da Justiça Eleitoral, aos mesários e aos escrutinadores o uso de vestuário ou objeto que contenha qualquer propaganda de partido político, de coligação ou de candidato (Lei nº 9.504/97, art. 39-A, § 2º).

§ 3º Aos fiscais partidários, nos trabalhos de votação, só é permitido que, de seus crachás, constem o nome e a sigla do partido político ou coligação a que sirvam, vedada a padronização do vestuário (Lei nº 9.504/97, art. 39-A, § 3º).

§ 4º No dia da eleição, serão afixadas cópias deste artigo em lugares visíveis nas partes interna e externa das seções eleitorais (Lei nº 9.504/97, art. 39-A, § 4º).

§ 5º A violação dos §§ 1º a 3º deste artigo configurará divulgação de propaganda, nos termos do inciso III do § 5º do art. 39 da Lei nº 9.504/97.

CAPÍTULO IX
DAS CONDUTAS VEDADAS AOS AGENTES PÚBLICOS
EM CAMPANHA ELEITORAL

Art. 50. São proibidas aos agentes públicos, servidores ou não, as seguintes condutas tendentes a afetar a igualdade de oportunidades entre candidatos nos pleitos eleitorais (Lei nº 9.504/97, art. 73, I a VIII):

I – ceder ou usar, em benefício de candidato, partido político ou coligação, bens móveis ou imóveis pertencentes à administração direta ou indireta da União, dos Estados, do Distrito Federal, dos Territórios e dos Municípios, ressalvada a realização de convenção partidária;

II – usar materiais ou serviços, custeados pelos governos ou casas legislativas, que excedam as prerrogativas consignadas nos regimentos e normas dos órgãos que integram;

III – ceder servidor público ou empregado da administração direta ou indireta federal, estadual ou municipal do Poder Executivo, ou usar de seus serviços, para comitês de campanha eleitoral de candidato, partido político ou coligação, durante o horário de expediente normal, salvo se o servidor ou o empregado estiver licenciado;

IV – fazer ou permitir uso promocional em favor de candidato, partido político ou coligação, de distribuição gratuita de bens e serviços de caráter social custeados ou subvencionados pelo poder público;

V – nomear, contratar ou de qualquer forma admitir, demitir sem justa causa, suprimir ou readaptar vantagens ou por outros meios dificultar ou impedir o exercício funcional e, ainda, *ex officio*, remover, transferir ou exonerar servidor público, na circunscrição do pleito, a partir de 3 de julho de 2010 até a posse dos eleitos, sob pena de nulidade de pleno direito, ressalvadas:

a) a nomeação ou exoneração de cargos em comissão e designação ou dispensa de funções de confiança;

b) a nomeação para cargos do Poder Judiciário, do Ministério Público, dos Tribunais ou conselhos de contas e dos órgãos da Presidência da República;

c) a nomeação dos aprovados em concursos públicos homologados até o início daquele prazo;

d) a nomeação ou contratação necessária à instalação ou ao funcionamento inadiável de serviços públicos essenciais, com prévia e expressa autorização do chefe do Poder Executivo;

Crimes Eleitorais – conhecê-los para não cometê-los

e) a transferência ou remoção *ex officio* de militares, policiais civis e de agentes penitenciários;

VI – a partir de 3 de julho de 2010 até a realização do pleito:

a) realizar transferência voluntária de recursos da União aos Estados e Municípios, e dos Estados aos Municípios, sob pena de nulidade de pleno direito, ressalvados os recursos destinados a cumprir obrigação formal preexistente para a execução de obra ou serviço em andamento e com cronograma prefixado, e os destinados a atender situações de emergência e de calamidade pública;

b) com exceção da propaganda de produtos e serviços que tenham concorrência no mercado, autorizar publicidade institucional dos atos, programas, obras, serviços e campanhas dos órgãos públicos ou das respectivas entidades da administração indireta, salvo em caso de grave e urgente necessidade pública, assim reconhecida pela Justiça Eleitoral;

c) fazer pronunciamento em cadeia de rádio e televisão fora do horário eleitoral gratuito, salvo quando, a critério da Justiça Eleitoral, tratar-se de matéria urgente, relevante e característica das funções de governo;

VII – realizar, em ano de eleição, antes do prazo fixado no inciso anterior, despesas com publicidade dos órgãos públicos ou das respectivas entidades da administração indireta, que excedam a média dos gastos nos 3 últimos anos que antecedem o pleito ou do último ano imediatamente anterior à eleição, prevalecendo o que for menor;

VIII – fazer, na circunscrição do pleito, revisão geral da remuneração dos servidores públicos que exceda a recomposição da perda de seu poder aquisitivo ao longo do ano da eleição, a partir de 6 de abril de 2010 até a posse dos eleitos.

§ 1º Reputa-se agente público, para os efeitos deste artigo, quem exerce, ainda que transitoriamente ou sem remuneração, por eleição, nomeação, designação, contratação ou qualquer outra forma de investidura ou vínculo, mandato, cargo, emprego ou função nos órgãos ou entidades da administração pública direta, indireta ou fundacional (Lei nº 9.504/97, art. 73, § 1º).

§ 2º A vedação do inciso I deste artigo não se aplica ao uso, em campanha, de transporte oficial pelo Presidente da República, obedecido o disposto no art. 91 desta resolução, nem ao uso, em campanha, pelos candidatos à reeleição de Presidente e Vice-Presidente da República, de Governador e Vice-Governador de Estado e do Distrito Federal, de suas residências oficiais, com os serviços inerentes à sua utilização normal, para realização de contatos, encontros e reuniões pertinentes à própria campanha, desde que não tenham caráter de ato público (Lei nº 9.504/97, art. 73, § 2º).

§ 3º As vedações do inciso VI, alíneas *b* e *c* deste artigo, aplicam-se apenas aos agentes públicos das esferas administrativas cujos cargos estejam em disputa na eleição (Lei nº 9.504/97, art. 73, § 3º).

§ 4º O descumprimento do disposto neste artigo acarretará a suspensão imediata da conduta vedada, quando for o caso, e sujeitará os agentes responsáveis à multa no valor de R$ 5.320,50 (cinco mil trezentos e vinte reais e cinquenta centavos) a R$ 106.410,00 (cento e seis mil quatrocentos e dez reais), sem prejuízo de outras sanções de caráter constitucional, administrativo ou disciplinar fixadas pelas demais leis vigentes (Lei nº 9.504/97, art. 73, § 4º, c.c. o art. 78).

§ 5º Nos casos de descumprimento dos incisos do *caput* e do estabelecido no § 9º, sem prejuízo do disposto no § 4º deste artigo, o candidato beneficiado, agente público ou não, ficará sujeito à cassação do registro ou do diploma, ressalvadas outras sanções de caráter constitucional, administrativo ou disciplinar fixadas pelas demais leis vigentes (Lei nº 9.504/97, art. 73, § 5º, c.c. o art. 78).

§ 6º As multas de que trata este artigo serão duplicadas a cada reincidência (Lei nº 9.504/97, art. 73, § 6º).

§ 7º As condutas enumeradas no *caput* caracterizam, ainda, atos de improbidade administrativa, a que se refere o art. 11, inciso I, da Lei nº 8.429, de 2 de junho de 1992, e sujeitam-se às disposições daquele diploma legal, em especial às cominações do art. 12, inciso III (Lei nº 9.504/97, art. 73, § 7º).

§ 8º Aplicam-se as sanções do § 4º deste artigo aos agentes públicos responsáveis pelas condutas vedadas e aos partidos políticos, às coligações e aos candidatos que delas se beneficiarem (Lei nº 9.504/97, art. 73, § 8º).

§ 9º No ano em que se realizar eleição, fica proibida a distribuição gratuita de bens, valores ou benefícios por parte da administração pública, exceto nos casos de calamidade pública, de estado de emergência ou de programas sociais autorizados em lei e já em execução orçamentária no exercício anterior, casos em que o Ministério Público poderá promover o acompanhamento de sua execução financeira e administrativa (Lei nº 9.504/97, art. 73, § 10).

§ 10. Nos anos eleitorais, os programas sociais de que trata o parágrafo anterior não poderão ser executados por entidade nominalmente vinculada a candidato ou por esse mantida (Lei nº 9.504/97, art. 73, § 11).

Art. 51. A publicidade dos atos, programas, obras, serviços e campanhas dos órgãos públicos deverá ter caráter educativo, informativo ou de orientação social, dela não podendo constar nomes, símbolos ou imagens que caracterizem promoção pessoal de autoridades ou servidores públicos (Constituição Federal, art. 37, § 1º).

Parágrafo único. Configura abuso de autoridade, para os fins do disposto no art. 22 da Lei Complementar nº 64/90, a infringência do disposto no *caput*, ficando o responsável, se candidato, sujeito ao cancelamento do registro de sua candidatura ou do diploma (Lei nº 9.504/97, art. 74).

Art. 52. A partir de 3 de julho de 2010, na realização de inaugurações é vedada a contratação de *shows* artísticos pagos com recursos públicos (Lei nº 9.504/97, art. 75).

Parágrafo único. Nos casos de descumprimento do disposto neste artigo, sem prejuízo da suspensão imediata da conduta, o candidato beneficiado, agente público ou não, ficará sujeito à cassação do registro ou do diploma (Lei nº 9.504/97, art. 75, parágrafo único).

Art. 53. É proibido a qualquer candidato comparecer, a partir de 3 de julho de 2010, a inaugurações de obras públicas (Lei nº 9.504/97, art. 77, *caput*).

Parágrafo único. A inobservância do disposto neste artigo sujeita o infrator à cassação do registro ou do diploma (Lei nº 9.504/97, art. 77, parágrafo único).

CAPÍTULO X
DISPOSIÇÕES PENAIS

Art. 54. Constituem crimes, no dia da eleição, puníveis com detenção de 6 meses a 1 ano, com a alternativa de prestação de serviços à comunidade pelo mesmo período, e multa no valor de R$ 5.320,50 (cinco mil trezentos e vinte reais e cinquenta centavos) a R$ 15.961,50 (quinze mil novecentos e sessenta e um reais e cinquenta centavos) (Lei nº 9.504/97, art. 39, § 5º, I a III):

I – o uso de alto-falantes e amplificadores de som ou a promoção de comício ou carreata;

II – a arregimentação de eleitor ou a propaganda de boca de urna;

III – a divulgação de qualquer espécie de propaganda de partidos políticos ou de seus candidatos.

Art. 55. Constitui crime, punível com detenção de 6 meses a 1 ano, com a alternativa de prestação de serviços à comunidade pelo mesmo período, e multa no valor de R$ 10.641,00 (dez mil seiscentos e quarenta e um reais) a R$ 21.282,00 (vinte e um mil duzentos e oitenta e dois reais), o uso, na propaganda eleitoral, de símbolos, frases ou imagens, associadas ou semelhantes às empregadas por órgão de governo, empresa pública ou sociedade de economia mista (Lei nº 9.504/97, art. 40).

Art. 56. Constitui crime, punível com detenção de 2 meses a 1 ano ou pagamento de 120 a 150 dias-multa, divulgar, na propaganda, fatos que se sabem inverídicos, em relação a partidos ou a candidatos, capazes de exercerem influência perante o eleitorado (Código Eleitoral, art. 323, *caput*).

Parágrafo único. A pena é agravada se o crime é cometido pela imprensa, rádio ou televisão (Código Eleitoral, art. 323, parágrafo único).

Art. 57. Constitui crime, punível com detenção de 6 meses a 2 anos e pagamento de 10 a 40 dias-multa, caluniar alguém, na propaganda eleitoral ou visando a fins de propaganda, imputando-lhe falsamente fato definido como crime (Código Eleitoral, art. 324, *caput*).

§ 1º Nas mesmas penas incorre quem, sabendo falsa a imputação, a propala ou a divulga (Código Eleitoral, art. 324, § 1º).

§ 2º A prova da verdade do fato imputado exclui o crime, mas não é admitida (Código Eleitoral, art. 324, § 2º, I a III):

I – se, constituindo o fato imputado crime de ação privada, o ofendido não foi condenado por sentença irrecorrível;

II – se o fato é imputado ao Presidente da República ou a chefe de governo estrangeiro;

III – se do crime imputado, embora de ação pública, o ofendido foi absolvido por sentença irrecorrível.

Art. 58. Constitui crime, punível com detenção de 3 meses a 1 ano e pagamento de 5 a 30 dias-multa, difamar alguém, na propaganda eleitoral ou visando a fins de propaganda, imputando-lhe fato ofensivo à sua reputação (Código Eleitoral, art. 325, *caput*).

Parágrafo único. A exceção da verdade somente se admite se o ofendido é funcionário público e a ofensa é relativa ao exercício de suas funções (Código Eleitoral, art. 325, parágrafo único).

Art. 59. Constitui crime, punível com detenção de até 6 meses ou pagamento de 30 a 60 dias-multa, injuriar alguém, na propaganda eleitoral ou visando a fins de propaganda, ofendendo-lhe a dignidade ou o decoro (Código Eleitoral, art. 326, *caput*).

§ 1º O Juiz pode deixar de aplicar a pena (Código Eleitoral, art. 326, § 1º, I e II):

I – se o ofendido, de forma reprovável, provocou diretamente a injúria;

II – no caso de retorsão imediata que consista em outra injúria.

§ 2º Se a injúria consiste em violência ou em vias de fato, que, por sua natureza ou meio empregado, se considerem aviltantes, a pena será de detenção de 3 meses a 1 ano e pagamento de 5 a 20 dias-multa, além das penas correspondentes à violência, prevista no Código Penal (Código Eleitoral, art. 326, § 2º).

Art. 60. As penas cominadas nos arts. 57, 58 e 59 serão aumentadas em um terço, se qualquer dos crimes for cometido (Código Eleitoral, art. 327, I a III):

I – contra o Presidente da República ou chefe de governo estrangeiro;

II – contra funcionário público, em razão de suas funções;

III – na presença de várias pessoas, ou por meio que facilite a divulgação da ofensa.

Art. 61. Constitui crime, punível com detenção de até 6 meses ou pagamento de 90 a 120 dias-multa, inutilizar, alterar ou perturbar meio de propaganda devidamente empregado (Código Eleitoral, art. 331).

Art. 62. Constitui crime, punível com detenção de até 6 meses e pagamento de 30 a 60 dias-multa, impedir o exercício de propaganda (Código Eleitoral, art. 332).

Art. 63. Constitui crime, punível com detenção de 6 meses a 1 ano e cassação do registro se o responsável for candidato, utilizar organização comercial de vendas, distribuição de mercadorias, prêmios e sorteios para propaganda ou aliciamento de eleitores (Código Eleitoral, art. 334).

Art. 64. Constitui crime, punível com detenção de 3 a 6 meses e pagamento de 30 a 60 dias-multa, fazer propaganda, qualquer que seja a sua forma, em língua estrangeira (Código Eleitoral, art. 335).

Parágrafo único. Além da pena cominada, a infração ao presente artigo importa a apreensão e a perda do material utilizado na propaganda (Código Eleitoral, art. 335, parágrafo único).

Art. 65. Constitui crime, punível com detenção de até 6 meses e pagamento de 90 a 120 dias-multa, participar o estrangeiro ou brasileiro que não estiver no gozo dos seus direitos políticos de atividades partidárias, inclusive comícios e atos de propaganda em recintos fechados ou abertos (Código Eleitoral, art. 337, *caput*).

Parágrafo único. Na mesma pena incorrerá o responsável pelas emissoras de rádio ou televisão que autorizar transmissões de que participem as pessoas mencionadas neste artigo, bem como o diretor de jornal que lhes divulgar os pronunciamentos (Código Eleitoral, art. 337, parágrafo único).

Art. 66. Constitui crime, punível com o pagamento de 30 a 60 dias-multa, não assegurar o funcionário postal a prioridade prevista no art. 239 do Código Eleitoral (Código Eleitoral, art. 338).

Art. 67. Constitui crime, punível com reclusão de até 4 anos e pagamento de 5 a 15 dias-multa, dar, oferecer, prometer, solicitar ou receber, para si ou para outrem, dinheiro, dádiva, ou qualquer outra vantagem, para obter ou dar voto e para conseguir ou prometer abstenção, ainda que a oferta não seja aceita (Código Eleitoral, art. 299).

Art. 68. Aplicam-se aos fatos incriminados no Código Eleitoral e na Lei nº 9.504/97 as regras gerais do Código Penal (Código Eleitoral, art. 287 e Lei nº 9.504/97, art. 90, *caput*).

Art. 69. As infrações penais aludidas nesta resolução são puníveis mediante ação pública, e o processo seguirá o disposto nos arts. 357 e seguintes do Código Eleitoral (Código Eleitoral, art. 355 e Lei nº 9.504/97, art. 90, *caput*).

Art. 70. Na sentença que julgar ação penal pela infração de qualquer dos arts. 56, 57, 58, 59, 61, 62, 63 e 64 desta resolução, deve o Juiz verificar, de acordo com o seu livre convencimento, se o diretório local do partido político, por qualquer dos seus membros, concorreu para a prática de delito, ou dela se beneficiou conscientemente (Código Eleitoral, art. 336, *caput*).

Parágrafo único. Nesse caso, o Juiz imporá ao diretório responsável pena de suspensão de sua atividade eleitoral pelo prazo de 6 a 12 meses, agravada até o dobro nas reincidências (Código Eleitoral, art. 336, parágrafo único).

Art. 71. Todo cidadão que tiver conhecimento de infração penal prevista na legislação eleitoral deverá comunicá-la ao Juiz da Zona Eleitoral onde ela se verificou (Código Eleitoral, art. 356, *caput*).

§ 1º Quando a comunicação for verbal, mandará a autoridade judicial reduzi-la a termo, assinado pelo comunicante e por duas testemunhas, e remetê-la-á ao órgão do Ministério Público local, que procederá na forma do Código Eleitoral (Código Eleitoral, art. 356, § 1º).

§ 2º Se o Ministério Público julgar necessários maiores esclarecimentos e documentos complementares ou outros elementos de convicção, deverá requisitá-los diretamente de quaisquer autoridades ou funcionários que possam fornecê-los (Código Eleitoral, art. 356, § 2º).

Art. 72. Para os efeitos da Lei nº 9.504/97, respondem penalmente pelos partidos políticos e pelas coligações os seus representantes legais (Lei nº 9.504/97, art. 90, § 1º).

Art. 73. Nos casos de reincidência no descumprimento dos arts. 54 e 55 desta resolução, as penas pecuniárias serão aplicadas em dobro (Lei nº 9.504/97, art. 90, § 2º).

CAPÍTULO XI
DISPOSIÇÕES FINAIS

Art. 74. A representação relativa à propaganda irregular deve ser instruída com prova da autoria ou do prévio conhecimento do beneficiário, caso este não seja por ela responsável (Lei nº 9.504/97, art. 40-B).

§ 1º A responsabilidade do candidato estará demonstrada se este, intimado da existência da propaganda irregular, não providenciar, no prazo de 48 horas, sua retirada ou regularização e, ainda, se as circunstâncias e as peculiaridades do caso específico revelarem a impossibilidade de o beneficiário não ter tido conhecimento da propaganda (Lei nº 9.504/97, art. 40-B, parágrafo único).

§ 2º A intimação de que trata o parágrafo anterior poderá ser realizada por qualquer cidadão, candidato, partido político, coligação ou pelo Ministério Público, por meio de comunicação feita diretamente ao responsável ou beneficiário da propaganda, devendo dela constar a precisa identificação da propaganda apontada como irregular.

Art. 75. A comprovação do cumprimento das determinações da Justiça Eleitoral relacionadas a propaganda realizada em desconformidade com o disposto na Lei nº 9.504/97 poderá ser apresentada no Tribunal Superior Eleitoral, no caso de candidatos a Presidente e Vice-Presidente da República, nas sedes dos respectivos Tribunais Regionais Eleitorais, no caso de candidatos a Governador, Vice-Governador, Deputado Federal, Senador da República, Deputados Estadual e Distrital (Lei nº 9.504/97, art. 36, § 5º).

Parágrafo único. A comprovação de que trata o *caput* poderá ser apresentada diretamente ao Juiz Eleitoral que determinou a regularização ou retirada da propaganda eleitoral.

Art. 76. A propaganda exercida nos termos da legislação eleitoral não poderá ser objeto de multa nem cerceada sob alegação do exercício do poder de polícia ou de violação de postura municipal, casos em que se deve proceder na forma prevista no art. 40 da Lei nº 9.504/97 (Lei nº 9.504/97, art. 41, *caput*).

§ 1º O poder de polícia sobre a propaganda eleitoral será exercido pelos Juízes Eleitorais e pelos Juízes designados pelos Tribunais Regionais Eleitorais (Lei nº 9.504/97, art. 41, § 1º).

§ 2º O poder de polícia se restringe às providências necessárias para inibir práticas ilegais, vedada a censura prévia sobre o teor dos programas a serem exibidos na televisão, no rádio ou na internet (Lei nº 9.504/97, art. 41, § 2º).

§ 3º No caso de condutas sujeitas a penalidades, o Juiz Eleitoral delas cientificará o Ministério Público, para os fins previstos nesta resolução.

Art. 77. Ressalvado o disposto no art. 26 e incisos da Lei nº 9.504/97, constitui captação ilegal de sufrágio o candidato doar, oferecer, prometer, ou entregar, ao eleitor, com o fim de obter-lhe o voto, bem ou vantagem pessoal de qualquer natureza, inclusive emprego ou função pública, desde o registro da candidatura até o dia da eleição, inclusive, sob pena de multa de R$ 1.064,10 (mil e sessenta e quatro reais e dez centavos) a R$ 53.205,00 (cinquenta e três mil duzentos e cinco reais) e cassação do registro ou do diploma, observado o procedimento previsto nos incisos I a XIII do art. 22 da Lei Complementar nº 64/90 (Lei nº 9.504/97, art. 41-A).

§ 1º Para a caracterização da conduta ilícita, é desnecessário o pedido explícito de votos, bastando a evidência do dolo, consistente no especial fim de agir (Lei nº 9.504/97, art. 41-A, § 1º).

§ 2º As sanções previstas no *caput* aplicam-se contra quem praticar atos de violência ou grave ameaça a pessoa, com o fim de obter-lhe o voto (Lei nº 9.504/97, art. 41-A, § 2º).

Art. 78. Ninguém poderá impedir a propaganda eleitoral nem inutilizar, alterar ou perturbar os meios lícitos nela empregados, bem como realizar propaganda eleitoral vedada por lei ou por esta resolução (Código Eleitoral, art. 248).

Art. 79. A requerimento do interessado, a Justiça Eleitoral adotará as providências necessárias para coibir, no horário eleitoral gratuito, a propaganda que se utilize de criação intelectual sem autorização do respectivo autor ou titular.

Parágrafo único. A indenização pela violação do direito autoral deverá ser pleiteada perante a Justiça Comum.

Art. 80. Aos partidos políticos, coligações e candidatos será vedada a utilização de simulador de urna eletrônica na propaganda eleitoral (Resolução nº 21.161, de 1º.8.2002).

Art. 81. As disposições desta resolução aplicam-se às emissoras de rádio e de televisão comunitárias, às emissoras de televisão que operam em VHF e UHF, aos provedores de internet e aos canais de televisão por assinatura sob a responsabilidade do Senado Federal, da Câmara dos Deputados, das Assembleias Legislativas, da Câmara Legislativa do Distrito Federal ou das Câmaras Municipais (Lei nº 9.504/97, art. 57 e art. 57-A).

Parágrafo único. Aos canais de televisão por assinatura não compreendidos no *caput* será vedada a veiculação de qualquer propaganda eleitoral, salvo a retransmissão integral do horário eleitoral gratuito e a realização de debates, observadas as disposições legais.

Art. 82. Não se aplica a vedação constante do parágrafo único do art. 240 do Código Eleitoral à propaganda eleitoral veiculada gratuitamente na internet, no sítio eleitoral, blog, sítio interativo ou social, ou outros meios eletrônicos de comunicação do candidato, ou no sítio do partido ou coligação, nas formas previstas no art. 57-B da Lei nº 9.504/97 (Lei nº 12.034/2009, art. 7º).

Art. 83. As emissoras de rádio e televisão terão direito à compensação fiscal pela cessão do horário gratuito previsto nesta resolução (Lei nº 9.504/97, art. 99).

Art. 84. A requerimento de partido político, coligação, candidato ou do Ministério Público, a Justiça Eleitoral poderá determinar a suspensão, por 24 horas, da programação normal de emissora de rádio ou televisão ou do acesso a todo o conteúdo informativo dos sítios da internet, quando deixarem de cumprir as disposições da Lei nº 9.504/97, observado o rito do art. 96 dessa mesma Lei (Lei nº 9.504/97, art. 56 e 57-I).

§ 1º No período de suspensão, a emissora transmitirá, a cada 15 minutos, a informação de que se encontra fora do ar, e o responsável pelo sítio na internet informará que se encontra temporariamente inoperante, ambos por desobediência à lei eleitoral (Lei nº 9.504/97, art. 56, § 1º e art. 57-I, § 2º).

§ 2º A cada reiteração de conduta, o período de suspensão será duplicado (Lei nº 9.504/97, art. 56, § 2º e art. 57-I, § 1º).

Art. 85. O Tribunal Superior Eleitoral poderá requisitar das emissoras de rádio e televisão, no período compreendido entre 31 de julho de 2010 e o dia do pleito, até 10 minutos diários, contínuos ou não, que poderão ser somados e usados em dias espaçados, para a divulgação de seus comunicados, boletins e instruções ao eleitorado (Lei nº 9.504/97, art. 93).

Parágrafo único. O Tribunal Superior Eleitoral, a seu juízo exclusivo, poderá ceder parte do tempo referido no *caput* para utilização por Tribunal Regional Eleitoral.

Art. 86. As autoridades administrativas federais, estaduais e municipais proporcionarão aos partidos políticos e às coligações, em igualdade de condições, as facilidades permitidas para a respectiva propaganda (Código Eleitoral, art. 256).

Parágrafo único. A partir de 6 de julho de 2010, independentemente do critério de prioridade, os serviços telefônicos, oficiais ou concedidos, farão instalar, nas sedes dos diretórios nacionais, regionais e municipais devidamente registrados, telefones necessários, mediante requerimento do respectivo Presidente e pagamento das taxas devidas (Código Eleitoral, art. 256, § 1º).

Art. 87. O serviço de qualquer repartição Federal, Estadual ou Municipal, autarquia, fundação pública, sociedade de economia mista, entidade mantida ou subvencionada pelo poder público, ou que realize contrato com este, inclusive o respectivo prédio e suas dependências, não poderá ser utilizado para beneficiar partido político ou coligação (Código Eleitoral, art. 377, *caput*).

Parágrafo único. O disposto no *caput* será tornado efetivo, a qualquer tempo, pelo órgão competente da Justiça Eleitoral, conforme o âmbito nacional, regional ou municipal do órgão infrator, mediante representação fundamentada de autoridade pública, de representante partidário ou de qualquer eleitor (Código Eleitoral, art. 377, parágrafo único).

Art. 88. Aos partidos políticos e às coligações é assegurada a prioridade postal a partir de 4 de agosto de 2010, para a remessa de material de propaganda de seus candidatos (Código Eleitoral, art. 239 e Lei nº 9.504/97, art. 36, *caput*).

Art. 89. No prazo de até 30 dias após a eleição, os candidatos, os partidos políticos e as coligações deverão remover a propaganda eleitoral, com a restauração do bem em que fixada, se for o caso.

Parágrafo único. O descumprimento do que determinado no *caput* sujeitará os responsáveis às consequências previstas na legislação comum aplicável.

Art. 90. O material da propaganda eleitoral gratuita deverá ser retirado das emissoras 60 dias após a respectiva divulgação, sob pena de sua destruição.

Art. 91. O ressarcimento das despesas com o uso de transporte oficial pelo Presidente da República e sua comitiva em campanha ou evento eleitoral será de responsabilidade do partido político ou da coligação a que esteja vinculado (Lei nº 9.504/97, art. 76, *caput*).

§ 1º O ressarcimento de que trata este artigo terá por base o tipo de transporte usado e a respectiva tarifa de mercado cobrada no trecho correspondente, ressalvado o uso do avião presidencial, cujo ressarcimento corresponderá ao aluguel de uma aeronave de propulsão a jato do tipo táxi aéreo (Lei nº 9.504/97, art. 76, § 1º).

§ 2º Serão considerados como integrantes da comitiva de campanha eleitoral todos os acompanhantes que não estiverem em serviço oficial.

§ 3º No transporte do Presidente em campanha ou evento eleitoral, serão excluídas da obrigação de ressarcimento as despesas com o transporte dos servidores indispensáveis à sua segurança e atendimento pessoal, que não podem desempenhar atividades relacionadas com a campanha, bem como a utilização de equipamentos, veículos e materiais necessários à execução daquelas atividades, que não podem ser empregados em outras.

§ 4º O Vice-Presidente da República, o Governador ou o Vice-Governador de Estado ou do Distrito Federal em campanha eleitoral não poderão utilizar transporte oficial, que, entretanto, poderá ser usado exclusivamente pelos servidores indispensáveis à sua segurança e atendimento pessoal, sendo-lhes vedado desempenhar atividades relacionadas com a campanha.

§ 5º No prazo de 10 dias úteis da realização da eleição, em primeiro turno, ou segundo, se houver, o órgão competente de controle interno procederá *ex officio* à cobrança dos valores devidos nos termos dos §§ 1º ao 4º deste artigo (Lei nº 9.504/97, art. 76, § 2º).

§ 6º A falta do ressarcimento, no prazo estipulado, implicará a comunicação do fato ao Ministério Público Eleitoral, pelo órgão de controle interno (Lei nº 9.504/97, art. 76, § 3º).

Art. 92. Esta resolução entra em vigor na data de sua publicação.

Brasília, 16 de dezembro de 2009.*

* Resolução republicada por erro material e padronização.

LEI COMPLEMENTAR Nº 64, DE 18 DE MAIO DE 1990

Estabelece, de acordo com o art. 14, § 9º da Constituição Federal, casos de inelegibilidade, prazos de cessação, e determina outras providências.

O PRESIDENTE DA REPÚBLICA, faço saber que o Congresso Nacional decreta e eu sanciono a seguinte lei:

Art. 1º São inelegíveis:

I – para qualquer cargo:

a) os inalistáveis e os analfabetos;

b) os membros do Congresso Nacional, das Assembléias Legislativas, da Câmara Legislativa e das Câmaras Municipais, que hajam perdido os respectivos mandatos por infringência do disposto nos incisos I e II do art. 55 da Constituição Federal, dos dispositivos equivalentes sobre perda de mandato das Constituições Estaduais e Leis Orgânicas dos Municípios e do Distrito Federal, para as eleições que se realizarem durante o período remanescente do mandato para o qual foram eleitos e nos oito anos subseqüentes ao término da legislatura; *(Redação dada pela LCP 81, de 13/04/94)*

c) o Governador e o Vice-Governador de Estado e do Distrito Federal e o Prefeito e o Vice-Prefeito que perderem seus cargos eletivos por infringência a dispositivo da Constituição Estadual, da Lei Orgânica do Distrito Federal ou da Lei Orgânica do Município, para as eleições que se realizarem durante o período remanescente e nos 8 (oito) anos subsequentes ao término do mandato para o qual tenham sido eleitos; *(Redação dada pela Lei Complementar nº 135, de 2010)*

d) os que tenham contra sua pessoa representação julgada procedente pela Justiça Eleitoral, em decisão transitada em julgado ou proferida por órgão colegiado, em processo de apuração de abuso do poder econômico ou político, para a eleição na qual concorrem ou tenham sido diplomados, bem como para as que se realizarem nos 8 (oito) anos seguintes; *(Redação dada pela Lei Complementar nº 135, de 2010)*

e) os que forem condenados, em decisão transitada em julgado ou proferida por órgão judicial colegiado, desde a condenação até o transcurso do prazo de 8 (oito) anos após o cumprimento da pena, pelos crimes: *(Redação dada pela Lei Complementar nº 135, de 2010)*

1. contra a economia popular, a fé pública, a administração pública e o patrimônio público; *(Incluído pela Lei Complementar nº 135, de 2010)*

2. contra o patrimônio privado, o sistema financeiro, o mercado de capitais e os previstos na lei que regula a falência; *(Incluído pela Lei Complementar nº 135, de 2010)*

3. contra o meio ambiente e a saúde pública; *(Incluído pela Lei Complementar nº 135, de 2010)*

4. eleitorais, para os quais a lei comine pena privativa de liberdade; *(Incluído pela Lei Complementar nº 135, de 2010)*

5. de abuso de autoridade, nos casos em que houver condenação à perda do cargo ou à inabilitação para o exercício de função pública; *(Incluído pela Lei Complementar nº 135, de 2010)*

6. de lavagem ou ocultação de bens, direitos e valores; *(Incluído pela Lei Complementar nº 135, de 2010)*

7. de tráfico de entorpecentes e drogas afins, racismo, tortura, terrorismo e hediondos; *(Incluído pela Lei Complementar nº 135, de 2010)*

8. de redução à condição análoga à de escravo; (Incluído pela Lei Complementar nº 135, de 2010)

9. contra a vida e a dignidade sexual; e (Incluído pela Lei Complementar nº 135, *de 2010)*

10. praticados por organização criminosa, quadrilha ou bando; *(Incluído pela Lei Complementar nº 135, de 2010)*

f) os que forem declarados indignos do oficialato, ou com ele incompatíveis, pelo prazo de 8 (oito) anos; *(Redação dada pela Lei Complementar nº 135, de 2010)*

g) os que tiverem suas contas relativas ao exercício de cargos ou funções públicas rejeitadas por irregularidade insanável que configure ato doloso de improbidade administrativa, e por decisão irrecorrível do órgão competente, salvo se esta houver sido suspensa ou anulada pelo Poder Judiciário, para as eleições que se realizarem nos 8 (oito) anos seguintes, contados a partir da data da decisão, aplicando-se o disposto no inciso II do art. 71 da Constituição Federal, a todos os ordenadores de despesa, sem exclusão de mandatários que houverem agido nessa condição; *(Redação dada pela Lei Complementar nº 135, de 2010)*

h) os detentores de cargo na administração pública direta, indireta ou fundacional, que beneficiarem a si ou a terceiros, pelo abuso do poder econômico ou político, que forem condenados em decisão transitada em julgado ou proferida por órgão judicial colegiado, para a eleição na qual concorrem ou tenham sido diplomados, bem como para as que se realizarem nos 8 (oito) anos seguintes; *(Redação dada pela Lei Complementar nº 135, de 2010)*

i) os que, em estabelecimentos de crédito, financiamento ou seguro, que tenham sido ou estejam sendo objeto de processo de liquidação judicial ou extrajudicial, hajam exercido, nos 12 (doze) meses anteriores à respectiva decretação, cargo ou função de direção, administração ou representação, enquanto não forem exonerados de qualquer responsabilidade;

j) os que forem condenados, em decisão transitada em julgado ou proferida por órgão colegiado da Justiça Eleitoral, por corrupção eleitoral, por captação ilícita de sufrágio, por doação, captação ou gastos ilícitos de recursos de campanha ou por conduta vedada aos agentes públicos em campanhas eleitorais que impliquem cassação do registro ou do diploma, pelo prazo de 8 (oito) anos a contar da eleição; *(Incluído pela Lei Complementar nº 135, de 2010)*

k) o Presidente da República, o Governador de Estado e do Distrito Federal, o Prefeito, os membros do Congresso Nacional, das Assembleias Legislativas, da Câmara Legislativa, das Câmaras Municipais, que renunciarem a seus mandatos desde o oferecimento de representação ou petição capaz de autorizar a abertura de processo por infringência a dispositivo da Constituição Federal, da Constituição Estadual, da Lei Orgânica do Distrito Federal ou da Lei Orgânica do Município, para as eleições que se realizarem durante o período remanescente do mandato para o qual foram eleitos e nos 8 (oito) anos subsequentes ao término da legislatura; *(Incluído pela Lei Complementar nº 135, de 2010)*

l) os que forem condenados à suspensão dos direitos políticos, em decisão transitada em julgado ou proferida por órgão judicial colegiado, por ato doloso de improbidade administrativa que importe lesão ao patrimônio público e enriquecimento ilícito, desde a condenação ou o trânsito em julgado até o transcurso do prazo de 8 (oito) anos após o cumprimento da pena; *(Incluído pela Lei Complementar nº 135, de 2010)*

m) os que forem excluídos do exercício da profissão, por decisão sancionatória do órgão profissional competente, em decorrência de infração ético-profissional, pelo prazo de 8 (oito) anos,

Crimes Eleitorais – conhecê-los para não cometê-los

salvo se o ato houver sido anulado ou suspenso pelo Poder Judiciário; *(Incluído pela Lei Complementar nº 135, de 2010)*

n) os que forem condenados, em decisão transitada em julgado ou proferida por órgão judicial colegiado, em razão de terem desfeito ou simulado desfazer vínculo conjugal ou de união estável para evitar caracterização de inelegibilidade, pelo prazo de 8 (oito) anos após a decisão que reconhecer a fraude; *(Incluído pela Lei Complementar nº 135, de 2010)*

o) os que forem demitidos do serviço público em decorrência de processo administrativo ou judicial, pelo prazo de 8 (oito) anos, contado da decisão, salvo se o ato houver sido suspenso ou anulado pelo Poder Judiciário; *(Incluído pela Lei Complementar nº 135, de 2010)*

p) a pessoa física e os dirigentes de pessoas jurídicas responsáveis por doações eleitorais tidas por ilegais por decisão transitada em julgado ou proferida por órgão colegiado da Justiça Eleitoral, pelo prazo de 8 (oito) anos após a decisão, observando-se o procedimento previsto no art. 22; *(Incluído pela Lei Complementar nº 135, de 2010)*

q) os magistrados e os membros do Ministério Público que forem aposentados compulsoriamente por decisão sancionatória, que tenham perdido o cargo por sentença ou que tenham pedido exoneração ou aposentadoria voluntária na pendência de processo administrativo disciplinar, pelo prazo de 8 (oito) anos; *(Incluído pela Lei Complementar nº 135, de 2010)*

II – para Presidente e Vice-Presidente da República:

a) até 6 (seis) meses depois de afastados definitivamente de seus cargos e funções:

1. os Ministros de Estado:

2. os chefes dos órgãos de assessoramento direto, civil e militar, da Presidência da República;

3. o chefe do órgão de assessoramento de informações da Presidência da República;

4. o chefe do Estado-Maior das Forças Armadas;

5. o Advogado-Geral da União e o Consultor-Geral da República;

6. os chefes do Estado-Maior da Marinha, do Exército e da Aeronáutica;

7. os Comandantes do Exército, Marinha e Aeronáutica;

8. os Magistrados;

9. os Presidentes, Diretores e Superintendentes de autarquias, empresas públicas, sociedades de economia mista e fundações públicas e as mantidas pelo poder público;

10. os Governadores de Estado, do Distrito Federal e de Territórios;

11. os Interventores Federais;

12, os Secretários de Estado;

13. os Prefeitos Municipais;

14. os membros do Tribunal de Contas da União, dos Estados e do Distrito Federal;

15. o Diretor-Geral do Departamento de Polícia Federal;

16. os Secretários-Gerais, os Secretários-Executivos, os Secretários Nacionais, os Secretários Federais dos Ministérios e as pessoas que ocupem cargos equivalentes;

b) os que tenham exercido, nos 6 (seis) meses anteriores à eleição, nos Estados, no Distrito Federal, Territórios e em qualquer dos poderes da União, cargo ou função, de nomeação pelo Presidente da República, sujeito à aprovação prévia do Senado Federal;

c) (Vetado);

d) os que, até 6 (seis) meses antes da eleição, tiverem competência ou interesse, direta, indireta ou eventual, no lançamento, arrecadação ou fiscalização de impostos, taxas e contribuições de caráter obrigatório, inclusive parafiscais, ou para aplicar multas relacionadas com essas atividades;

e) os que, até 6 (seis) meses antes da eleição, tenham exercido cargo ou função de direção, administração ou representação nas empresas de que tratam os arts. 3º e 5º da Lei nº 4.137, de 10 de setembro de 1962, quando, pelo âmbito e natureza de suas atividades, possam tais empresas influir na economia nacional;

f) os que, detendo o controle de empresas ou grupo de empresas que atuem no Brasil, nas condições monopolísticas previstas no parágrafo único do art. 5º da lei citada na alínea anterior, não apresentarem à Justiça Eleitoral, até 6 (seis) meses antes do pleito, a prova de que fizeram cessar o abuso apurado, do poder econômico, ou de que transferiram, por força regular, o controle de referidas empresas ou grupo de empresas;

g) os que tenham, dentro dos 4 (quatro) meses anteriores ao pleito, ocupado cargo ou função de direção, administração ou representação em entidades representativas de classe, mantidas, total ou parcialmente, por contribuições impostas pelo poder Público ou com recursos arrecadados e repassados pela Previdência Social;

h) os que, até 6 (seis) meses depois de afastados das funções, tenham exercido cargo de Presidente, Diretor ou Superintendente de sociedades com objetivos exclusivos de operações financeiras e façam publicamente apelo à poupança e ao crédito, inclusive através de cooperativas e da empresa ou estabelecimentos que gozem, sob qualquer forma, de vantagens asseguradas pelo poder público, salvo se decorrentes de contratos que obedeçam a cláusulas uniformes;

i) os que, dentro de 6 (seis) meses anteriores ao pleito, hajam exercido cargo ou função de direção, administração ou representação em pessoa jurídica ou em empresa que mantenha contrato de execução de obras, de prestação de serviços ou de fornecimento de bens com órgão do Poder Público ou sob seu controle, salvo no caso de contrato que obedeça a cláusulas uniformes;

j) os que, membros do Ministério Público, não se tenham afastado das suas funções até 6 (seis)) meses anteriores ao pleito;

l) os que, servidores públicos, estatutários ou não, dos órgãos ou entidades da Administração direta ou indireta da União, dos Estados, do Distrito Federal, dos Municípios e dos Territórios, inclusive das fundações mantidas pelo Poder Público, não se afastarem até 3 (três) meses anteriores ao pleito, garantido o direito à percepção dos seus vencimentos integrais;

III – para Governador e Vice-Governador de Estado e do Distrito Federal;

a) os inelegíveis para os cargos de Presidente e Vice-Presidente da República especificados na alínea a do inciso II deste artigo e, no tocante às demais alíneas, quando se tratar de repartição pública, associação ou empresas que operem no território do Estado ou do Distrito Federal, observados os mesmos prazos;

b) até 6 (seis) meses depois de afastados definitivamente de seus cargos ou funções:

1. os chefes dos Gabinetes Civil e Militar do Governador do Estado ou do Distrito Federal;

2. os comandantes do Distrito Naval, Região Militar e Zona Aérea;

3. os diretores de órgãos estaduais ou sociedades de assistência aos Municípios;

4. os secretários da administração municipal ou membros de órgãos congêneres;

IV – para Prefeito e Vice-Prefeito:

Crimes Eleitorais – conhecê-los para não cometê-los

a) no que lhes for aplicável, por identidade de situações, os inelegíveis para os cargos de Presidente e Vice-Presidente da República, Governador e Vice-Governador de Estado e do Distrito Federal, observado o prazo de 4 (quatro) meses para a desincompatibilização;

b) os membros do Ministério Público e Defensoria Pública em exercício na Comarca, nos 4 (quatro) meses anteriores ao pleito, sem prejuízo dos vencimentos integrais;

c) as autoridades policiais, civis ou militares, com exercício no Município, nos 4 (quatro) meses anteriores ao pleito;

V – para o Senado Federal:

a) os inelegíveis para os cargos de Presidente e Vice-Presidente da República especificados na alínea a do inciso II deste artigo e, no tocante às demais alíneas, quando se tratar de repartição pública, associação ou empresa que opere no território do Estado, observados os mesmos prazos;

b) em cada Estado e no Distrito Federal, os inelegíveis para os cargos de Governador e Vice-Governador, nas mesmas condições estabelecidas, observados os mesmos prazos;

VI – para a Câmara dos Deputados, Assembléia Legislativa e Câmara Legislativa, no que lhes for aplicável, por identidade de situações, os inelegíveis para o Senado Federal, nas mesmas condições estabelecidas, observados os mesmos prazos;

VII – para a Câmara Municipal:

a) no que lhes for aplicável, por identidade de situações, os inelegíveis para o Senado Federal e para a Câmara dos Deputados, observado o prazo de 6 (seis) meses para a desincompatibilização;

b) em cada Município, os inelegíveis para os cargos de Prefeito e Vice-Prefeito, observado o prazo de 6 (seis) meses para a desincompatibilização .

§ 1º Para concorrência a outros cargos, o Presidente da República, os Governadores de Estado e do Distrito Federal e os Prefeitos devem renunciar aos respectivos mandatos até 6 (seis) meses antes do pleito.

§ 2º O Vice-Presidente, o Vice-Governador e o Vice-Prefeito poderão candidatar-se a outros cargos, preservando os seus mandatos respectivos, desde que, nos últimos 6 (seis) meses anteriores ao pleito, não tenham sucedido ou substituído o titular.

§ 3º São inelegíveis, no território de jurisdição do titular, o cônjuge e os parentes, consangüíneos ou afins, até o segundo grau ou por adoção, do Presidente da República, de Governador de Estado ou Território, do Distrito Federal, de Prefeito ou de quem os haja substituído dentro dos 6 (seis) meses anteriores ao pleito, salvo se já titular de mandato eletivo e candidato à reeleição.

§ 4º A inelegibilidade prevista na alínea e do inciso I deste artigo não se aplica aos crimes culposos e àqueles definidos em lei como de menor potencial ofensivo, nem aos crimes de ação penal privada. *(Incluído pela Lei Complementar nº 135, de 2010)*

§ 5º A renúncia para atender à desincompatibilização com vistas a candidatura a cargo eletivo ou para assunção de mandato não gerará a inelegibilidade prevista na alínea k, a menos que a Justiça Eleitoral reconheça fraude ao disposto nesta Lei Complementar. *(Incluído pela Lei Complementar nº 135, de 2010)*

Art. 2º Compete à Justiça Eleitoral conhecer e decidir as argüições de inelegibilidade.

Parágrafo único. A argüição de inelegibilidade será feita perante:

I – o Tribunal Superior Eleitoral, quando se tratar de candidato a Presidente ou Vice-Presidente da República;

II – os Tribunais Regionais Eleitorais, quando se tratar de candidato a Senador, Governador e Vice-Governador de Estado e do Distrito Federal, Deputado Federal, Deputado Estadual e Deputado Distrital;

III – os Juízes Eleitorais, quando se tratar de candidato a Prefeito, Vice-Prefeito e Vereador.

Art. 3º Caberá a qualquer candidato, a partido político, coligação ou ao Ministério Público, no prazo de 5 (cinco) dias, contados da publicação do pedido de registro do candidato, impugná-lo em petição fundamentada.

§ 1º A impugnação, por parte do candidato, partido político ou coligação, não impede a ação do Ministério Público no mesmo sentido.

§ 2º Não poderá impugnar o registro de candidato o representante do Ministério Público que, nos 4 (quatro) anos anteriores, tenha disputado cargo eletivo, integrado diretório de partido ou exercido atividade político-partidária.

§ 3º O impugnante especificará, desde logo, os meios de prova com que pretende demonstrar a veracidade do alegado, arrolando testemunhas, se for o caso, no máximo de 6 (seis).

Art. 4º A partir da data em que terminar o prazo para impugnação, passará a correr, após devida notificação, o prazo de 7 (sete) dias para que o candidato, partido político ou coligação possa contestá-la, juntar documentos, indicar rol de testemunhas e requerer a produção de outras provas, inclusive documentais, que se encontrarem em poder de terceiros, de repartições públicas ou em procedimentos judiciais, ou administrativos, salvo os processos em tramitação em segredo de justiça.

Art. 5º Decorrido o prazo para contestação, se não se tratar apenas de matéria de direito e a prova protestada for relevante, serão designados os 4 (quatro) dias seguintes para inquirição das testemunhas do impugnante e do impugnado, as quais comparecerão por iniciativa das partes que as tiverem arrolado, com notificação judicial.

§ 1º As testemunhas do impugnante e do impugnado serão ouvidas em uma só assentada.

§ 2º Nos 5 (cinco) dias subseqüentes, o Juiz, ou o Relator, procederá a todas as diligências que determinar, de ofício ou a requerimento das partes.

§ 3º No prazo do parágrafo anterior, o Juiz, ou o Relator, poderá ouvir terceiros, referidos pelas partes, ou testemunhas, como conhecedores dos fatos e circunstâncias que possam influir na decisão da causa.

§ 4º Quando qualquer documento necessário à formação da prova se achar em poder de terceiro, o Juiz, ou o Relator, poderá ainda, no mesmo prazo, ordenar o respectivo depósito.

§ 5º Se o terceiro, sem justa causa, não exibir o documento, ou não comparecer a juízo, poderá o Juiz contra ele expedir mandado de prisão e instaurar processo por crime de desobediência.

Art. 6º Encerrado o prazo da dilação probatória, nos termos do artigo anterior, as partes, inclusive o Ministério Público, poderão apresentar alegações no prazo comum de 5 (cinco) dias.

Art. 7º Encerrado o prazo para alegações, os autos serão conclusos ao Juiz, ou ao Relator, no dia imediato, para sentença ou julgamento pelo Tribunal.

Parágrafo único. O Juiz, ou Tribunal, formará sua convicção pela livre apreciação da prova, atendendo aos fatos e às circunstâncias constantes dos autos, ainda que não alegados pelas partes, mencionando, na decisão, os que motivaram seu convencimento.

Art. 8º Nos pedidos de registro de candidatos a eleições municipais, o Juiz Eleitoral apresentará a sentença em cartório 3 (três) dias após a conclusão dos autos, passando a correr deste momento o prazo de 3 (três) dias para a interposição de recurso para o Tribunal Regional Eleitoral.

§ 1º A partir da data em que for protocolizada a petição de recurso, passará a correr o prazo de 3 (três) dias para a apresentação de contra-razões.

§ 2º Apresentadas as contra-razões, serão os autos imediatamente remetidos ao Tribunal Regional Eleitoral, inclusive por portador, se houver necessidade, decorrente da exigüidade de prazo, correndo as despesas do transporte por conta do recorrente, se tiver condições de pagá-las.

Art. 9º Se o Juiz Eleitoral não apresentar a sentença no prazo do artigo anterior, o prazo para recurso só começará a correr após a publicação da mesma por edital, em cartório.

Parágrafo único. Ocorrendo a hipótese prevista neste artigo, o Corregedor Regional, de ofício, apurará o motivo do retardamento e proporá ao Tribunal Regional Eleitoral, se for o caso, a aplicação da penalidade cabível.

Art. 10. Recebidos os autos na Secretaria do Tribunal Regional Eleitoral, estes serão autuados e apresentados no mesmo dia ao Presidente, que, também na mesma data, os distribuirá a um Relator e mandará abrir vistas ao Procurador Regional pelo prazo de 2 (dois) dias.

Parágrafo único. Findo o prazo, com ou sem parecer, os autos serão enviados ao Relator, que os apresentará em mesa para julgamento em 3 (três) dias, independentemente de publicação em pauta.

Art. 11. Na sessão do julgamento, que poderá se realizar em até 2 (duas) reuniões seguidas, feito o relatório, facultada a palavra às partes e ouvido o Procurador Regional, proferirá o Relator o seu voto e serão tomados os dos demais Juízes.

§ 1º Proclamado o resultado, o Tribunal se reunirá para lavratura do acórdão, no qual serão indicados o direito, os fatos e as circunstâncias com base nos fundamentos do Relator ou do voto vencedor.

§ 2º Terminada a sessão, far-se-á a leitura e a publicação do acórdão, passando a correr dessa data o prazo de 3 (três) dias, para a interposição de recurso para o Tribunal Superior Eleitoral, em petição fundamentada.

Art. 12. Havendo recurso para o Tribunal Superior Eleitoral, a partir da data em que for protocolizada a petição passará a correr o prazo de 3 (três) dias para a apresentação de contra-razões, notificado por telegrama o recorrido.

Parágrafo único. Apresentadas as contra-razões, serão os autos imediatamente remetidos ao Tribunal Superior Eleitoral.

Art. 13. Tratando-se de registro a ser julgado originariamente por Tribunal Regional Eleitoral, observado o disposto no art. 6º desta lei complementar, o pedido de registro, com ou sem impugnação, será julgado em 3 (três) dias, independentemente de publicação em pauta.

Parágrafo único. Proceder-se-á ao julgamento na forma estabelecida no art. 11 desta lei complementar e, havendo recurso para o Tribunal Superior Eleitoral, observar-se-á o disposto no artigo anterior.

Art. 14. No Tribunal Superior Eleitoral, os recursos sobre registro de candidatos serão processados e julgados na forma prevista nos arts. 10 e 11 desta lei complementar.

Art. 15. Transitada em julgado ou publicada a decisão proferida por órgão colegiado que declarar a inelegibilidade do candidato, ser-lhe-á negado registro, ou cancelado, se já tiver sido feito, ou declarado nulo o diploma, se já expedido. *(Redação dada pela Lei Complementar nº 135, de 2010)*

Parágrafo único. A decisão a que se refere o *caput*, independentemente da apresentação de recurso, deverá ser comunicada, de imediato, ao Ministério Público Eleitoral e ao órgão da Justiça Eleitoral competente para o registro de candidatura e expedição de diploma do réu. *(Incluído pela Lei Complementar nº 135, de 2010)*.

Art. 16. Os prazos a que se referem o art. 3º e seguintes desta lei complementar são peremptórios e contínuos e correm em secretaria ou Cartório e, a partir da data do encerramento do prazo para registro de candidatos, não se suspendem aos sábados, domingos e feriados.

Art. 17. É facultado ao partido político ou coligação que requerer o registro de candidato considerando inelegível dar-lhe substituto, mesmo que a decisão passada em julgado tenha sido proferida após o termo final do prazo de registro, caso em que a respectiva Comissão Executiva do Partido fará a escolha do candidato.

Art. 18. A declaração de inelegibilidade do candidato à Presidência da República, Governador de Estado e do Distrito Federal e Prefeito Municipal não atingirá o candidato a Vice-Presidente, Vice-Governador ou Vice-Prefeito, assim como a destes não atingirá aqueles.

Art. 19. As transgressões pertinentes à origem de valores pecuniários, abuso do poder econômico ou político, em detrimento da liberdade de voto, serão apuradas mediante investigações jurisdicionais realizadas pelo Corregedor-Geral e Corregedores Regionais Eleitorais.

Parágrafo único. A apuração e a punição das transgressões mencionadas no caput deste artigo terão o objetivo de proteger a normalidade e legitimidade das eleições contra a influência do poder econômico ou do abuso do exercício de função, cargo ou emprego na administração direta, indireta e fundacional da União, dos Estados, do Distrito Federal e dos Municípios.

Art. 20. O candidato, partido político ou coligação são parte legítima para denunciar os culpados e promover-lhes a responsabilidade; a nenhum servidor público, inclusive de autarquias, de entidade paraestatal e de sociedade de economia mista será lícito negar ou retardar ato de ofício tendente a esse fim, sob pena de crime funcional.

Art. 21. As transgressões a que se refere o art. 19 desta lei complementar serão apuradas mediante procedimento sumaríssimo de investigação judicial, realizada pelo Corregedor-Geral e Corregedores Regionais Eleitorais, nos termos das Leis nºs 1.579, de 18 de março de 1952, 4.410, de 24 de setembro de 1964, com as modificações desta lei complementar.

Art. 22. Qualquer partido político, coligação, candidato ou Ministério Público Eleitoral poderá representar à Justiça Eleitoral, diretamente ao Corregedor-Geral ou Regional, relatando fatos e indicando provas, indícios e circunstâncias e pedir abertura de investigação judicial para apurar uso indevido, desvio ou abuso do poder econômico ou do poder de autoridade, ou utilização indevida de veículos ou meios de comunicação social, em benefício de candidato ou de partido político, obedecido o seguinte rito:

I – o Corregedor, que terá as mesmas atribuições do Relator em processos judiciais, ao despachar a inicial, adotará as seguintes providências:

a) ordenará que se notifique o representado do conteúdo da petição, entregando-se-lhe a segunda via apresentada pelo representante com as cópias dos documentos, a fim de que, no prazo de 5 (cinco) dias, ofereça ampla defesa, juntada de documentos e rol de testemunhas, se cabível;

Crimes Eleitorais – conhecê-los para não cometê-los

b) determinará que se suspenda o ato que deu motivo à representação, quando for relevante o fundamento e do ato impugnado puder resultar a ineficiência da medida, caso seja julgada procedente;

c) indeferirá desde logo a inicial, quando não for caso de representação ou lhe faltar algum requisito desta lei complementar;

II – no caso do Corregedor indeferir a reclamação ou representação, ou retardar-lhe a solução, poderá o interessado renová-la perante o Tribunal, que resolverá dentro de 24 (vinte e quatro) horas;

III – o interessado, quando for atendido ou ocorrer demora, poderá levar o fato ao conhecimento do Tribunal Superior Eleitoral, a fim de que sejam tomadas as providências necessárias;

IV – feita a notificação, a Secretaria do Tribunal juntará aos autos cópia autêntica do ofício endereçado ao representado, bem como a prova da entrega ou da sua recusa em aceitá-la ou dar recibo;

V – findo o prazo da notificação, com ou sem defesa, abrir-se-á prazo de 5 (cinco) dias para inquirição, em uma só assentada, de testemunhas arroladas pelo representante e pelo representado, até o máximo de 6 (seis) para cada um, as quais comparecerão independentemente de intimação;

VI – nos 3 (três) dias subseqüentes, o Corregedor procederá a todas as diligências que determinar, *ex officio* ou a requerimento das partes;

VII – no prazo da alínea anterior, o Corregedor poderá ouvir terceiros, referidos pelas partes, ou testemunhas, como conhecedores dos fatos e circunstâncias que possam influir na decisão do feito;

VIII – quando qualquer documento necessário à formação da prova se achar em poder de terceiro, inclusive estabelecimento de crédito, oficial ou privado, o Corregedor poderá, ainda, no mesmo prazo, ordenar o respectivo depósito ou requisitar cópias;

IX – se o terceiro, sem justa causa, não exibir o documento, ou não comparecer a juízo, o Juiz poderá expedir contra ele mandado de prisão e instaurar processo s por crime de desobediência;

X – encerrado o prazo da dilação probatória, as partes, inclusive o Ministério Público, poderão apresentar alegações no prazo comum de 2 (dois) dias;

XI – terminado o prazo para alegações, os autos serão conclusos ao Corregedor, no dia imediato, para apresentação de relatório conclusivo sobre o que houver sido apurado;

XII – o relatório do Corregedor, que será assentado em 3 (três) dias, e os autos da representação serão encaminhados ao Tribunal competente, no dia imediato, com pedido de inclusão incontinenti do feito em pauta, para julgamento na primeira sessão subseqüente;

XIII – no Tribunal, o Procurador-Geral ou Regional Eleitoral terá vista dos autos por 48 (quarenta e oito) horas, para se pronunciar sobre as imputações e conclusões do Relatório;

XIV – julgada procedente a representação, ainda que após a proclamação dos eleitos, o Tribunal declarará a inelegibilidade do representado e de quantos hajam contribuído para a prática do ato, cominando-lhes sanção de inelegibilidade para as eleições a se realizarem nos 8 (oito) anos subsequentes à eleição em que se verificou, além da cassação do registro ou diploma do candidato diretamente beneficiado pela interferência do poder econômico ou pelo desvio ou abuso do poder de autoridade ou dos meios de comunicação, determinando a remessa dos autos ao Ministério Público Eleitoral, para instauração de processo disciplinar, se for o caso, e de ação penal, ordenando quaisquer outras providências que a espécie comportar; *(Redação dada pela Lei Complementar nº 135, de 2010)*

XV – (Revogado pela Lei Complementar nº 135, de 2010)

XVI – para a configuração do ato abusivo, não será considerada a potencialidade de o fato alterar o resultado da eleição, mas apenas a gravidade das circunstâncias que o caracterizam. *(Incluído pela Lei Complementar nº 135, de 2010)*

Parágrafo único. O recurso contra a diplomação, interposto pelo representante, não impede a atuação do Ministério Público no mesmo sentido.

Art. 23. O Tribunal formará sua convicção pela livre apreciação dos fatos públicos e notórios, dos indícios e presunções e prova produzida, atentando para circunstâncias ou fatos, ainda que não indicados ou alegados pelas partes, mas que preservem o interesse público de lisura eleitoral.

Art. 24. Nas eleições municipais, o Juiz Eleitoral será competente para conhecer e processar a representação prevista nesta lei complementar, exercendo todas as funções atribuídas ao Corregedor-Geral ou Regional, constantes dos incisos I a XV do art. 22 desta lei complementar, cabendo ao representante do Ministério Público Eleitoral em função da Zona Eleitoral as atribuições deferidas ao Procurador-Geral e Regional Eleitoral, observadas as normas do procedimento previstas nesta lei complementar.

Art. 25. Constitui crime eleitoral a argüição de inelegibilidade, ou a impugnação de registro de candidato feito por interferência do poder econômico, desvio ou abuso do poder de autoridade, deduzida de forma temerária ou de manifesta má-fé:

Pena: detenção de 6 (seis) meses a 2 (dois) anos, e multa de 20 (vinte) a 50 (cinqüenta) vezes o valor do Bônus do Tesouro Nacional (BTN) e, no caso de sua extinção, de título público que o substitua.

Art. 26. Os prazos de desincompatibilização previstos nesta lei complementar que já estiverem ultrapassados na data de sua vigência considerar-se-ão atendidos desde que a desincompatibilização ocorra até 2 (dois) dias após a publicação desta lei complementar.

Art. 26-A. Afastada pelo órgão competente a inelegibilidade prevista nesta Lei Complementar, aplicar-se-á, quanto ao registro de candidatura, o disposto na lei que estabelece normas para as eleições. *(Incluído pela Lei Complementar nº 135, de 2010)*

Art. 26-B. O Ministério Público e a Justiça Eleitoral darão prioridade, sobre quaisquer outros, aos processos de desvio ou abuso do poder econômico ou do poder de autoridade até que sejam julgados, ressalvados os de *habeas corpus* e mandado de segurança. *(Incluído pela Lei Complementar nº 135, de 2010)*

§ 1º É defeso às autoridades mencionadas neste artigo deixar de cumprir qualquer prazo previsto nesta Lei Complementar sob alegação de acúmulo de serviço no exercício das funções regulares. *(Incluído pela Lei Complementar nº 135, de 2010)*

§ 2º Além das polícias judiciárias, os órgãos da receita federal, estadual e municipal, os tribunais e órgãos de contas, o Banco Central do Brasil e o Conselho de Controle de Atividade Financeira auxiliarão a Justiça Eleitoral e o Ministério Público Eleitoral na apuração dos delitos eleitorais, com prioridade sobre as suas atribuições regulares. *(Incluído pela Lei Complementar nº 135, de 2010)*

§ 3º O Conselho Nacional de Justiça, o Conselho Nacional do Ministério Público e as Corregedorias Eleitorais manterão acompanhamento dos relatórios mensais de atividades fornecidos pelas unidades da Justiça Eleitoral a fim de verificar eventuais descumprimentos injustificados de prazos, promovendo, quando for o caso, a devida responsabilização. *(Incluído pela Lei Complementar nº 135, de 2010)*

Art. 26-C. O órgão colegiado do tribunal ao qual couber a apreciação do recurso contra as decisões colegiadas a que se referem as alíneas d, e, h, j, l e n do inciso I do art. 1o poderá, em caráter cautelar, suspender a inelegibilidade sempre que existir plausibilidade da pretensão recursal e desde que a providência tenha sido expressamente requerida, sob pena de preclusão, por ocasião da interposição do recurso. *(Incluído pela Lei Complementar nº 135, de 2010)*

§ 1º Conferido efeito suspensivo, o julgamento do recurso terá prioridade sobre todos os demais, à exceção dos de mandado de segurança e de *habeas corpus*. (Incluído pela Lei Complementar nº 135, de 2010)

§ 2º Mantida a condenação de que derivou a inelegibilidade ou revogada a suspensão liminar mencionada no *caput*, serão desconstituídos o registro ou o diploma eventualmente concedidos ao recorrente. *(Incluído pela Lei Complementar nº 135, de 2010)*

§ 3º A prática de atos manifestamente protelatórios por parte da defesa, ao longo da tramitação do recurso, acarretará a revogação do efeito suspensivo. *(Incluído pela Lei Complementar nº 135, de 2010)*

Art. 27. Esta lei complementar entra em vigor na data de sua publicação.

Art. 28. Revogam-se a Lei Complementar nº 5, de 29 de abril de 1970 e as demais disposições em contrário.

Brasília, 18 de maio de 1990; 169º da Independência e 102º da República.